Zu zwei für eine neue Vorschulerziehung besonders relevanten Aspekten vermittelt dieser Band eine Fülle von Anregungen.

Zum einen geht es um einen spezifischen didaktischen Ansatz: die Arbeit mit „didaktischen Einheiten" im Kindergarten. Wie lassen sich solche didaktischen Einheiten entwickeln? Wie kann man mit ihnen in der täglichen Praxis arbeiten? Der Band gibt einen Einblick in den Entstehungsprozeß eines Curriculum, stellt verschiedene Typen von Materialien vor und zeigt an Berichten aus der Praxis, welche vielfältigen methodischen Möglichkeiten dieser didaktische Ansatz eröffnet.

Zum zweiten geht es um einen spezifischen inhaltlichen Aspekt: das auf die konkrete Umwelt bezogene Lernen im Kindergarten. Wie kann man Alltagssituationen zum Ausgangspunkt des Lernens machen? Wie kann man Eltern und andere Erwachsene einbeziehen? Der Band schildert entsprechende Projekte, zeigt, wie man dafür Materialien entwickeln kann, und vermittelt dazu Erfahrungen aus der Praxis.

Die Arbeitsgruppe Vorschulerziehung des Deutschen Jugendinstituts führt mit diesem Band ihre im Rahmen eines Modellprogramms entwickelten Ansätze weiter. Die breite Resonanz, die die beiden vorausgegangenen Bände „Anregungen I: Zur pädagogischen Arbeit im Kindergarten" und „Anregungen II: Zur Ausstattung des Kindergartens" gefunden haben, bestätigt das große Interesse an der Entwicklung dieses Ansatzes in Ausbildung und Praxis.

Arbeitsgruppe Vorschulerziehung des Deutschen Jugendinstituts

München:	Christa Bauer
	Ruth Gerstacker
	Achim Heimbucher
	Klaus Peter Hemmer
	Marianne Krug
	Jens Lipski
	Matthias Obereisenbuchner
	Susanne Pelzer
	Wolfgang Rutzmoser
	Hedi Schrader
	Jürgen Zimmer
Wiesbaden:	Rita Haberkorn
	Uli Hagemann
	Harald Seehausen
Mainz:	Richard Auernheimer
	Barbara Krösche

Arbeitsgruppe Vorschulerziehung

Anregungen III:
Didaktische Einheiten im Kindergarten

Juventa Verlag

Der vorliegende Band ist entstanden aus der Studie „Konstruktionsprinzipien didaktischer Einheiten", die vom Bundesministerium für Bildung und Wissenschaft gefördert wurde.

CIP-Kurztitelaufnahme der Deutschen Bibliothek

Deutsches Jugendinstitut<München> / Arbeitsgruppe Vorschulerziehung
Anregungen / Arbeitsgruppe Vorschulerziehung. –
München: Juventa-Verlag.
(Reihe Deutsches Jugendinstitut: aktuell)
[Ausgabe in Schriftenreihe „Reihe Deutsches Jugendinstitut"]
3. → Didaktische Einheiten im Kindergarten

Didaktische Einheiten im Kindergarten / Arbeitsgruppe Vorschulerziehung. – 2. Aufl. – München:
Juventa-Verlag, 1977.
(Anregungen / Arbeitsgruppe Vorschulerziehung: Ausg. in Schriftenreihe „Reihe Deutsches Jugendinstitut"; 3) (Reihe Deutsches Jugendinstitut: aktuell)
ISBN 3–7799–0231–1
NE: Deutsches Jugendinstitut<München> / Arbeitsgruppe Vorschulerziehung

ISBN 3–7799–0231–1
2. Auflage 1977

Umschlaggestaltung: Dieter Vollendorf, München
Text- und Bildgestaltung: Eckart Geithner, Wifling
Printed in Germany
Satz: fotosatz geiß puchheim
Druck: Hochgesang GmbH Herrsching

Die im Band abgedruckten Standfotos zu den Situationsfilmen überließ uns freundlicherweise das Institut für Film und Bild in Wissenschaft und Unterricht, Grünwald b. München.

Inhalt

1 Einführung

Was steht in diesem Buch? Und für wen ist es geschrieben? Erste Auskünfte zu diesen Fragen: Das Buch enthält etwas über die Entstehung, den Inhalt und die Anwendung didaktischer Einheiten. Diese Einheiten stehen unter dem Ziel, drei- bis fünfjährige Kinder auf Lebenssituationen vorzubereiten, mit denen sie in der Gegenwart oder in naher Zukunft konfrontiert sein können.

Die didaktischen Einheiten gehören zum Curriculum „Soziales Lernen", das von der Arbeitsgruppe Vorschulerziehung des Deutschen Jugendinstituts und den Erzieherinnen aus Modellkindergärten der Länder Rheinland-Pfalz und Hessen in den Jahren 1971 bis 1975 entwickelt wurde. Das Curriculum enthält 28 solcher Einheiten, dazu viele didaktische Materialien. Das vorliegende Buch ist nicht das Curriculum, sondern es handelt davon.

Es richtet sich zum einen an Leser, die als praktizierende Pädagogen nicht im Besitz des Curriculum sind, trotzdem aber etwas darüber erfahren wollen. Diese Leser werden viele praktische Beispiele finden, die den didaktischen Einheiten entnommen sind und die eigene pädagogische Praxis anregen könnten.

Zum zweiten ist es für Erzieher geschrieben, die über das Curriculum verfügen und Informationen über seinen Aufbau und seine Handhabung, über Möglichkeiten seiner Erprobung, Veränderung und Weiterentwicklung benötigen. Für diese Leser ist das Buch als Begleitbuch zum Curriculum gedacht.

Es wendet sich zum dritten an Leser, die selbst didaktische Einheiten entwickeln wollen oder sich mit Fragen der Curriculumentwicklung auseinandersetzen. Welche Erfahrungen haben wir bei unserer Entwicklungsarbeit gemacht? Von welchen Voraussetzungen sind wir ausgegangen? Was hat uns veranlaßt, dem Curriculum die gewählte Form zu geben? Wir gehen auf diese Fragen in systematischem und theoretischem Sinne nicht ein. Und unsere Auskünfte dazu sind nicht mit Forderungen gleichzusetzen. Wir wollen nicht ausdrücken, daß man ein Curriculum nur so und nicht anders gestalten kann. Wir halten es allerdings für nützlich, wenn Gruppen, die ein Curriculum entwickeln, von ihren Erfahrungen berichten: einerseits, damit für andere Entwicklungsgruppen Hinweise und Anregungen ableitbar sind; andererseits, weil man aus der Darstellung des Entwicklungsprozesses etwas über das Produkt, also das Curriculum, ablesen kann – über das Verhältnis zwischen Zielsetzung und praktischen Ergebnissen, zwischen pädagogischer Idee und Wirklichkeit.

In vier Buchveröffentlichungen haben die Arbeitsgruppe Vorschulerziehung und ihre Mitglieder bisher die Konzeption und einige Zwischenergebnisse der Curriculumentwicklung mitgeteilt: In den beiden Bänden „Curriculumentwicklung im Vorschulbereich" (Zimmer 1973a)[1] werden Fragen des theoretischen Bezugsrahmens erörtert. Die „Anregungen I: Zur pädagogischen Arbeit im Kindergarten" (Arbeitsgruppe Vorschulerziehung, 4. Auflage 1975) enthalten erste Folgerungen für die pädagogische Praxis. Die „Anregungen II: Zur Ausstattung des Kindergartens" (Arbeitsgruppe Vorschulerziehung, 2. Auflage 1974a) beschreiben unter anderem Möglichkeiten, wie man allgemein erhältliche didaktische Materialien innerhalb eines an kindlichen Lebenssituationen orientierten Konzeptes verwenden kann.

Eine weitere Veröffentlichung – „Vorschulische Erziehung in der Bundesrepublik" (Arbeitsgruppe Vorschulerziehung 1974b) – enthält eine Bestandsaufnahme von Curriculumentwicklungen, wie sie in anderen Modellversuchen unternommen worden sind. Die „Anregungen III" schließen an die drei erstgenannten Bücher an (wenngleich deren Kenntnis keine notwendige Voraussetzung zum Verständnis dieses Buchs ist): Der konzeptuelle Rahmen, der dort vorgestellt wurde, soll hier in einigen Teilen durch die inzwischen vorliegenden Ergebnisse ausgefüllt und illustriert werden. Das Buch soll damit ein Gebrauchsbuch sein und weitgehend von den praktischen Beispielen bestimmt werden, die es enthält.

Wie man didaktische Einheiten entwickeln und wie man mit ihnen umgehen kann: Wir hätten dieser Fragestellung am Beispiel einer einzigen Einheit nachgehen können. Der Vorteil eines solchen Vorgehens wäre gewesen, daß der Leser sich genauer auf den Aufbau und Inhalt einer didaktischen Einheit hätte einlassen können. Der Nachteil: Man würde sich während der Lektüre zunehmend und wohl mit

(1) Veröffentlichungen, die in den „Literaturhinweisen" enthalten sind, werden im folgenden nur unter Angabe von Verfassernamen und Erscheinungsjahr zitiert. Mehrere Titel eines Autors im selben Jahr werden durch Zusatz von Kleinbuchstaben unterschieden.

Unlust die Frage stellen, ob es denn nun nichts anderes außer dieser Einheit gäbe. Wir haben deshalb einen zweiten Weg gewählt: Beispiele entnehmen wir etwa zehn didaktischen Einheiten – genug, wie wir hoffen, die mögliche Vielfalt situationsorientierter Erziehung im Kindergarten zu erkennen, und nicht so viel, daß die Beispiele wie ein nicht mehr zusammensetzbares Puzzle wirken könnten.

Die hier vorgelegte Studie ist durch die Förderung des Bundesministeriums für Bildung und Wissenschaft zustande gekommen, dem dafür gedankt sei. Ihr Inhalt, dessen vorliegende Fassung unter der Beratung von Erzieherinnen entstand, wird von der Arbeitsgruppe Vorschulerziehung verantwortet. Die didaktischen Einheiten, auf deren Entwicklung und Herstellung sich die Studie gründet, erscheinen unter der gemeinsamen Autorenschaft der Erzieherinnen aus den Modellkindergärten und der Arbeitsgruppe Vorschulerziehung.

Die intensive öffentliche Diskussion um vorschulische Erziehung in der Bundesrepublik hat in den vergangenen Jahren einerseits zum quantitativen Ausbau des Elementarbereichs, andererseits zu Bemühungen um eine qualitative Verbesserung vorschulischer Erziehung geführt. Bund und Länder, kommunale und freie Träger, wissenschaftliche Institute und Förderungseinrichtungen richteten Modellversuche ein, von denen ein Teil unmittelbar zur Entwicklung von Curricula führt. Die – anfangs sehr kleine – Arbeitsgruppe Vorschulerziehung entstand 1969 anläßlich einer Bitte des Ministers für Soziales, Gesundheit und Sport des Landes Rheinland-Pfalz, die wissenschaftliche Betreuung der in diesem Land geplanten Modellversuche mit Kindergärten zu übernehmen; 1971 schloß sich der Sozialminister des Landes Hessen an. Beide Modellversuche wurden aufgrund einer Empfehlung der Bund-Länder-Kommission für Bildungsplanung durch den Bundesminister für Bildung und Wissenschaft gefördert.

In Rheinland-Pfalz beteiligten sich sechs, in Hessen fünf Modellkindergärten. Die rheinland-pfälzischen Kindergärten wurden in ihren Standorten so bestimmt, daß sowohl regionale Besonderheiten (Land/Stadt) als auch unterschiedliche soziale Gruppierungen (Randgruppen bis obere Mittelschicht) berücksichtigt werden konnten. Die hessischen Kindergärten wurden unter dem Gesichtspunkt ausgewählt, die räumlichen Entfernungen zwischen ihnen möglichst gering zu halten, um die Zusammenarbeit zwischen den beteiligten Erzieherinnen zu erleichtern. Auch die hessischen Kindergärten bezogen Kinder unterschiedlicher sozialer Herkunft ein.

In Rheinland-Pfalz nahmen (im Durchschnitt) 520 Kinder am Modellversuch teil, mit 25 Kindern in einer Gruppe. Auf etwa zwölf Kinder kam ein Erwachsener. Ein Sozialpädagoge, 22 Erzieher und 22 Kinderpfleger beziehungsweise Berufspraktikanten waren jeweils am Versuch beteiligt. Ein Kindergarten war wegen seiner besonderen Lage in einem Obdachlosengebiet personell etwas besser ausgestattet (auf 20 Kinder zwei Erwachsene). In den hessischen Kindergärten waren durchschnittlich 450 Kinder, auch hier mit 25 Kindern in einer Gruppe. Auf zehn Kinder kam ein Erwachsener. Fünf Sozialpädagogen und 37 Erzieher (von denen 18 Berufspraktikanten für den Zeitraum je eines Jahres mitarbeiteten) beteiligten sich jeweils am

Versuch. In den Modellkindergärten beider Länder arbeiteten die Erzieher, Berufspraktikanten, Kinderpfleger und Sozialpädagogen gleichwertig zusammen. Die Kindergärten verfügten über keine besondere räumliche oder personelle Ausstattung.

Seit 1971 stand die Curriculumentwicklung im Mittelpunkt beider Modellversuche. Eine Reihe anderer Modellversuche war in der Bundesrepublik seinerzeit unter der Fragestellung begonnen worden, in welcher Einrichtung – Kindergarten, Vorklasse oder Eingangsstufe – fünfjährige Kinder am besten gefördert würden. Eine solche Frage führte in der Regel zu einer Form wissenschaftlicher Begleitung, in der man mit Hilfe von Tests den Entwicklungs-, Intelligenz- und Lernzuwachs der Kinder maß und auf dieser Grundlage die Eignung der verschiedenen Einrichtungen zu bewerten versuchte.

Die Arbeitsgruppe Vorschulerziehung äußerte demgegenüber von Beginn an die Vermutung, daß Vergleiche auf einer solchen Grundlage offen ausgehen könnten, also wie das Hornberger Schießen, daß gewichtige Unterschiede zwischen den verschiedenen Einrichtungen sich in Testergebnissen nicht ausdrücken würden (Arbeitsgruppe Vorschulerziehung 1974c). Diese Vermutung scheinen Ergebnisse aus anderen Modellversuchen inzwischen zu bestätigen: Wo immer, so hat es den Anschein, mit pädagogischer Phantasie und methodischem Geschick gearbeitet wird, zeigt sich ein überdurchschnittlicher Zuwachs an Fähigkeiten der drei- bis sechsjährigen Kinder.

Wir sprachen uns dafür aus, in den beiden von uns begleiteten Modellversuchen das Augenmerk zunächst weniger auf das Messen der Wirkungen pädagogischer Arbeit als vielmehr auf die qualitative Verbesserung dieser Arbeit zu richten – also auf die Entwicklung von möglichen neuen Zielen, Inhalten und Methoden pädagogischer Praxis.

In den Jahren zwischen 1965 und 1970 wurde in der Bundesrepublik viel über die Notwendigkeit einer allgemeinen Curriculumreform diskutiert, mit konkreter Curriculumentwicklung war aber nur in bescheidenem Maße begonnen worden. Gegenüber der Schule vertraten Bildungsreformer die Auffassung, sie sei in ihren Inhalten veraltet und würde auf die Anforderungen des privaten, beruflichen und politischen Lebens von Erwachsenen nicht mehr zureichend vorbereiten; die Schule solle sich deshalb auf eine Revision nicht nur ihrer Inhalte, sondern auch ihrer gesamten Fächerstruktur besinnen. Die Schule antwortete darauf im wesentlichen mit fachdidaktischen Reformen.

Gegenüber dem Kindergarten wurde argumentiert, er sei nicht nur eine zu wenig verbreitete, sondern auch eine stark veraltete Einrichtung, die mehr der Bewahrung als der Förderung von Kindern diene. Die Vorsprünge anderer Länder im Bereich vorschulischer Erziehung wurden gegen ihn genauso ins Feld geführt wie die privaten Initiativen von Eltern-Kind-Gruppen. Der Deutsche Bildungsrat hielt 1969 mit seinem Vorschlag zur Einrichtung von Eingangsstufen den Kindergarten offenbar für kaum anders reformierbar als durch die Zuordnung der Fünfjährigen zur Schule.

Erzieher, Lehrer, Wissenschaftler, Vertreter von Bildungsverwaltung und -politik, die sich mit solchen Fragen an den Elementarbereich auseinandersetzten, reagierten zunächst und verständlicherweise oft mit Unsicherheit und bisweilen auch mit allzu raschen Antworten. Es kam zu Mißverständnissen und verkürzten Konzepten vorschulischer Erziehung. Sollte sie zu schulähnlicher Erziehung werden? Sollten drei- bis fünfjährige Kinder den Nachweis antreten, daß auch sie schon Teile des Grundschulkanons bewältigen können? Sollten sie im Kindergarten, weil es lerntheoretisch machbar erschien, Fächer wie Lesen, Rechnen, Sachkunde, Religion, Musik und Sport vorfinden? Sollten sie Trainingsprogramme zur Förderung ihrer Intelligenz durchlaufen? Sollten sich benachteiligte Kinder einer kompensatorischen Erziehung unterziehen, die sich an den Maßstäben einer nichtreformierten Grundschule orientierte?

Wer gab — aus heutiger Sicht — Antworten auf solche Fragen? Die Hersteller von Puzzles, logischen Blöcken, Lesekärtchen und Arbeitsmappen? Wissenschaftler, die eine Beteiligung von Praktikern an der Entwicklung von Programmen eher als Störung denn als Gewinn verstanden? Kommissionen, die in wenigen Sitzungen Rahmenpläne entwickeln sollten und dabei auf Vorhandenes zurückgreifen mußten? Institute, die an langfristiger Curriculumforschung interessiert waren?

Aus dem damaligen Stand der Überlegungen, aus sich abzeichnenden Defiziten und Möglichkeiten leiteten wir nach vielen eigenen Diskussionen für unsere Arbeit zwei verfahrensbezogene Folgerungen ab:

– Die Curriculumentwicklung sollte mittelfristig sein: Sie sollte in absehbarer und vertretbarer Zeit zu sichtbaren und anwendbaren Ergebnissen führen.
– Sie sollte praxisnah sein: Wir konnten uns nicht vorstellen, ohne den Sachverstand von Erziehern, ohne die Mitwirkung von Eltern und auch Kindern zu Resultaten zu gelangen, die die Beteiligten als sinnvoll empfinden und umsetzen würden.

Dem – seinerzeit noch unüblichen – Ziel praxisnaher Curriculumentwicklung stand ein erhebliches äußeres Hindernis entgegen: die räumliche Entfernung zwischen dem in München angesiedelten Deutschen Jugendinstitut und den Modellkindergärten. Die Arbeitsgruppe Vorschulerziehung teilte sich deshalb auf. In Wiesbaden und Mainz wurden 1972 Vermittlungsgruppen eingerichtet, die die Verbindung zwischen den Münchener Mitgliedern der Arbeitsgruppe und den Modellkindergärten herzustellen versuchten. (Ende 1974 waren elf Mitarbeiter in München ansässig, drei in Wiesbaden und zwei in Mainz.)

Das Ergebnis der Entwicklungsarbeiten, das Curriculum „Soziales Lernen" mit seinen 28 didaktischen Einheiten, wurde 1976 in einer Erprobungsfassung hergestellt und in ein von Bund und Ländern eingerichtetes überregionales Erprobungsprogramm eingebracht. Dort wird es auf breiterer Basis – zusammen mit Curricula aus anderen Modellversuchen – auf seine allgemeine Übertragbarkeit hin geprüft.[1]

(1) Vgl. Kap. 7. Die Arbeitsgruppe Vorschulerziehung beabsichtigt, eine begrenzte Auflage der Erprobungsfassung „Einrichtungen der Aus- und Fortbildung und Forschungsinstitutionen" auch Interessierten außerhalb des Erprobungsprogramms zugänglich zu machen.

3 Kennzeichen des Curriculum

In diesem Buch, so wurde anfangs gesagt, soll mehr von den Ergebnissen der Curriculumentwicklung und dabei gemachten Erfahrungen die Rede sein als von theoretischen Ausgangsüberlegungen. Der Bezugsrahmen des Curriculum „Soziales Lernen" und seiner Entwicklung soll deshalb an dieser Stelle nur kurz angedeutet werden.

In diesem Bezugsrahmen wird der Kindergarten als eine Einrichtung für gemeinwesenorientierte Arbeit und damit nicht als abgeschlossener vorschulischer Lernort begriffen. Die Curriculumentwicklung zielt nicht nur auf die Verbesserung pädagogischer Angebote für Kinder, sondern auch auf die Aktivierung der pädagogischen Mitwirkung von Eltern und anderen Erwachsenen. Sie berücksichtigt zugleich die Notwendigkeit der Fortbildung von Erziehern für die damit verbundenen neuen Aufgaben. Curriculumentwicklung vollzieht sich vor Ort unter Beteiligung verschiedener Gruppen (Erzieher, Eltern, Kinder, Wissenschaftler). Der Begriff „Curriculum" wird dabei als ein sehr weitgefaßter und offener verstanden. Ein Curriculum bildet so den Kern einer Vielzahl pädagogischer Aktivitäten, die sich auf Lebenssituationen und -probleme von Kindern richten. In solchen Handlungen wird einerseits das herkömmliche Lehr-Lern-Verhältnis zwischen Pädagogen und Kindern ein Stück weit zugunsten gemeinsamer Lern- und Erfahrungsprozesse verändert. Andererseits geraten – durch die Beteiligung von Menschen und Einrichtungen außerhalb des Kindergartens – Gemeinwesen und Kindergarten in einen engeren pädagogischen Bezug. Wir wollen im folgenden einzelne Kennzeichen des Konzeptes gesondert nennen. Ausführlicher wird auf sie mit entsprechenden Beispielen in den weiteren Kapiteln des Buchs eingegangen.

Der Bezug zu Lebenssituationen von Kindern

Die pädagogische Arbeit steht unter dem Ziel, Kinder verschiedener sozialer Herkunft und mit unterschiedlicher Lerngeschichte zu befähigen, in Situationen ihres gegenwärtigen und künftigen Lebens möglichst autonom und kompetent denken und handeln zu können.

Über dieses Ziel besteht im Elementarbereich auf einer allgemeinen Ebene inzwischen weitgehend Übereinstimmung. Sie reicht von der pädagogischen Praxis in Modellkindergärten und mittlerweile auch in vielen anderen Kindergärten über die 1973 veröffentlichte Empfehlung des Deutschen Bildungsrates zum Elementarbereich, über Stellungnahmen von Trägern bis hin zum Schwerpunktkatalog für Modellversuche der Bund-Länder-Kommission für Bildungsplanung.

Die Forderung nach einer auf Lebenssituationen bezogenen Curriculumentwicklung wurde in der Bundesrepublik zuerst von der Berliner Curriculumgruppe des Max-Planck-Institutes für Bildungsforschung gestellt. Sie schlug vor, durch die Analyse von *Lebenssituationen* zur Bestimmung von *Qualifikationen* zu gelangen und diese Qualifikationen durch geeignete *Curriculum-Elemente* zu fördern.[1]

In abgewandelter Form hat die Arbeitsgruppe Vorschulerziehung diesen Vorschlag in die Diskussion um vorschulische Curriculumentwicklung eingebracht und fortentwickelt.[2]

Die Bildungskommission des Deutschen Bildungsrates schlägt vor, bei der Entwicklung vorschulischer Spiel- und Lernangebote „von den realen Lebenssituationen der Kinder auszugehen und durch gezielte Förderung die Kinder instand zu setzen, ihre Lebenssituationen zu beeinflussen und zunehmend selbständiger zu bewältigen; zugleich sollen die Kinder befähigt werden, sachliche Probleme soweit als möglich gemeinsam zu lösen und soziale Konflikte zu verstehen, zu meistern oder zu ertragen" (Deutscher Bildungsrat 1973, S. 25).

In der Stellungnahme der Arbeitsgemeinschaft für Jugendhilfe zu dieser Empfehlung wird positiv hervorgehoben, daß die Empfehlung „zur Verbesserung der Lernangebote und Lernprozesse im Elementarbereich einen kind- und situationsorientierten curricularen Ansatz" aufgreifen und diesen „in den Mittelpunkt ihrer Überlegungen" stellen würde.[3]

Im Schwerpunktkatalog für Modellversuche der Bund-Länder-Kommission für Bildungsplanung wird vorgeschlagen, durch inhaltliche und organisatorische Reformen die Bildungschancen drei- bis fünfjähriger Kinder im Kindergarten zu verbessern: „Von besonderer

(1) Vgl. dazu Robinsohn, Saul B.: Bildungsreform als Revision des Curriculum und Ein Strukturkonzept für Curriculumentwicklung, 3. Aufl., Neuwied/Berlin 1971; Knab, Doris: Curriculumforschung und Lehrplanreform, in: Neue Sammlung 1969, H. 9, S. 169–185; Zimmer, Jürgen: Curriculumforschung: Chance zur Demokratisierung der Lehrpläne, in: Achtenhagen/Meyer, Curriculumrevision. Möglichkeiten und Grenzen, München 1971, S. 178–196; Damerow, Peter u.a.: Elementarmathematik: Lernen für die Praxis? Ein exemplarischer Versuch zur Bestimmung fachüberschreitender Curriculumziele, Stuttgart 1974.

(2) Zimmer, Jürgen: Überlegungen zur Legitimierung und Entwicklung vorschulischer Curricula in der BRD, in: Robinsohn, Saul B. (Hrsg.), Curriculumentwicklung in der Diskussion, Stuttgart/Düsseldorf 1972, S. 72–77; Arbeitsgruppe Vorschulerziehung 1972; vgl. auch ausführlicher: Arbeitsgruppe Vorschulerziehung 1975, Kap. 1.3, 2.2 und 2.3; Zimmer 1973b, Bd. 1, S. 31 f.; Hemmer 1973.

(3) Arbeitsgemeinschaft für Jugendhilfe: Stellungnahme zu dem Empfehlungen der Bildungskommission des Deutschen Bildungsrates zur Einrichtung eines Modellprogramms für Curriculumentwicklung im Elementarbereich, Bonn 1973.

Bedeutung ist dabei die Entwicklung solcher Spiel- und Lernangebote, die nicht von fachlich orientierten Lernzielen, sondern von den Lebenssituationen der Kinder ausgehen."[4]

Die Arbeitshilfen für den Kindergarten des Landes Nordrhein-Westfalen formulieren als Erziehungsziel, „dem Kind bei der Bewältigung seiner gegenwärtigen Lebenssituation zu helfen, ihm Möglichkeiten zum Erkennen von Lebenszusammenhängen zu geben und ihm damit auch Hilfen zu geben, die zur Bewältigung künftiger Lebenssituationen angewandt werden können". Und: „Für die Planung der pädagogischen Arbeit im Elementarbereich und damit im Kindergarten kann nur ein situationsbezogener Ansatz in Betracht kommen."[5]

Auch die bayerischen Richtlinien für den Modellversuch Eingangsstufe zählen zu den Prinzipien der pädagogischen Förderung das „Prinzip der lebensnahen Förderung": „Lernerfahrungen in der Eingangsstufe sollen den Kindern helfen, konkrete Situationen der Gegenwart und der nahen Zukunft leichter zu bewältigen."[6]

Der Situationsansatz versteht sich ergänzend – zum Teil auch alternativ – zu anderen Ansätzen vorschulischer Curriculumentwicklung: so etwa zu Programmen, in denen Kinder (ohne unmittelbaren und einsichtigen Bezug zu Lebensproblemen) mit wissenschaftlichen Grundbegriffen und -verfahren vertraut gemacht werden sollen; so auch zu Programmen, in denen in der Form isolierter Aufgabenstellungen Intelligenz- und andere Persönlichkeitsfaktoren gefördert werden sollen.

Die Orientierung an Lebenssituationen von Kindern kann auf zweierlei Weise bedeutsam werden: Einmal lassen sich bei der Entwicklung und Anwendung didaktischer Einheiten Situationen daraufhin untersuchen, welche Fähigkeiten Kinder erwerben sollten, um möglichst selbstbestimmt und mit Kompetenz denken und handeln zu können.

♦ Eine der im Curriculum „Soziales Lernen" aufgegriffenen Situationen ist die älterer oder jüngerer Kinder in der altersgemischten Gruppe des Kindergartens. Zu den Fragen, die sich an die Situation stellen lassen, gehören: Welche besonderen Chancen und Schwierigkeiten ergeben sich für Kinder in altersgemischten Gruppen? Was müssen ältere Kinder lernen, wenn sie die jüngeren an ihren Vorhaben beteiligen wollen? Welche Fähigkeiten brauchen jüngere Kinder, um in der Gruppe ihre besonderen Bedürfnisse anzumelden und

(4) Bund-Länder-Kommission für Bildungsplanung: Schwerpunktkatalog für Modellversuche im Bildungswesen und ihre wissenschaftliche Begleitung, Bonn 1974.
(5) Minister für Arbeit, Gesundheit und Soziales des Landes Nordrhein-Westfalen: Arbeitshilfen zur Planung der Arbeit im Kindergarten, Düsseldorf 1974, Kap. 1.
(6) Bayerisches Staatsministerium für Unterricht und Kultus: Richtlinien für den Modellversuch Eingangsstufe, München 1975, Teil 1.

zu vermitteln? Was muß man von den „Kleinen" wissen und was von den „Großen", um sich besser verstehen und miteinander abstimmen zu können? [7]

Zum zweiten wird bei der praktischen Anwendung didaktischer Einheiten der Versuch unternommen, von Situationsanlässen auszugehen: Besondere Erlebnisse, aber auch Alltagserfahrungen von Kindern können damit zum Anlaß pädagogischen Handelns werden. Aus Gesprächen zwischen Kindern, Erziehern, Eltern und anderen Erwachsenen über

Links: Während eines Verlaufenspiels im Kaufhaus hat Regina die anderen Kinder aus den Augen verloren. Sie geht suchend durch die Verkaufsräume.
Rechts: Sie kann die anderen nicht finden, sie weint.
Aus Textillustrationen zur didaktischen Einheit „Verlaufen in der Stadt". Foto: Tüllmann

(7) Beispiele, die aus dem Curriculum „Soziales Lernen" stammen, werden durch eine Raute (♦) gekennzeichnet. Auch in den Textteilen des Curriculum gibt es diese Raute: Sie bezeichnet dort Praxisberichte und -dokumente.

Möglichkeiten der Umsetzung und Verarbeitung anstehender Fragen können sich Unternehmungen entwickeln – Projekte und Spiele inner- oder außerhalb des Kindergartens.

♦ Der Vorfall beispielsweise, daß ein Kind beim Samstag-Vormittag-Einkauf im Kaufhaus seine Mutter aus den Augen verloren hat, kann Anlaß von Projekten werden, in denen Kinder lernen, sich in ähnlichen Situationen ohne Panik zurechtzufinden.

Autonomie und Kompetenz: Die Verbindung von sozialem und instrumentellem Lernen

Bei erwachsenen Menschen läßt sich nicht selten beobachten, daß sie ihre technischen und instrumentellen Fähigkeiten einsetzen, ohne in der gleichen Weise die sozialen Voraussetzungen und Wirkungen ihrer Fähigkeiten und Handlungen mitzubedenken und mitzuberücksichtigen: Sie „erschließen" eine Landschaft mit Straßen- und Bebauungsplänen und zerstören dabei ein Erholungsgebiet. Sie konstruieren ein Fließband und muten den dort Tätigen eintönige Einzelarbeit zu. Sie bauen – architektonisch brillant – eine Trabantenstadt und „vergessen" die Planung sozial wichtiger Einrichtungen – die Kneipe um die Ecke, den Kindergarten, das Freizeitheim, den Schrebergarten.

In schulischen Lehrplänen wird oft getrennt zwischen der Erziehung zu sozialem Handeln auf der einen und der Vermittlung von Sachkompetenzen auf der anderen Seite. Diese Trennung zeigt sich unter anderem auch in der Unterscheidung von schulischen Fächern, die den Geisteswissenschaften, und jenen, die den Naturwissenschaften zuzurechnen sind.

Gibt es einen Zusammenhang zwischen dieser Praxis Erwachsener und der Art schulischen Lernens? Liegt nicht die Annahme nahe, daß viele der bisherigen Formen und Inhalte schulischen Lernens mögliche Fragen nach den sozialen und – im weiteren Sinne – politischen Zusammenhängen von Handlungen eher verschütten als fördern? Innerhalb des Curriculum „Soziales Lernen" wird versucht, das, was dort an sozialem und instrumentellem Lernen getrennt wird, zusammenzuführen. Kinder sollen auch im vorschulischen Alter im konkreten Fall lernen, soziale Fähigkeiten und instrumentelle Fertigkeiten miteinander verschränkt einzubringen. Damit soll nach Möglichkeit

Vorsorge getroffen werden dafür, daß sie später ihre Fertigkeiten nicht einfach auf Abruf, ohne soziales Bewußtsein in Handlungen übersetzen. Instrumentelle Fertigkeiten und damit Sachkompetenzen sollen den Zielen sozialen Lernens untergeordnet bleiben.

◆ Geographische Kenntnisse und Kompetenzen werden von Kindergartenkindern dann nicht mehr erworben, weil es etwa ein vorverlegtes Fach „Erdkunde" gäbe, sondern beispielsweise deshalb, weil deutsche Kinder in Erfahrung bringen wollen, aus welchen Ländern ausländische Kinder ihrer Gruppe kommen und wie die Lebensumstände in diesen Ländern beschaffen sind. Solche Kenntnisse können zu den Voraussetzungen gehören, Gastarbeiterkinder in der eigenen Gruppe besser zu verstehen, mehr als bisher mit ihnen zu spielen und ihnen bei der Überwindung ihrer besonderen Schwierigkeiten zu helfen.

Die Unterordnung instrumentellen Lernens unter soziale Zielsetzungen kann auch im Sinne der pädagogischen Forderungen nach *Autonomie* und *Kompetenz* verstanden werden: Soziales Lernen soll Kinder darin unterstützen, ihren Anspruch auf Selbstbestimmung – der ein Anspruch aller Menschen ist und damit nicht allein auf einzelne und ihre Bedürfnisse bezogen werden kann – zu vertreten. Sie sollen diesen Anspruch in kompetenter Weise wahrnehmen können, mit den dazu notwendigen Fertigkeiten und Kenntnissen (vgl. Arbeitsgruppe Vorschulerziehung 1975, Kap. 1.1; Zimmer 1973b, S. 28 ff.).

Mitwirkung von Eltern an der pädagogischen Arbeit

In Kindergärten, die nach solchen Zielsetzungen arbeiten, müssen Eltern nicht mehr nur Zaungäste pädagogischen Bemühens sein. Sie können sich an der inhaltlichen Arbeit beteiligen, wo immer sie Zeit dazu finden und ein Interesse daran entwickeln. Auf Elternabenden besprechen sie als ja auch Mitbetroffene die pädagogischen Angebote und bringen ihre Anregungen ein. Bei Unternehmungen von Kindergruppen wirken sie mit als erfahrungsvermittelnde Sachverständige.

◆ Da baut beispielsweise eine Mutter, von Beruf Krankenschwester, in ihrer Freizeit in einer Ecke des Gruppenraums mit Kindern ein "Krankenzimmer" auf; im anschließenden Rollenspiel wird mit den Kindern der Alltag einer Kinderstation nachgeahmt – dies mit dem Ziel, Kinder damit vertraut zu machen und ihnen einen Teil ihrer Ängste vor Krankheit und stationärer Behandlung zu nehmen. Ein spanischer Vater backt mit Kindern Churros im Kindergarten, ein süßes Ölgebäck, und die Kinder erfahren etwas von Eßgewohnheiten in anderen Ländern, ohne dabei gleich die Nase zu rümpfen.

In solchen Vorhaben können Eltern auf einer konkreten Ebene eine Mitverantwortung für die pädagogischen Ziele, Inhalte und Methoden des Kindergartens übernehmen (vgl. Arbeitsgruppe Vorschulerziehung 1974, Kap. 2.6; Haberkorn/Hagemann/Walther 1973).

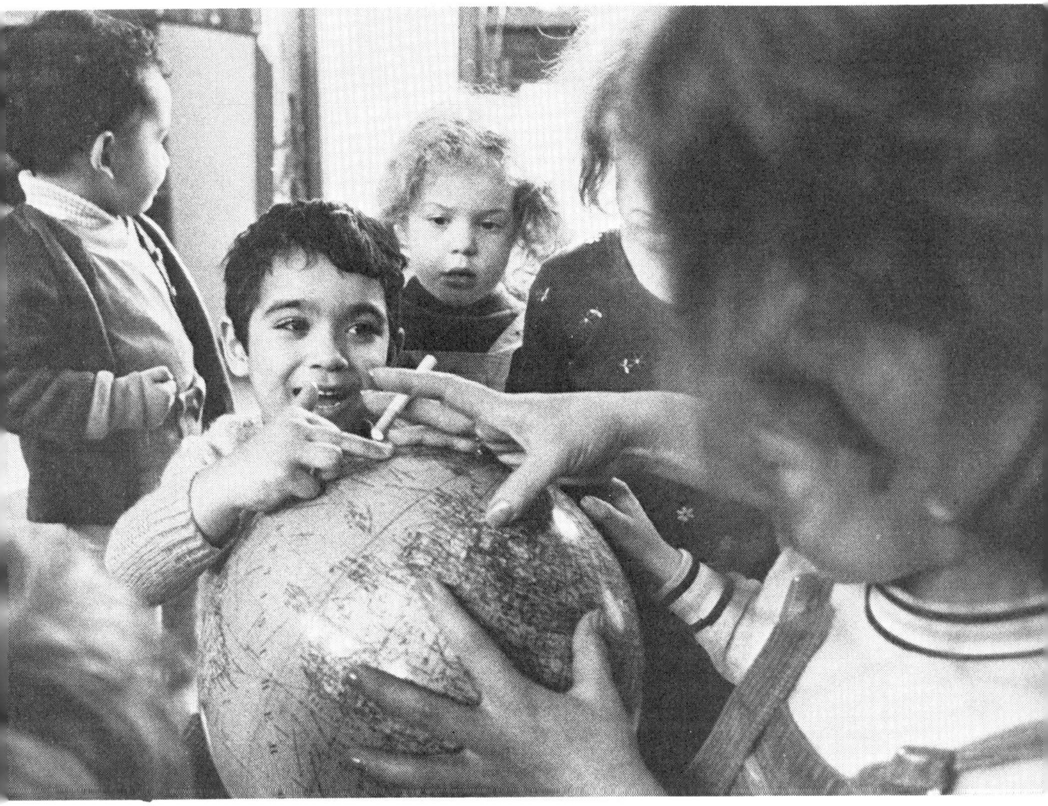

Wo liegt die Türkei?
Aus Textillustrationen zur didaktischen Einheit „Gastarbeiterkinder". Foto: Niggemeyer

Lernen in altersgemischten Gruppen

Das Curriculum „Soziales Lernen" bezieht sich mit seinen Angeboten auf altersgemischte Gruppen. Damit sollen das Kennenlernen und Kontaktaufnehmen sowie die Gruppenbildung mit Kindern unterschiedlicher Altersstufen, unterschiedlicher Neigungen und Interessen erleichtert werden. Ziel ist es auch, einem Kind Hilfestellung darin zu geben, sich seiner eigenen Stellung als Mitglied einer oder mehrerer Gruppen und zugleich als Vertreter einer Altersgruppe im Vergleich zu älteren und jüngeren Kindern bewußt zu werden. Drei- und Vierjährige können von den Erfahrungsvorsprüngen der Fünfjährigen lernen, die Fünfjährigen übernehmen hier so etwas wie die Funktion einer "Lernlokomotive". Die Fünfjährigen wiederum lernen, die Mitwirkungswünsche, die besonderen Bedürfnisse und Fähigkeiten jüngerer Kinder zu berücksichtigen.[8]

Generationsübergreifendes Lernen

Bei den im Kindergarten thematisierten Lebenssituationen handelt es sich oft um solche, die nicht nur für Kinder, sondern auch für Erwachsene bedeutsam sind – für Erzieher, Eltern und auch für Erwachsene, die in der Umgebung des Kindergartens wohnen und gelegentlich bei seinen Vorhaben mitwirken. Dabei kann es dann zu Formen generationsübergreifenden Lernens kommen. Denn nicht nur Kinder lernen in solchen Situationen, auch Erwachsene inner- und außerhalb des Kindergartens können dabei neue Einstellungen gewinnen.

◆ In einem Kindergarten wurde nachts eingebrochen. Spielsachen gingen dabei zu Bruch. Erzieher und Kinder nahmen Kontakt auf zu einem benachbarten Altersheim und baten um Hilfe. Alte Menschen mit handwerklichen Fähigkeiten kamen und reparierten mit Kindern zusammen das Spielzeug.

Hier wurden für einen Moment Kommunikationen, die zwischen beiden Generationen oft unterbrochen oder gestört sein mögen, wieder hergestellt. Beide – Junge und Alte – hatten dabei zu lernen. Die Kinder versuchten, etwas von den Erfahrungen und Fähigkeiten der alten Menschen zu übernehmen und sich zugleich auf sie einzustellen. Die mitwirkenden Alten wiederum verließen durch das Projekt ein Stück weit die relative Abgeschiedenheit ihres Heims und versuchten, die Reparaturarbeiten auch unter pädagogischen Gesichtspunkten anzugehen: Sie mußten sich überlegen, wie man Kinder teilhaben und nicht nur zugucken lassen kann. Erwachsene werden in solchen Unternehmungen sowohl zu Erfahrungsvermittlern als auch – im Sinne lebenslangen Lernens – zu Mitlernenden.

(8) Vgl. Arbeitsgruppe Vorschulerziehung 1974c. Einige der beteiligten Kindergärten, die zu Beginn der Modellversuche noch altershomogene Gruppen hatten und insbesondere die Fünfjährigen zu gezieltem vorschulischem Lernen zusammenfaßten, gingen während der Versuchszeit zur Förderung altersgemischter Gruppen über – dies aufgrund der positiven Erfahrungen mit dieser Gruppenform.

Spiel auf italienisch

Wandlungen des Verhältnisses zwischen Lehrenden und Lernenden

Das klassische Verhältnis zwischen dem älteren Unterweisenden und dem jüngeren Zögling trifft die skizzierten und wünschbaren Formen des generationsübergreifenden Lernens nicht mehr zureichend. Zwar bleibt unbestritten, daß Erfahrungen älterer Menschen jüngeren verfügbar gemacht werden können und sollen. Unbestritten bleibt auch die impulsgebende Rolle des Erziehers. Andererseits aber zeigt die pädagogische Praxis in den Modellkindergärten, daß Menschen verschiedenen Alters in der Beteiligung an Projekten von gemeinsamem Interesse zugleich Erfahrungen übermitteln wie auch neue Erkenntnisse für sich selbst gewinnen können. Mitunter entstehen dann Projekte mit "verkehrten" Rollen: Kinder "lehren", und der mitlernende Erwachsene mag überrascht sein von ihrem didaktischen Einfallsreichtum.

♦ In einer Gruppe mit deutschen und italienischen Kindern entstand die Frage, wie man einem Kind helfen könne, das als Ausländer in eine deutsche Gruppe käme. Dazu Mima, ein italienisches Mädchen: „Ich konnte am Anfang nicht so gut sprechen. Die Kinder haben es mir dann richtig gesagt." Daraufhin schlug die Erzieherin vor, „Kofferpacken" – mit wenigen aufgedeckten Karten – auf italienisch zu spielen, damit die deutschen Kinder etwas von der anderen Sprache lernen könnten.[9]
Die Kinder nahmen die Anregung auf. Sie überlegten, wie man den ausländischen Kindern die Bezeichnung der Gegenstände klarmachen könnte: Dazu zeigten sie auf die Karten und nannten die deutschen Namen. Alle Kinder redeten durcheinander und waren sehr aufgeregt. Dann übersetzte Mima ins Italienische: „Ich packe in meinen Koffer eine Puppe, einen Kamm, Schuhe, Socken und einen Teddybär." Mima sprach vor: „Io metto alla valigia una bambola, un pettine, scarpe, calcetti e un orso." Das Spiel machte den Kindern viel Spaß. Es bereitete ihnen allerdings ziemliche Schwierigkeiten, sich die Begriffe zu merken. Sie mußten immer wieder bei Mima nachfragen.

Bei solchen Versuchen, bei denen auch Jüngere "Lehrer" und Ältere "Schüler" sein können, bei denen Jüngere und Ältere zugleich als Lehrende und Lernende in Erscheinung treten, können Erzieher auch von anderen Erwach-

(9) Das Spiel „Kofferpacken" hat folgende Spielregel: Alle darin enthaltenen Kärtchen werden reihum von den Spielern aus der Schachtel genommen. Der darauf abgebildete Gegenstand wird allen gezeigt, dann werden die Kärtchen mit Bildseite nach unten ungeordnet auf den Tisch gelegt. Danach beginnt das Kofferpacken. Ein Spieler beginnt: „Ich packe einen Hut ein" und nimmt gleichzeitig eine Karte auf. Hat er die richtige Karte, den Hut, erwischt, darf er sie behalten und einen zweiten Versuch machen. Hat er ein falsches Bild aufgedeckt, so wird es wieder zurückgelegt, der nächste Spieler kommt dran.

senen unterstützt werden. Diese Erwachsenen werden um so sachverständiger sein, je mehr es um Inhalte geht, die mit ihren eigenen Lebensumständen etwas zu tun haben.

Engere Verbindungen zwischen dem Kindergarten und dem Gemeinwesen

Der Lernort Kindergarten erfährt eine Öffnung gegenüber dem Gemeinwesen. Denn wenn man versucht, lebensbezogene Lernprozesse zu fördern, dann liegt es nahe, das Spielen und Lernen auch dort anzusiedeln, wo gelebt und gehandelt wird – nicht nur in Situationen im Kindergarten, sondern auch in der Familie und Nachbarschaft und weiteren Umgebung. In den Unternehmungen von Kindern und Erwachsenen werden solche Lernorte erschlossen. Einrichtungen im Gemeinwesen können zu Lernorten werden: der Spielplatz, das Altersheim, die Praxis des Zahnarztes, die Müllabfuhr, der Laden um die Ecke, die U-Bahn, die Obdachlosensiedlung.

♦ Kann man sich auf die Schule vorbereiten, nicht, indem man schulisches Lernen im Kindergarten praktiziert, wohl aber, indem man sie einmal aufsucht und sich mit ihr an Ort und Stelle vertraut macht?
In einem Kindergarten wurde der Besuch in der ersten Klasse der Schule dadurch vorbereitet, daß vorher sowohl die Erzieher in der Schule als auch der Lehrer im Kindergarten hospitierten. Von beiden Seiten her – von der Schule wie vom Kindergarten – wollte man sich auf die Situation der Kinder einstellen und gemeinsam das Projekt des Schulbesuchs planen. Das hatte den Vorteil, daß der Lehrer den Kindern aus dem Kindergarten schon bekannt war und sie ihn nicht erst in der Schulklasse zum ersten Mal sahen. Der Lehrer hatte vorher mit seiner Klasse über den bevorstehenden Besuch gesprochen und die Kinder auf die wahrscheinliche Befangenheit der Kleineren aufmerksam gemacht. Die Erstkläßler hatten deshalb beschlossen, sich um die Gäste zu bemühen und ihnen die ersten Minuten zu erleichtern. In der Unterrichtsstunde wurden dann Übungen veranstaltet, bei denen die Kindergartenkinder ohne weiteres mitmachen konnten.

Lernorte außerhalb des Kindergartens zu erschließen, bedeutet für Erzieher, stärker gemeinwesenorientiert zu arbeiten. Die klassische Distanz des Lehrenden zum alltäglichen Leben verringert sich.

♦ Wenn also etwa Kinder einer Kindergruppe wiederholt kranke Kinder auf einer Kinderstation besuchen, dann kann gleichsam als "Nebenprodukt" herauskommen, daß die Erzieherinnen mit Schwestern zusammen einmal die Ausstattung der Station mit Spielmaterialien reorganisieren. Oder: der Besuch von Kindern bei alten

Leuten im Altersheim kann zu Kontakten nicht nur auf der Kinder-, sondern auch auf der Erzieherebene führen – Erzieher, die sich unvermittelt in der Lage sehen, bisher unbekannten alten Menschen an dieser oder jener Stelle zu helfen, bei Gängen zu Behörden etwa oder bei der Regelung von Wohnungsproblemen.

Die Kindergartenkinder kommen in der Schule an. Dort ist gerade Pause. Viele Schüler sind auf dem Schulhof.

Die Lehrerin schreibt Wörter an die Tafel. Die Schulkinder lesen vor. Dann überlegen sie gemeinsam: Wie heißt das Kind der Kuh, wie heißt ein Baby-Huhn?

Später erhalten die Kinder Arbeitsblätter. Die Kindergartenkinder brauchen die Hilfe der Schulkinder.

Die Kindergartenkinder kennen zwar das Spielmaterial. Doch sie müssen sich erst zeigen und erklären lassen, was man in der Schule damit macht.

Aus Fotoposters zur didaktischen Einheit „Kinder kommen in die Schule". Foto: Tüllmann

Nun kann von keinem Kindergarten verlangt werden, ständige Aufgaben der Gemeinwesenarbeit mit zu übernehmen. Wohl aber können solche Kontakte, die im Zusammenhang mit den pädagogischen Unternehmungen des Kindergartens entstehen, impulsgebend wirken und von den für Gemeinwesenarbeit zuständigen Personen und Einrichtungen aufgegriffen werden.

Praxisnahe und offene Curriculumentwicklung

Reformen im Kindergarten, wie sie hier verstanden werden, lassen sich nicht verordnen, sie können nur gemeinsam von allen Beteiligten getragen werden. Infolgedessen geschieht die Entwicklung des vorschulischen Curriculum weitgehend vor Ort, in der Auseinandersetzung zwischen Erziehern, Wissenschaftlern, Eltern und Kindern (vgl. dazu ausführlicher das Kap. 4). Wer als jüngerer oder älterer Mensch mit Lernorten in Berührung kommt, sollte darüber mitbefinden können, was dort angeboten und vermittelt wird. Er muß die Möglichkeit erhalten, Lernangebote auf seine konkreten Bedürfnisse und Neigungen zu beziehen und zu prüfen, ob sie hilfreich sind oder nicht.

Unter dem Ziel dieser Mitbestimmung über Bildungsinhalte haben die genannten Gruppen didaktische Einheiten entwickelt. Wenn sie sie anderen Gruppen zugänglich machen, dann gilt für die Anwendung solcher Einheiten, daß sie nicht als Rezepte aufzufassen sind, sondern als Mitteilungen von Vorerfahrungen und als Anregungen. Diejenigen, die künftig damit umgehen werden, behalten die Freiheit der Ablehnung, Veränderung und Weiterentwicklung solcher Angebote.

Didaktische Einheiten als Teile des Curriculum

Das Curriculum gliedert sich in didaktische Einheiten, die sich – unter dem Ziel sozialen Lernens – auf Situationen und Situationsbereiche beziehen. Didaktische Einheiten dokumentieren auf strukturierte Weise die Ergebnisse der Entwicklungsarbeit. Mit den didaktischen Einheiten wird beabsichtigt, solche Ergebnisse in einer möglichst ungebrochenen, direkten Form mitzuteilen. Deshalb stehen Berichte und Dokumente aus der pädagogischen Praxis im Mittelpunkt. Sie werden nicht nur schriftlich, sondern auch durch andere Medien – Fotografien, Tonbandaufnahmen, Filme – übermittelt. Didaktische Einheiten enthalten als hergestellte und vervielfältigte Produkte in der Regel Aussagen auf verschiedenen Ebenen (vgl. Arbeitsgruppe Vorschulerziehung 1975, Kap. 2.5; Bambach/Gerstacker 1973; Zimmer 1973b; Auernheimer 1975):

– Sie geben Auskunft darüber, weshalb eine bestimmte Lebenssituation oder ein Situationsbereich zum Ausgangspunkt einer Einheit gemacht wird.
– Sie enthalten Informationen über die Situation: Es sind Beiträge zur Situationsanalyse unter pädagogischen Gesichtspunkten. Gefragt wird, was eine solche Situation kennzeichnet, mit welchen Problemstellungen Kinder und Erwachsene konfrontiert werden können.
– Sie benennen, welche Fähigkeiten und Fertigkeiten Kinder angesichts solcher Situationen erwerben sollten. Sie beschreiben damit wünschenswerte Qualifikationen, Konkretisierungen der beiden allgemeinen Ziele von Autonomie und Kompetenz.
– Sie teilen Situationsanlässe mit, die zum Ausgangspunkt von pädagogischen Aktivitäten im Kindergarten werden können.
– Im Mittelpunkt stehen pädagogische Anregungen zu situationsbezogenen Projekten und Spielen. Diesen Anregungen liegen zumeist entsprechende Erfahrungen zugrunde.
– Da Kinder zur Durchführung von Projekten oft Sachinformationen und -kompetenzen benötigen, enthalten didaktische Einheiten auch Vorschläge über solche Inhalte und über Möglichkeiten ihrer Vermittlung.
– Es werden Voraussetzungen und Formen der Mitwirkung von Eltern und anderen Erwachsenen beschrieben.
– Die Einheiten geben Hinweise auf didaktische Materialien, die man sich in der Situation beschaffen oder herstellen kann.
– Sie enthalten eigens hergestellte didaktische Materialien für Kinder, Erzieher und Eltern.

Welche Elemente didaktische Einheiten im einzelnen enthalten und unter welchen Gesichtspunkten sie konzipiert werden, darüber gibt der Hauptteil des Buchs (Kap. 5) Auskunft.

Wenn ein Produkt, in diesem Fall ein relativ umfangreiches Curriculum mit seinen didaktischen Einheiten, vorliegt, wenn die äußere Gestaltung (das Layout) bestimmt und die didaktischen Materialien beigegeben wurden und alles den Eindruck wohlgeordneter Organisation macht, dann mag sich beim Leser und Anwender des Produkts das Gefühl einschleichen, er hätte hier etwas vor sich, an dem wenig zu rütteln sei. Diesem Eindruck von Geschlossenheit wollen wir entgegentreten, indem wir über den Prozeß und das Verfahren der Curriculumentwicklung Auskunft geben. Der Leser mag dann feststellen, daß die Beteiligten auch nur mit Wasser kochen, daß sie ähnliche Schwierigkeiten vor sich sehen wie andere Entwicklungsgruppen auch, daß ihre Reformabsichten – in den Alltag der Entwicklung didaktischer Einheiten übersetzt – zu Stückwerk und Kleinarbeit geraten.

Über die Absicht einer gleichwertigen Mitwirkung Beteiligter

Schon zu Beginn der Entwicklungsarbeiten wurde das Ziel formuliert, sie in einer möglichst gleichwertigen Zusammenarbeit von Erziehern und Wissenschaftlern, unter Beteiligung von Eltern und Kindern zu leisten (vgl. Arbeitsgruppe Vorschulerziehung 1975, Kap. 1.2). Wir bezogen diese Position deshalb, weil wir Zweifel an einem Verfahren hatten, Curriculumentwicklung in akademischer Abgeschiedenheit von Experten vornehmen zu lassen.

Einerseits nahmen wir – in Kenntnis von Versuchen anderer Curriculumgruppen – an, daß Wissenschaften mit ihren oft sehr distanzierten und abstrakten Aussagen hinreichende Erkenntnisse über alltägliche Lebenssituationen nicht beisteuern können. Wir bezweifelten damit, daß Experten einfach aufgrund der von ihnen vertretenen Disziplinen didaktisch sinnvolle Vorschläge machen würden. Andererseits wollten wir kein Curriculum, das ohne Einbezug der von ihm angesprochenen Gruppen zustande kommen würde. Wir konnten und können uns nicht vorstellen, daß sich Reformen von Bildungsinhalten, zu deren Zielsetzung die Autonomie Lehrender und Lernender gehört, „von oben" verordnen lassen. Dies wäre ein Widerspruch in sich. Soweit solche Versuche in der Vergangenheit unternommen wurden, regte sich zu Recht der Widerstand von Erziehern, die nicht einfach nachmachen wollten, was andere ihnen vorschrieben.

Schließlich gingen wir davon aus, daß sich Curricula zureichend nicht durch die Arbeit von Kommissionen – und seien sie auch gemischt (aus Praktikern, Verwaltungsvertretern und Wissenschaftlern) zusammengesetzt – entwickeln lassen. Kommissionsmitglieder können in der Regel ja nur auf frühere persönliche Erfahrungen zurückgreifen, sie können im Rahmen ihrer Kommissionsarbeit aber keine neuen praktischen Erfahrungen gewinnen. Ergebnisse von Kommissionsarbeiten sind deshalb oft allgemein gehaltene Empfehlungen (Rahmenrichtlinien), denen die Dokumentation realer Praxisvollzüge fehlt. Die Adressaten solcher Empfehlungen stehen mitunter vor einer doppelten Schwierigkeit: Zukunftsweisend gemeinte Vorschläge wirken utopisch, weil sie die Wege praktischer Einlösung nicht nachzeichnen (man fühlt sich als praktizierender Pädagoge dann leicht unvollkommen, weil in der täglichen Gruppenarbeit mit ihren vielen Beschwernissen das nicht so recht klappen will, was Empfehlungen als selbstverständlich unterstellen). Ein zweites Problem kann darin liegen, daß man selbst in die Rolle des nur Ausführenden gedrängt wird (und das Gefühl bekommen kann, hier hätten andere stellvertretend für einen selbst gehandelt).

Für die Erzieher in den Modellkindergärten und die beteiligten Wissenschaftler ergab sich aus solchen Überlegungen die Konsequenz, die Curriculumentwicklung so zu planen, daß die didaktischen Einheiten im praktischen Vollzug entstehen sollten. Dadurch, daß man Projekte durchführte, die anderen Beteiligten über Schwierigkeiten und Erfolge informierte, mehr und mehr Erfahrungen sammelte, sollte das Curriculum Stück um Stück entstehen. Die didaktischen Einheiten sollten dann die Summe solcher – manchmal sicher widersprüchlichen – Erfahrungen bilden und sie in einer möglichst unmittelbaren Weise weitergeben.

Ändert sich dadurch die Lage künftiger Anwender von vorliegenden didaktischen Einheiten gegenüber den Benutzern von Empfehlungen? Wir meinen, ja. Denn hier läßt sich besser abschätzen, unter welchen lokalen und situativen Begleitumständen pädagogische Absichten verwirklicht werden oder scheitern. Man kann die je besonderen Situationen, die sich in praxisnahen Darstellungen pädagogischer Aktivitäten widerspiegeln, in Beziehung zu den Möglichkeiten und der eigenen Kindergruppe setzen. Man kann dabei sehen, daß sich nur die wenigsten dargestellten Unternehmungen einfach nachmachen lassen. Berichte über sie sollen und können Anlaß sein für eigene Pläne und Zielsetzungen.

Will man mit der Curriculumentwicklung ein solches Ergebnis erzielen, erfordert das eine Reihe ungewohnter Vorgehensweisen und Einstellungen der Beteiligten.

Wissenschaftlern ist das Verfahren praxisnaher Curriculumentwicklung – gemessen an ihrer Ausbildung – unvertraut; es widerspricht auch einigen Regeln, die sie zur Vorbereitung auf Forschung gelernt haben: Bei der bisher üblichen Art von Sozialforschung steht der Wissenschaftler außerhalb der untersuchten Situation; er achtet darauf, die Situation nicht oder nur in experimenteller Absicht zu beeinflussen. Er sammelt und verwertet Daten nach Gesichtspunkten, die von ihm und nicht von den Untersuchten bestimmt werden. Zwischen dem Forscher und den Menschen, über die er etwas erfahren will, besteht eine deutliche Trennung. Der Forscher betreibt, so hat es den Anschein, gegenüber den meisten Untersuchten so etwas wie eine Geheimwissenschaft: Sie haben wenig Chancen, die Anlage und die Methoden einer Untersuchung zu verstehen oder gar mitzugestalten.

Anders, wenn es sich um Curriculumentwicklung im Rahmen von Handlungsforschung handeln soll: Ein Wissenschaftler wird hier zum Mitwirkenden in der Situation; er beeinflußt sie so wie der Erzieher. Der Wissenschaftler kann nicht allein festlegen, um welche Situationen es sich handelt, wie man sie interpretieren oder sich in ihnen verhalten soll. Über die Ergebnisse der Arbeit verfügt nicht mehr er allein; andere, die die Ergebnisse mit erarbeitet haben, wollen über die Art ihrer Verwendung mitbestimmen.

Auch die zweite Gruppe, die sich an der Curriculumentwicklung beteiligte, die Erzieher, sah sich ungewohnten Anforderungen gegenüber (vgl. Schrader 1973). Die Erzieher mußten sich Ende der sechziger Jahre mit dem in der Öffentlichkeit erhobenen Vorwurf auseinandersetzen, der Kindergarten sei eine veraltete Bewahranstalt. Man erwartete im Verlauf der Diskussion um vorschulische Erziehung zunehmend von ihnen, „verwissenschaftlichte" Lernprogramme in Form von Sprachtrainingsmappen oder Übungen mit logischen Blöcken durchzuführen und dies für eine geeignete Form vorschulischer Erziehung zu halten. Das, was ihren Sachverstand mitbegründet, ihre Erfahrungen im Umgang mit Fragen und Problemen, die sich aus dem alltäglichen Leben von und mit Kindern ergeben, wurde zunächst als wenig wichtig angesehen. Der unbewältigte Alltag von Kindern schien zu banal zu sein und zu nahezuliegen, um noch als Ausgangspunkt eines anerkannten pädagogischen Handelns in Frage kommen zu können. Erst im Verlauf der Modellversuche, als Erzieher und Wissenschaftler sich ein gemeinsames Konzept situationsbezogenen sozialen Lernens erarbeitet hatten, wurde den Erziehern die konstruktive Bedeutung ihrer eigenen pädagogischen Beiträge wieder deutlich.

Während sich die Zusammenarbeit von Erziehern und Wissenschaftlern in unmittelbarer Weise auf die Konstruktion didaktischer Einheiten richten konnte, fand die Mitwirkung von Eltern in der Regel auf einer anderen Ebene statt. Von ihnen konnte man nicht ohne weiteres erwarten, daß sie sich beispielsweise in besonderen Veranstaltungen zusammenfinden würden, um didaktische Einheiten zu planen. (Aber auch diesen Fall gab es wiederholt: daß Elterngruppen sowohl bei der Zielbestimmung und Planung als auch bei der Durchführung und Auswertung didaktischer Einheiten mitwirkten.) Eltern beteiligten sich meist auf der Ebene konkreter Projekte und Spiele. Hier bestimmten und gestalteten sie mit, meldeten Wünsche an und lehnten Unerwünschtes ab. Zugleich schufen sie damit dokumentierbare Teile des Curriculum; Belege ihrer Aussagen und Handlungen sind in den entwickelten didaktischen Einheiten an vielen Stellen vorhanden.

Erleichternd für die konstruktive Mitarbeit von Eltern und auch anderen Erwachsenen aus dem Gemeinwesen ist, daß es sich nicht um die Planung oder Vermittlung fremd erscheinender Lerninhalte handelt, sondern um Fragen, die meist in unmittelbarem Bezug zu einem selbst stehen. Wenn Eltern Kindern zeigen oder Auskunft darüber geben wollen, was sie während ihrer täglichen Arbeitszeit tun, was es bedeutet, einem Beruf nachzugehen, dann sind Eltern sachverständig für die Situation und an entsprechenden didaktischen Überlegungen können sie sich kompetent beteiligen.

♦ In einem Kindergarten kamen die Eltern zu der Überzeugung, daß Projekte zur Erkundung der näheren Umgebung nicht ausreichten, wenn die Kinder auch in einer ihnen fremden Stadtumgebung Sicherheit behalten sollten. Sie müßten auch lernen, Erwachsene anzusprechen und zugleich von ihnen unabhängig zu bleiben. So planten sie das Projekt „Verlaufen in der Stadt". Acht Mütter erklärten sich zur Mitarbeit bereit und trafen sich privat zur genaueren Absprache der Organisation an zwei Nachmittagen, nachdem sie sich vorher die Gegend für das Spiel angesehen hatten. Mehrere Eltern merkten an, daß es nicht sehr konsequent sei, von ihnen eine Unterschrift zu verlangen, wenn das Kind allein vom Kindergarten nach Hause ginge, die Kinder aber in einem ihnen weitgehend unbekannten Stadtteil teilweise alleine den Weg suchen zu lassen. Man einigte sich dahingehend, daß eine Erzieherin die Kinder unbemerkt auf ihrem Weg beobachten sollte. Die Eltern verteilten sich, als befragbare Passanten „verkleidet", über die Strecke. Die Abstände zwischen den Posten wurde so gewählt, daß einer den anderen nicht sehen konnte, man achtete aber darauf, daß dennoch wenig Möglichkeit für ein Kind blieb, sich wirklich zu verlaufen.

Die konstruktive Beteiligung von Kindern wird aus ähnlichen Gründen wie bei den Eltern erleichtert. Ihnen werden keine Lernaufgaben vorgesetzt, sie können vielmehr nach eigenen Neigungen oder durch Anregungen Dritter Spiele und Unternehmungen veranstalten. Sie können dies

Bevor sie mit ihren Kindern ein Verlaufenspiel in einem unbekannten Stadtteil beginnen, sprechen sich die Erzieherinnen und Mütter noch einmal ab.
Die ersten beiden Kinder gehen alleine los, um sich von Posten zu Posten bis zum Ziel, einem Kindergarten, durchzufragen.
Ein Posten erklärt den beiden Jungen ihren Weg bis zum nächsten Posten.
Aus Fotoposters zur didaktischen Einheit „Verlaufen in der Stadt". Foto: Tüllmann

in der Regel auch seinlassen, wenn ihnen die Lust vergeht. Sie können geplante Projekte in der Durchführung abändern oder sie in Rollenspiele verwandeln und dabei ganz ohne Erwachsene auskommen.

♦ In einem Kindergarten hatten Erzieher und Kinder Projekte zum Thema Krankheit und Behandlung durchgeführt. Daraus entstand ein von den Kindern erfundenes Verbandsspiel: Die Kinder wickelten sich – und dieses Spiel wurde über Wochen immer mal wieder aufgegriffen – mit Verbänden ein, vom Kopf bis zum Fuß. Sie lagen am Ende meist still da und wirkten wie in Pflege befindliche eingewickelte Mumien, die mit Genuß alles an pflegerischer Zuwendung mit sich geschehen ließen. Manchmal wickelten sie sich aus, streichelten „Wunden", rieben Spucke drauf, schmiegten sich aneinander und wärmten sich als „Kranke".

Hier entstehen ebenfalls dokumentierbare Bestandteile didaktischer Einheiten.

Man kann nun bei beteiligten Erwachsenen (und das heißt auch: bei sich selbst) beobachten, daß sie anfangs, dann, wenn sie eine Situation als bedeutsam empfinden, etwas wie ein Alltagsbewußtsein einbringen. Die Situation erscheint wichtig, zugleich kann einen jedoch eine gewisse Ratlosigkeit überkommen: Was kann man pädagogisch überhaupt tun? Vielleicht stellen sich nur wenige Einfälle ein; die didaktische Phantasie scheint abhanden gekommen zu sein. Kann man denn Kinder durch bloßes Zureden darin unterstützen, sich in einer Situation angemessen zu verhalten? Je mehr sich die beteiligten Erwachsenen dann auf die Situation selbst einlassen, je intensiver sie sich in Projekten und Diskussionen damit befassen, desto stärker können sie zu der Auffassung gelangen, daß hier pädagogisch durchaus etwas getan werden könnte. Es kann sich dann erweisen, daß nicht nur Kinder auf solche Situationen vorbereitet werden können, sondern auch Erwachsene, und daß Situationen sich manchmal zum Nutzen von Kindern und Erwachsenen verändern lassen.

♦ Verdeutlichen läßt sich dies am Prozeß der Entwicklung einer didaktischen Einheit („Kinder im Krankenhaus"), mit der Kindern bei der Verarbeitung von Ängsten geholfen werden soll, die sie angesichts von Krankheit und möglichem Krankenhausaufenthalt haben können.
Zunächst überwog bei beteiligten Erwachsenen die Meinung, man solle den Kindern bei einem bevorstehenden Krankenhausaufenthalt vor allem sagen: „Sei lieb, befolg alles, was der Arzt und die Schwester dir sagen, dann kommst du auch bald wieder raus." Das Krankenhaus erschien wie eine große Apparatur, an deren Sachlogik und Eigengesetzlichkeit von seiten des Kindergartens nichts zu deuten war.

Als Erzieher dann versuchten, sich mit Ärzten und Schwestern in Verbindung zu setzen, gelang dies – trotz institutioneller Hindernisse – auch in einigen Fällen. Die Neigung wuchs, das Krankenhaus und dort vor allem die Kinderstation mit einer Kindergruppe zu besuchen und Kinder damit vertrauter zu machen.
Während solcher Besuche entstand die Idee, auf aktivere Weise Kontakt mit dem Personal und den Patienten aufzunehmen und insbesondere den Patienten das Gefühl zu nehmen, als seien sie Wesen aus einem Zoo, in den man einen schnellen Blick wirft. Gesunde Kinder spielten mit Kranken, sie brachten kleine Geschenke mit, sie sangen zu Advent. Es kam zu Kontakten zwischen Gesunden und Kranken, von denen beide etwas hatten.
Zwischen dem Lernort Kindergarten und dem Lernort Krankenhaus entstanden nun auch wechselseitige Verbindungen: dadurch beispielsweise, daß eine Schwester oder ein Arzt in den Kindergarten kamen, um in Rollenspielen mitzuwirken.
Schließlich zeigte sich in einigen Fällen, daß ein Krankenhaus sich anschickte, einige seiner Merkmale zu verändern: So berieten Erzieherinnen und Schwestern über Möglichkeiten, auf einer Kinderstation neues und geeigneteres Spielzeug anzuschaffen. Ärzte äußerten ihre Bereitschaft, Teile der didaktischen Einheit in die Ausbildung von Schwesternschülerinnen einzubringen. Besuchszeiten wurden erweitert, um mehr Kontakte zwischen Eltern und Kindern zu ermöglichen und damit auch von seiten des Krankenhauses Voraussetzungen für die Verringerung von Trennungsängsten zu schaffen.

Hier zeigt sich Abbau von Alltagsbewußtsein: Soziale Situationen, die zunächst so wirken, als würden sie von eigenen, kaum beeinflußbaren Gesetzmäßigkeiten gesteuert, erweisen sich als befragbar und beeinflußbar.

Diskurse über didaktische Einheiten verlaufen mit Unterbrechungen, in ihnen sind Auseinandersetzungen und Rückschläge enthalten. Da sich Menschen mit jeweils ganz verschiedenem Erfahrungshintergrund daran beteiligen – die Frau des Einzelhändlers, der Facharbeiter, der Verwaltungsangestellte, die Friseuse, die Erzieherin –, kommen oft ganz unterschiedliche Positionen ins Spiel. Wenn man als Erzieher oder Wissenschaftler dabei versucht, diesen Positionen einerseits zum Ausdruck zu verhelfen und sie andererseits ernst nimmt, dann lassen sich zwei Fehlformen des Diskurses vermeiden: Eine dieser Fehlformen kann in Erscheinung treten, wenn eine der beteiligten Gruppen der Auffassung ist, es pädagogisch grundsätzlich besser zu wissen, und versucht, diese Auffassung unter Mißachtung anderer Positionen durchzusetzen. Eine zweite Fehlform wäre gegeben, wenn der Diskurs zum unverbindlichen Gerede würde und folgenlos bliebe – hier würde es dann weder zu einseitiger noch zu wechselseitiger pädagogischer Aufklärung kommen.

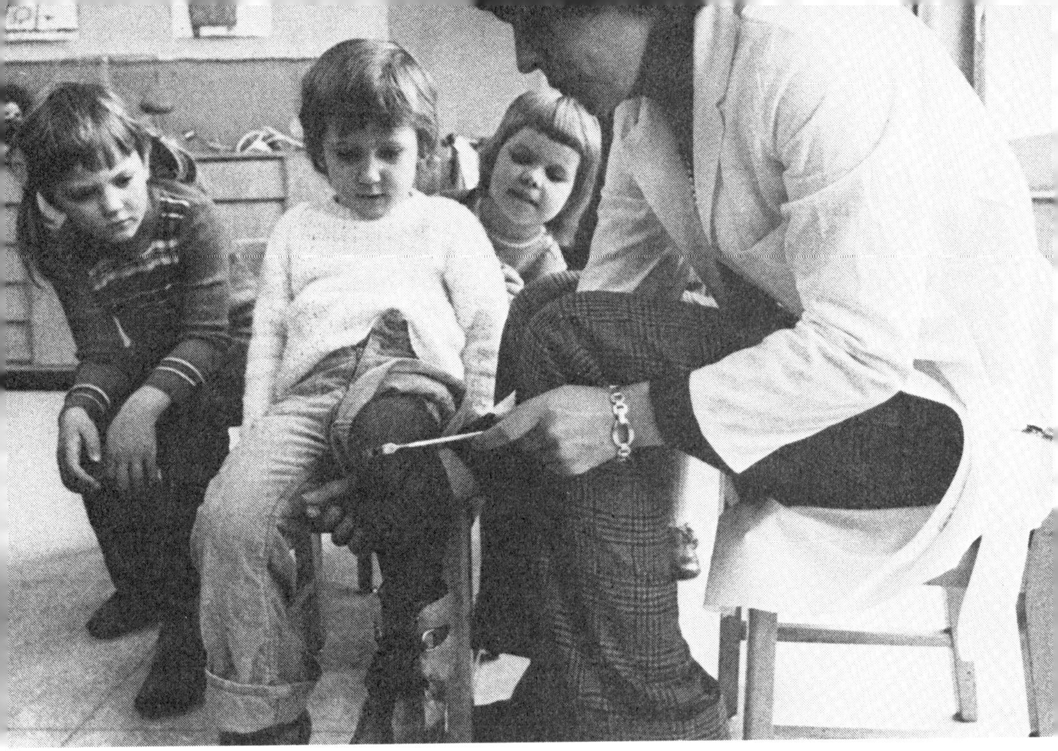

Eine Ärztin kommt in den Kindergarten und spielt mit den Kindern Untersuchung und Behandlung.

Aus Fotoposters zur didaktischen Einheit „Kinder im Krankenhaus". Foto: Schulz-Dornburg

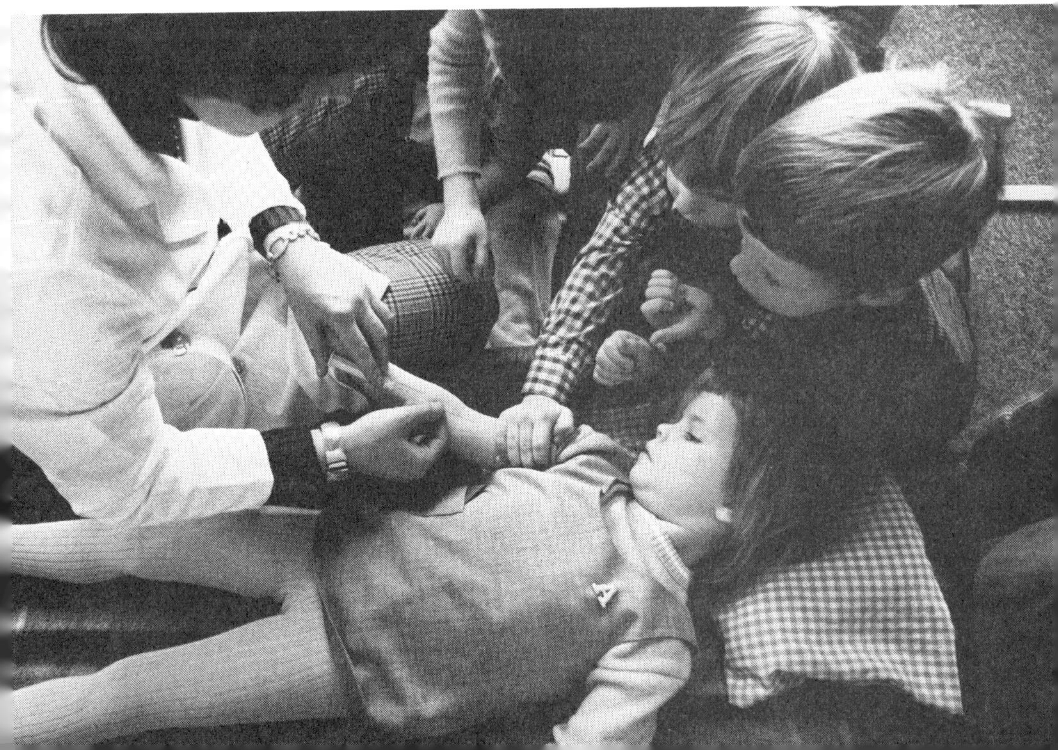

Das Gespräch über Ziele und Planungen muß im Wechsel stehen mit praktischen Versuchen. Pädagogische Positionen sollten zu konkreten Projekten werden können, dann kann man sehen, was sie für Kinder erbringen. Dabei kann es sich dann auch erweisen, daß scheinbar unvereinbare Auffassungen (Erster Vater: „Wenn mein Sohn abends dauernd rummeckert und nicht ins Bett geht, fängt er eine." – Zweiter Vater: „Das sieht Ihnen ähnlich. Ich nehme es eben in Kauf, daß meine Tochter bis neun noch mit mir spielt.") sich zugunsten dritter Möglichkeiten auflösen (beide Väter beteiligen sich an einem Gespräch in der Kindergruppe, bei dem abendliche Wünsche von Eltern und Kindern miteinander verhandelt werden).

Wege der Kommunikation

Stellt man sich die Organisation solcher Entwicklungsarbeiten vor, dann sollte die Gelegenheit bestehen, sich bei aktuellen Anlässen rasch zu treffen, Projekte zu begleiten und ihren Verlauf gemeinsam aufzuarbeiten. Dies muß nicht bedeuten, daß Erzieher und Wissenschaftler unmittelbar im gleichen Kindergarten arbeiten (und dann möglicherweise zu viele Erwachsene sich gegenseitig und die Kinder behindern). Wohl aber sind geringe räumliche Entfernungen wünschenswert, wenn ein Curriculum vor Ort entwickelt werden soll.

In unserem Fall schien es zunächst ganz anders zu sein. Bei einigen hundert Kilometern Distanz zwischen den Modellkindergärten in Rheinland-Pfalz und Hessen und der in München angesiedelten Arbeitsgruppe mußte jeder Versuch gemeinsamen Vorgehens nahezu aussichtslos erscheinen. Wir haben aus dieser Entfernung, die wohl das ernsthafteste äußere Hindernis des Projektes war, keine Tugend machen können. Wir haben aber von beiden Seiten aus versucht, Brücken zu bauen und Wege der Kommunikation zu finden.

Auf Verringerung von Distanzen zielte die eingangs genannte Einrichtung von Vermittlungsgruppen in beiden Ländern. Aber auch die unterschiedliche Streuung von Standorten der Modellkindergärten brachte es mit sich, daß die hessische Vermittlungsgruppe die – räumlich näher beieinander liegenden – Kindergärten leichter erreichen konnte als die rheinland-pfälzische Vermittlungsgruppe, die weit auseinander liegende Kindergärten vorfand.

Die Kommunikation zwischen den Modellkindergärten vollzog sich im wesentlichen auf zweimonatlichen zweitägigen Treffen, die – in thematischer Abstimmung mit den Erziehern – von den Vermittlungsgruppen organisiert wurden. Diese Tagungen wurden ergänzt durch viele Treffen kleinerer Gruppen von Erziehern und Wissenschaftlern, durch Projektbegleitungen von Wissenschaftlern in Kindergärten, durch ihre Mitwirkung an Elternveranstaltungen. Auch Münchener Mitglieder der Arbeitsgruppe beteiligten sich an diesen Formen direkter Kommunikation, wenngleich in einem durch Finanzetat und organisatorischen Mehraufwand begrenzten Rahmen.

Als wichtige zusätzliche Hilfe wurden Medien als Informationsübermittler eingesetzt – im wesentlichen schriftliche Mitteilungen, Tonband- und Videoaufzeichnungen, Fotos und Bilder. Die Arbeitsgruppe bezog darüber hinaus Fotografen, Filmemacher, Redakteure zur Herstellung von Hörbildern (Tonfeatures), Grafiker und Autoren ein, um didaktische Materialien herstellen zu können (vgl. dazu Kap. 5.3).

Man kann die Wege der Kommunikation, die zur Herstellung einer didaktischen Einheit führen, an den Phasen ihrer Entwicklung verdeutlichen. Im folgenden soll dies beispielhaft versucht werden. Dabei muß allerdings berücksichtigt werden, daß eine solche Abfolge von Einheit zu Einheit unterschiedliche Ausprägungen und Gewichtungen erfahren kann und infolgedessen weniger eine regelhafte Kennzeichnung dieses Prozesses als vielmehr eine Sammlung seiner möglichen Elemente darstellt.

Erste Stufe: Nachdem man sich vorläufig über die pädagogische Bedeutung einer Situation verständigt hat, wird von Wissenschaftlern die erste Skizze einer didaktischen Einheit formuliert. Ein solcher Entwurf enthält einige Gründe für die Wahl der Situation, grobe pädagogische Zielsetzungen, kurze Vorschläge zu denkbaren Projekten und einbeziehbaren Materialien.

Zweite Stufe: Der Entwurf geht an die Kindergärten und wird auf einer der Tagungen, von kleineren interessierten Gruppen oder auf Mitarbeiterbesprechungen in Kindergärten diskutiert. Die didaktische Einheit wird in einzelnen (manchmal in allen) Kindergärten in die Planung einbezogen. Ob und wann sie in Arbeit genommen wird, bestimmt der jeweilige Kindergarten mit seinen Kindern, Erziehern und Eltern. Mitunter werden solche Entwürfe rasch zum Ausgangspunkt konkreter Unternehmungen, oft bleiben sie längere Zeit liegen, bis beispielsweise andere Kindergärten Vorarbeiten geleistet haben.

Spiele und Projekte entwickeln sich, Eltern werden zur Mitwirkung eingeladen. Die Ergebnisse werden von den Erziehern in unterschiedlicher Form rückgemeldet.

♦ Den Erziehern liegen beispielsweise Frageraster vor, in die sie in Kurzform Spiel- und Projektaktivitäten eintragen können. Hier als Beispiel ein kurzer Ausschnitt aus einem solchen Frageraster. Skizziert wird ein Projekt einer didaktischen Einheit, die die Situation „Kinder im Kindergarten" behandelt. Die Kindergruppe besucht ein früheres Kindergartenkind an einem etwa 30 Kilometer entfernten Ort:
Vorbereitungen: Mit den Kindern wurde ein Ausflug geplant. Wir wollten die Gelegenheit nutzen, Stefan zu besuchen, der etwa vier Wochen zuvor verzogen war. Information der Eltern. Gruppenfahrschein bei der Bahn besorgt. Der Fahrpreis wurde von den Eltern bezahlt.
Anlaß: Wie im vergangenen Jahr sollte auch in diesem Jahr ein größerer Ausflug mit der ganzen Gruppe stattfinden.
Zeit: Ein ganzer Tag.
Beteiligung der Kinder: Alle Kinder. Begeisterung besonders wegen der Bahnfahrt. Viele Kinder fuhren überhaupt zum ersten Mal mit dem Zug.

In anderen Rastern wird die Entwicklung von Teilen didaktischer Einheiten in ihrem zeitlichen Verlauf protokolliert. Solche Raster haben lediglich die Aufgabe, anzuzeigen, daß es zu Aktivitäten gekommen ist, über die man mehr erfahren kann. Die Angaben werden ergänzt durch ausführliche, von Erziehern verfaßte Berichte.

Tonbandaufzeichnungen entstehen: dadurch, daß man einen Projektablauf akustisch einfängt, in Form von Berichten der Erzieher, in Form von Interviews (geführt von Wissenschaftlern oder von damit beauftragten Interviewern). Videoaufzeichnungen von Szenen mit Kindern kommen hinzu, außerdem Fotos von durchgeführten Projekten (Fotos, die entweder von Erziehern stammen oder von jeweils hinzugezogenen Fotografen). Auch Produkte von Kindern (wie Zeichnungen oder Collagen) dienen als Dokumente des Entwicklungsprozesses.

Was geschieht mit diesen Dokumenten? Die ausgefüllten Frageraster, die schriftlich übermittelten Berichte und die anderen vervielfältigbaren Dokumente gehen, soweit sie im Rahmen der Zielsetzungen des Curriculum „Soziales

Lernen" von konstruktiver Bedeutung erscheinen, in einem internen Informationsdienst an alle Beteiligten. Dadurch kommt es zu einer ständigen Anreicherung der Erfahrungsbasis. Kindergärten, die sich zu einem späteren Zeitpunkt mit einer didaktischen Einheit befassen, können auf die vorliegenden Ergebnisse anderer Kindergärten zurückgreifen. Die Entwicklungen vollziehen sich damit nicht in Abgeschiedenheit, sondern in wechselseitiger Kenntnisnahme des Entwicklungsvorganges. Auch Materialien, die nicht beliebig vervielfältigt werden können (wie etwa Videoaufzeichnungen), dienen dem gleichen Zweck; sie können auf den Treffen vorgeführt und besprochen werden.

Während dieser Phase konkreter pädagogischer Arbeit kommt es auch unmittelbar an den Orten pädagogischen Geschehens zu Kontakten zwischen Erziehern und Wissenschaftlern: sei es, daß Wissenschaftler im Kindergarten hospitieren, in einem Projekt mitmachen oder an Elternbesprechungen teilnehmen, sei es, daß Planungsbesprechungen zwischen aktiv beteiligten Erziehern und Wissenschaftlern über das weitere Vorgehen stattfinden.

Bei einem Teil der didaktischen Einheiten wird die Analyse von Lebenssituationen unterstützt von „Situationsrecherscheuren", von freien Mitarbeitern, die als teilnehmende Beobachter Protokolle anfertigen, mit Kindern und Erwachsenen Gespräche führen und die Ergebnisse ihrer Recherchen allen Beteiligten mitteilen.

Dritte Stufe: Hinzugezogen werden zunehmend auch „Realisatoren": Autoren, Fotografen, Grafiker, Filmemacher und Redakteure zur Herstellung von Tonfeatures. Auf der Grundlage vorliegender Praxisberichte werden die didaktischen Materialien konzipiert, die jeder Einheit mitgegeben werden sollen. Soweit es sich um Materialien handelt, die Projekte in der Praxis dokumentieren sollen, gehen die Realisatoren in die Modellkindergärten. Dort entstehen Dokumentarfotos von durchgeführten Unternehmungen und Tonaufnahmen (Interviews) als Grundlage späterer Tonfeatures.

Vierte Stufe: Die sich ansammelnden Berichte und sonstigen Dokumente werden von Mitgliedern der Arbeitsgruppe Vorschulerziehung zu wesentlich erweiterten Fassungen didaktischer Einheiten „montiert". Bei einigen Einheiten verändert sich dabei das ursprüngliche Konzept grundlegend – dies sowohl als Konsequenz von Überlegungen und

Diskussionen in der Arbeitsgruppe wie auch als Folge der eingebrachten praktischen Beiträge von Erziehern und ihrer damit verbundenen veränderten Zielvorstellungen. Die neuen Fassungen werden entweder auf einer der Tagungen in einer „Endredaktionssitzung" oder auf kleineren Zusammenkünften von Erziehern und Wissenschaftlern besprochen. Parallel dazu finden Diskussionen über vorliegende Fassungen in der Arbeitsgruppe Vorschulerziehung statt. Die erweiterten Fassungen werden vom zuständigen Ministerium in Rheinland-Pfalz und vom „Landesausschuß zur Begleitung der pädagogisch-methodischen Versuche in Kindergärten in Rheinland-Pfalz" gegengelesen und kommentiert.

Fünfte Stufe: Die eingehenden Stellungnahmen werden verarbeitet. Die Texte werden redigiert. Sowohl die Textteile als auch die bis dahin entstandenen Originalvorlagen didaktischer Einheiten werden auf das Layout des Curriculum bezogen (vgl. dazu ausführlicher Arbeitsgruppe Vorschulerziehung/Heimbucher/Geithner 1975).

Soweit die Skizzierung eines Entwicklungsvorgangs. Die Herstellung einer Einheit konnte dabei in manchen Fällen nicht nur Monate, sondern zwei, drei Jahre in Anspruch nehmen. Dadurch, daß ihre Entwicklung nicht verordnet wurde, wurden erste Fassungen von Einheiten in Kindergärten oft erst dann aufgegriffen, wenn – worauf schon verwiesen wurde – ein aktueller Anlaß dies nahelegte oder anregende Ergebnisse aus anderen Kindergärten vorlagen. Die beteiligten Wissenschaftler standen, da Modellversuche zeitlich begrenzt sind und in diesem Fall nicht als ständige Einrichtung einer „rollenden Reform" angelegt worden waren, zunehmend in einem Zwiespalt: Einerseits lag ihnen daran, die Aktivitäten in den Kindergärten nicht zu sehr anzutreiben, andererseits sollten sie das Curriculum als eine Art Produkt zu einem bestimmten Zeitpunkt in einer erprobbaren Form vorlegen. Die Folge war, daß in der letzten Phase des Projektes die Wissenschaftler – und mit ihnen auch Erzieher – starke Überlastungen in Kauf nehmen mußten und daß in einigen Einheiten die Dokumentation fortdauernder Praxisprozesse und damit wichtige Erfahrungen nicht mehr einbezogen werden konnten. Ein solcher Sachverhalt verweist darauf, daß Curriculumreform weniger als ein abschließbarer Vorgang, sondern vielmehr als ein Verfahren ständiger Erneuerung verstanden und organisiert werden sollte.

5 Elemente didaktischer Einheiten

Dies Kapitel gibt Auskunft über Elemente und Konstruktionsprinzipien didaktischer Einheiten: über die Bestimmung und Erschließung von Situationen, über die Umsetzung von Ergebnissen solcher Situationsanalysen in pädagogisches Handeln, über die Herstellung didaktischer Materialien.

Wenn Erzieher, Kinder und Eltern innerhalb eines Modellversuchs Erfahrungen machen und man von der Annahme ausgeht, daß ein Teil dieser Erfahrungen die pädagogische Praxis von Erziehern und Eltern an anderen Orten anregen kann, dann stellt sich die Frage, wie die einen von den Ergebnissen der anderen hören können. Kann ein Curriculum diesen Übermittlungsprozeß leisten? Wenn man dies zum Teil für möglich hält, wie muß es dann beschaffen sein? Soll man es als Lehrbuch anlegen? Wohl kaum. Denn Erfahrungen, die eine erste Gruppe gemacht hat, lassen sich einer zweiten nicht vorschreiben. Soll man ein Curriculum so konstruieren, daß jeder Lernschritt vorgezeichnet wird und überprüft werden kann? Dies widerspräche dem Ziel, Kindern zu mehr Selbständigkeit zu verhelfen: Sie können diesem Ziel schwerlich näherkommen, wenn sie das innerhalb eines Zwangsunternehmens tun sollen. Und auch Erzieher, die mit einem solchen Curriculum umgehen, werden es je nach ihrer eigenen Situation verändern und neu erfinden wollen.

Was also ist ein Curriculum? Was verstehen wir darunter? Es ist der Versuch, durch offene Mitteilungen und Angebote über situationsbezogene Erfahrungs- und Lernprozesse zu berichten. Diese Absicht wird unterstützt durch zusätzliche Informationen, die bei der Analyse einer Situation helfen können, und durch didaktische Materialien. Dabei bietet sich die Wahl von Medien an, die den dokumentarischen Absichten entsprechen: Text, Foto, Grafik, Ton, Film. Über solche Medien erfolgen die Mitteilungen des Curriculum „Soziales Lernen". Es ist keine „reine" Dokumentation, das Curriculum enthält Überlegungen, die an wirklichen Vorgängen anknüpfen, und didaktische Materialien, die über die platte Wiedergabe von Wirklichkeit hinausweisen.

Wir wollen in diesem Kapitel mehr auf die grundlegenden Kennzeichen von Elementen didaktischer Einheiten eingehen und weniger auf ihre äußere Form. Zur Organisation und äußeren Gestaltung des Curriculum deshalb hier nur wenige Angaben.

Das Curriculum „Soziales Lernen" besteht aus 28 didaktischen Einheiten, die sich jeweils auf einen Situationsbereich beziehen und damit zugleich – im Rahmen sozialen Lernens – als Förderungsschwerpunkte angesehen werden können. Die Arbeitstitel dieser Einheiten lauten: „Kinder im Krankenhaus", „Kinder kommen in die Schule", „Werbung", „Wochenende", „Verlaufen in der Stadt", „Über den Umgang mit Märchen", „Wohnen", „Kochen, Ausflug, Kinderfeste", „Neue Kinder in der Gruppe", „Müll", „Kinder im Kindergarten", „Meine Familie und ich", „Tod", „Was Kinder haben wollen", „Was meine Eltern tagsüber tun", „Kinder werden abgelehnt", „Kinder allein zu Hause", „Große und kleine Kinder", „Wir haben Ferien", „Fernsehen", „Kinder und alte Leute", „Junge und Mädchen", „Geburt und Zärtlichkeit", „Behinderte Kinder", „Gastarbeiterkinder", „Kinder aus unvollständigen Familien", „Aufräumen, Essen, Einschlafen", „Spielsituationen".

Jede didaktische Einheit wird in einem Ordner angeboten. Ferner gibt es dazugehörige Filme mit didaktischen Begleitmaterialien in gesonderten Schubern. Der Inhalt des Ordners einer didaktischen Einheit (Format DIN A 4) besteht aus einem Textteil und aus didaktischen Materialien. Der Textteil enthält maximal fünf Hefte (mit Textillustrationen): „Zur Einführung", „Materialien zur Situation", „Pädagogische Anregungen", „Über die Mitwirkung von Eltern und anderen Erwachsenen", „Zum Umgang mit didaktischen Materialien". Der Materialteil enthält maximal die folgenden Elemente: Kindergeschichten, Fotokarten (mit Fotos zu besonderen Merkmalen kindlicher Lebenssituationen), Bildkarten (mit grafischen Darstellungen für Kinder), Fotoposters (mit Dokumentationen durchgeführter Projekte), Bildposters (mit grafischen Darstellungen für Kinder), Tonkassette (Tonfeature mit Äußerungen von Kindern, Erziehern, Eltern und anderen Erwachsenen über Erfahrungen im Umgang mit der jeweiligen didaktischen Einheit). Die zu den didaktischen Einheiten gehörenden Filme (10 bis 20 Minuten, 8 mm Magnetton), die wie die Tonkassetten in Kooperation mit dem Institut für Film und Bild produziert werden, enthalten in ihrem Schuber eine Begleitkarte, ein Begleitheft und ein Filmposter.

Die didaktischen Einheiten enthalten insgesamt etwa 2700 Textseiten, 330 Fotokarten (im Format DIN A 4), 55 Bildkarten (im Format DIN A 4), 65 Fotoposters (im Format DIN A 1), 20 Bildposters (im Format DIN A 1 und A 2), 28 Tonkassetten und voraussichtlich 15 Filme (mit Beglcitmaterial).

Der Aufbau dieses Kapitels orientiert sich im wesentlichen an den genannten Elementen einer didaktischen Einheit.

5.1 Erschließung von Situationen

Wie kann man Situationen finden, und wie kann man zu der Entscheidung kommen, eine darauf bezogene didaktische Einheit zu planen?

Einige Kriterien zur Situationsbestimmung

Während der Entwicklungsarbeiten wurden die folgenden Kriterien angewandt, um zur Auswahl bedeutsamer Situationen zu gelangen:

– Es sollen Situationen von Kindern sein und nicht solche, mit denen sich vornehmlich nur Erwachsene auseinanderzusetzen haben. Vermieden werden soll damit die Wahl von Situationen, zu denen Kinder kaum einen lebensgeschichtlichen Bezug herstellen können.

– Es sollen Situationen sein, auf die die Ziele von Autonomie und Kompetenz Anwendung finden können. Gemeint sind damit Situationen, in denen eine mögliche Autonomie von Kindern – in einer prinzipiell vermeidbaren Weise – behindert ist: etwa durch unangemessene Einschränkungen von seiten Erwachsener oder durch äußere Bedingungen, die die Handlungs- und Entfaltungsmöglichkeiten von Kindern stark begrenzen. Es soll sich dabei zugleich um Situationen handeln, in denen der Erwerb von Sachverstand dabei helfen kann, den Anspruch auf Autonomie in einer zunehmend kompetenten Weise zu vertreten.

– Es sollen nach Möglichkeit Situationen sein, die beeinflußbar sind, in denen beispielhaft gezeigt werden kann, daß Kinder und Erwachsene in gemeinsamem Handeln Einfluß nehmen können. Es soll deutlich werden, daß Merkmale von Situationen herstellbar und veränderbar sein können. (Dies schließt nicht aus, daß Zwangsläufigkeiten gezeigt und gedeutet werden. Es sollte jedoch vermieden werden, daß Entmutigung an die Stelle aktiver Auseinandersetzung tritt.)

– Es können Situationen sein, mit denen weitgehend alle

Kinder im Kindergarten konfrontiert werden (thematisiert in Einheiten wie „Meine Familie und ich", „Große und kleine Kinder").
– Es können Situationen für Minderheiten von Kindern sein, die besonderer Unterstützung bedürfen (darauf beziehen sich Einheiten wie „Behinderte Kinder", „Gastarbeiterkinder").

Eine Reihe zusätzlicher Aspekte wurde bei der Auswahl von Situationen berücksichtigt:
– Es kann sich um Situationen handeln, die für Kinder von lebensgeschichtlicher Bedeutung sind („Geburt und Zärtlichkeit", „Kinder aus unvollständigen Familien", „Tod").
– Es können Situationen sein, die sich im alltäglichen Leben auffinden lassen und den zuvor genannten Kriterien entsprechen („Wochenende", „Werbung").
– Es sind Situationen bestimmbar, deren Beschaffenheit bei Kindern in besonderer Weise Ängste und Befürchtungen hervorrufen kann („Kinder im Krankenhaus", „Kinder allein zu Hause", „Verlaufen in der Stadt").
– In anderen Situationen sind in besonderer Weise Konflikte erkennbar, deren rationale Verarbeitung nach pädagogischer Hilfe verlangt („Was Kinder haben wollen", „Große und kleine Kinder").

Versucht man, solche Situationen zu „lokalisieren", so sind drei Bereiche feststellbar: die Familie, der Kindergarten und das Gemeinwesen mit seinen Gruppierungen und Einrichtungen.

Absprachen über Situationen

Die ersten Absprachen über mögliche und wichtige Lebenssituationen erfolgten zwischen den Beteiligten zunächst in einer nur vorläufigen Weise und, wenn man so will, „oberflächig". Ein Wissenschaftler konnte wohl aus der Literatur ableiten, daß ein Krankenhausaufenthalt traumatisierend auf Kinder wirken kann; er verfügte indessen über keine Erfahrungen, wie man dem in einer Kindergruppe vorbeugen könnte, die sich ja nun gerade nicht im Krankenhaus befindet. Erzieher wiederum konnten die Überzeugung äußern, man müsse unbedingt einmal auf die Streitereien um Spielsachen oder auf die Konflikte zwischen mächtigeren großen und schmächtigeren kleinen Kindern eingehen; aber solche Situationen waren für sie in der Regel nie Gegenstand genauerer Analyse gewesen.

Erzieher und Wissenschaftler konnten abstrakt und allgemein der Auffassung sein, daß Kinder aus – durch Scheidung oder Tod – unvollständig gewordenen Familien besonderer Zuwendung bedürften; Erzieher und Eltern konnten dabei aber die Meinung vertreten, daß es sich hierbei um ein viel zu heikles und damit für die Arbeit im Kindergarten ungeeignetes Thema handele.

Erste Absprachen über Situationen waren nicht immer leichte Absprachen. Da es sich nicht um einen gegenüber eigenen Gefühlen neutralen Bildungsstoff handelte, sondern oft um Probleme, die zwar in erster Linie für Kinder wichtig erschienen, sich zugleich aber auch für Erwachsene als bedeutsam erwiesen, gab es sehr unterschiedliche Einstellungen der Erwachsenen zu solchen Fragestellungen. Wie sich der Angst von Kindern vor einer bevorstehenden Mandeloperation stellen, wenn es gilt, entsprechende eigene Ängste zuzulassen und zu berücksichtigen? Und wie für verbesserte Beziehungen zwischen Kindern und alten Leuten sorgen, wenn man selbst zwiespältige Erfahrungen im Umgang mit alten Menschen gemacht hat?

Trotz der Absicht gleichwertiger Zusammenarbeit zwischen Wissenschaft und Praxis schienen es die Wissenschaftler anfangs leichter zu haben, mit Vorschlägen zur Auswahl von Situationen durchzudringen (Beispiele solcher Vorschläge sind die Einheiten „Kinder im Krankenhaus", „Tod", „Kinder und alte Leute"). In dieser Anfangszeit äußerten oder verweigerten die Erzieher eher reagierend ihre Zustimmung. Erst im Verlauf des Entwicklungsprozesses, als die Erzieher ihre eigene Kompetenz zunehmend wiederentdeckten und sich neue Kompetenzen erwarben, bestimmten sie stärker von sich aus Situationen, die in neuen Einheiten thematisiert werden sollten (Beispiele dafür sind „Wohnen", „Neue Kinder in der Gruppe", „Behinderte Kinder").

Wie man etwas über Situationen erfahren kann

Wie können Situationen erkundet werden? Wer kann bei Recherchen und Analysen helfen? Welche zusätzlichen Quellen lassen sich auswerten?

Im Rahmen der Curriculumentwicklung konnten Auskünfte zunächst einmal die geben, die mit den didaktischen Einheiten umgehen wollten – vor allem also die Erzieher, in zweiter Linie die Eltern und Kinder. Sie konnten so-

Kinder malen, wovor sie Angst haben.
Aus Textillustrationen zur didaktischen Einheit „Kinder allein zu Hause". Kinderzeichnung

wohl Stellung nehmen zu einzelnen Aspekten einer Situation als auch Situationserkundungen vornehmen. Auch Kinder und Erwachsene außerhalb des Kindergartens konnten Aussagen machen: der Erstkläßler zur Situation „Schule"; die Kinderschwester über Möglichkeiten, sich während der Visite bemerkbar zu machen. Befragen ließen sich Experten: die Fürsorgerin zu Kindern aus unvollständigen Familien, der Psychoanalytiker zum Umgang mit Märchen. Veröffentlichungen nichtwissenschaftlicher Art (Zeitungsberichte, Dokumente, Stellungnahmen) und wissenschaftlicher Art (Fallstudien, empirische Untersuchungen, theoretische Studien) wurden herangezogen, um zusätzliche Erkenntnisse zu gewinnen und Situationen im Zusammenhang allgemeinerer gesellschaftlicher Lebensbereiche und Entwicklungen zu verstehen. Außer den unmittelbar Mitwirkenden beteiligte sich eine weitere Gruppe an Erkundungen der Situation – wir nannten sie Situationsrechercheure. Die Rechercheure stellten, auf Anregung von Erziehern oder Wissenschaftlern, Untersuchungen in der Situation an – durch teilnehmende Beobachtung oder in Form von Gesprächen und Interviews. Sie wirkten auch mit bei der Auswertung einschlägiger Veröffentlichungen.

An Beispielen soll nun gezeigt werden, von welchen Gruppen und aus welchen Quellen Erkenntnisse über Situationen gewonnen wurden – Erkenntnisse, die die Grundlage für konkrete Ziele, Projekte und Spiele der Einheiten bilden.

Aussagen von Kindern

Erzieher haben sich vor der Einleitung didaktischer Einheiten oft mit Kindern unterhalten, um ihre Aussagen über Situationen zu erfahren und Hinweise auf mögliche Qualifikationsmängel zu erhalten.

♦ Die Einheit „Kinder allein zu Hause" will Kinder darin unterstützen, entsprechende Situationen besser zu bestehen und ihre dabei möglicherweise auftretenden Ängste zu verarbeiten. In einem Kindergarten wurde mit vier- und fünfjährigen Kindern über solche Ängste gesprochen; von den Kindern kamen – neben anderem – folgende Aussagen:
„Ich bin auch am Tag manchmal alleine, da kann ich schön im Kinderzimmer spielen, da stört mich niemand."
„Ich hatte Angst vor den Klöppeln am Vorhang, bis es mir meine Oma erklärte, nun habe ich keine Angst mehr."
„Ich habe gestern wieder Angst gehabt, als Oma auf dem Boden

Wäsche aufhängen wollte. Nun muß sie es wohl heute tun, ich spiel' dann in der Zeit."
„Ich bin nie alleine; ich gehe zur Oma, die im gleichen Haus wohnt. Ich bekomme jetzt ein Meerschweinchen, dann bin ich nicht mehr alleine; denn es paßt auf mich auf, und ich pass' auf das Meerschweinchen auf."
„Meine Eltern waren abends einmal weg und sagten zu mir, daß sie nur ein Bier trinken würden. Aber nach zwei Stunden (das Kind kennt die Uhr) waren sie immer noch nicht da, aber die trinken doch nicht alle halbe Stunde ein Schlückchen Bier. Da hab' ich Angst um sie gehabt und bin im Haus herumgegangen und habe an jeder Tür gehorcht, ob die Leute noch auf waren, die eventuell nach meinen Eltern hätten gucken können. Überall war es still, und ich bin wieder in mein Bett."
„Ich habe Angst vor Räubern und Einbrechern. Bei mir war mal ein Geist, ein Nachtgespenst, im Zimmer und wollte klauen. Ich bin an die Wand gekrabbelt und habe alles kaputtgemacht."
„Wenn ich Angst habe, dann gehe ich immer unter die Bettdecke, und dann mach' ich mir ein Loch, daß ich noch schnaufen kann. Da können sie mich gar nicht sehen, die Gespenster, da meinen sie, ich wär' gar nicht da."
„Wenn die Schranktür auf ist, dann glaub' ich immer, da ist einer drin, dann lege ich mich immer unter die Bettdecke, mache mir ein Guckloch und schau' dann raus, ob er jetzt kommt."
„Ich hab' schon manchmal geweint, als ich allein war."
„Mir ist schon mal passiert, daß Mutti und Papi nicht da waren, als ich Angst hatte. Dann hab' ich bei den Leuten unten angerufen, und dann sind die hochgekommen. Ich hatte Durst und Hunger, mein kleiner Bruder hatte auch Angst."
„Ich hab' schon manchmal Angst, wenn Mama und Papa nicht da sind. Dann geh' ich raus und mach' Licht."
„Wenn ich Angst kriege, dann klettere ich zu Mami und Papi ins Bett."
„Ich darf nicht zu Mami und Papi ins Bett, die wollen ihre Ruhe haben, auch wenn ich Angst habe, darf ich nur rufen."

In solchen Aussagen kann ein aufforderndes Moment deutlich werden. Sie enthalten nicht nur Informationen über das, was Kinder in solchen Momenten bewegt, sie eignen sich auch als Materialien für Eltern und Erzieher, um in erste Gespräche über pädagogische Möglichkeiten einzutreten.

Situationserkundungen von Erziehern mit Kindern

Mit Kindern zusammen kann man durch erste Erkundungen Kenntnis von einer Situation nehmen und dabei feststellen, welche weiteren Unternehmungen geplant werden und welche zusätzlichen Informationen sinnvoll sein könnten. Es ist der Versuch, zwei Fliegen mit einer Klappe zu schlagen: Indem man sich in die Situation begibt und in ihr lernt, trägt man zu ihrer Aufklärung bei. Das Risiko dabei ist, daß ein solches Projekt – aufgrund geringer Vorerfahrungen der Erzieher zur Situation und ihrer pädagogischen Erschließung – unzureichend geraten kann.

♦ Dem Beispiel in Kap. 3 („Engere Verbindungen zwischen dem Kindergarten und dem Gemeinwesen") von einem geglückten Besuch in der Schule soll hier das Beispiel eines anderen Besuchs entgegengestellt werden, der dem Bericht der Erzieherin nach unbefriedigender verlief:
„Die Kinder wurden vom Rektor durch das Schulhaus geführt. Er zeigte ihnen auch die Toiletten – für Mädchen und Jungen getrennt – und wies sie eindringlich darauf hin, daß die Mädchen nur die Mädchen-Toilette, die Jungen nur die Jungen-Toilette benutzen dürften. Bei den Kindern kam er damit überhaupt nicht an. Sie erklärten, so etwas wäre im Kindergarten nicht nötig und sie wollten hingehen, 'wo Platz ist'. Bei dieser Gelegenheit erwähnte der Rektor auch noch, wie schlecht sich die Schulkinder benehmen würden, die in den Waschräumen mit Wasser spritzten, Papier in die Toiletten stopften und anderen Unsinn machten.
Die Kinder verstanden hier anscheinend nicht, daß der Rektor sie von solchen Taten abschrecken wollte, sie fühlten sich stattdessen angeregt und 'überboten' die Schilderung des Rektors durch Erzählen von ihren eigenen Erlebnissen in Waschraum und Toilette.
Sehr interessiert waren die Kinder im Chemiesaal. Beim Anblick der weißen Kittel sagte ein Kind: 'Mein Papa hat auch so einen weißen Kittel. Er ist Chemiker bei X.' Es erzählte begeistert, was es über den Beruf des Vaters wußte. Danach stürzten sich die acht Kinder auf die herumstehenden Geräte, zogen unbekümmert Schubladen auf und wollten Experimente machen.
In einem Klassenraum entdeckten die Kinder ein Fernsehgerät. Es interessierte sie sehr, was damit in der Schule gemacht würde, ein Junge freute sich: 'Au fein, in der Schule kann man Bonanza sehen.'"

Eine solche erste Exkursion kann eine Reihe von Überlegungen und Erkenntnissen zur Folge haben: Es genügt nicht, Situationen im Sinne einer Anschauungsdidaktik einfach zu „begehen". Es ist – auf dieses Beispiel bezogen – sinnvoll, einen solchen Besuch mit dem Rektor oder den Lehrern unter didaktischen Gesichtspunkten vorzubesprechen und sich zu überlegen, was an der Einrichtung Schule für Kinder einerseits bedeutsam und andererseits nicht entmutigend ist. Man kann mit den Lehrern besprechen, ob Kinder die Schule nur besichtigen sollen oder ob es nicht möglich ist (wie in dem in Kap. 3 genannten Beispiel), sie einmal gastweise am Unterricht einer ersten Klasse zu beteiligen. Und: Genügen Exkursionen in die Schule, oder sind entsprechende Rollenspiele in der Gruppe oder Klasse denkbar, Besuche von Schulkindern oder einem Lehrer im Kindergarten, Absprachen zwischen Eltern, Erziehern und Lehrern zum Schuleintritt?

Didaktische Einheiten, deren Herstellung insbesondere von Erziehern angeregt wurde, beziehen sich oft auf akute Probleme im Kindergarten. Die Beobachtungen von Erziehern bilden dann eine der Grundlagen für die Entwicklungsarbeiten.

♦ Die Einheit „Wochenende" geht auf Probleme ein, die für Kinder und Eltern bei der Gestaltung der freien Tage entstehen können und die sich im Kindergarten oft als „Montagsschwierigkeiten" fortsetzen. Erzieherinnen berichten darüber:
„Wir haben mal versucht aufzuschreiben, wann bestimmte Ereignisse vorkommen, z. B., wann die Garderobe auf den Kopf gestellt wurde und Schuhe durch die Luft flogen, wann der Waschraum unter Wasser gesetzt wurde. Da war der Montag wirklich die Spitze."
„Am Montag finden meistens keine gemeinsamen Spiele statt. Die Gruppen sind nur ganz kurze Zeit zusammen. Die Kinder müssen sich erst wieder neu aneinander gewöhnen. 'Bist du noch meine Freundin? ' Und zwei Minuten später: 'Du bist nicht mehr meine Freundin.' Und: 'Wollen wir den mitspielen lassen? ' Das sind Sachen, die in der Woche kaum hochgespielt werden. Sie suchen wieder die Freunde für die nächste Woche."

Auf die Entwicklung der Einheit „Große und kleine Kinder", die sich mit Möglichkeiten der Erziehung in altersgemischten Gruppen befaßt, bezieht sich die folgende Beobachtung einer Erzieherin über Verhaltensweisen in altershomogenen Gruppen:
„Ja, dieser Tage, da hatten wir einen Streit zwischen vier Dreijährigen, die sich in ihrem Konflikt völlig versperrten: Es gab sogar Trotzreaktionen, die normalerweise gar nicht auftreten in einer altersgemischten Gruppe, weil der Ausgleich der einzelnen Altersstufen die Konflikte ja etwas beilegt, indem das größere Kind mal etwas verständlich macht. Aber hier: Wenn die Konflikte auf der Ebene der Drei- bis Vierjährigen bleiben, sind sie dann so erstarrt und können das nicht allein lösen: Weil sie ja im Konflikt drinstehen und keiner Verständnis haben kann, reiben sie dann einfach aneinander. Nun, aus dieser Zeit, als sie noch eine getrennte Gruppe waren, kenne ich Szenen, wo sie zu fünft, sechst oder siebt auf der Erde lagen und schrien – in regelrechten Trotzreaktionen; die kamen aber ganz spontan auf, das war einfach fürchterlich . . ."

Mit solchen Beobachtungen lassen sich erste Einschätzungen über das pädagogisch Mögliche verbinden, Folgerungen, die durchaus kontrovers sein können:

♦ Während der Planung der Einheit „Tod" teilte eine Erzieherin die Beobachtung mit, daß Kinder im Kindergartenalter dazu neigen würden, im Tod einen schlafähnlichen Zustand zu sehen:
„Kinder in meiner Gruppe haben oft ganz konkrete Fragen: Wenn ein Toter im Sarg liegt, ist das nicht furchtbar unbequem, der kann die Seiten nicht wechseln? Darum finde ich es wichtig, die Kinder hier sachlich aufzuklären. Mir hat neulich eine Mutter erzählt, daß

der Tote schläft = riskante Äußerung

ein Kind versucht hat, seine Großmutter auszugraben, weil es das Beerdigen so grausam fand und niemand ihm richtig geantwortet hat. Man hat dem Kind gesagt, die Großmutter schläft. Das fand das Kind grausam, daß die Großmutter da unter der Erde begraben war. Eines Tages ist es mit einem kleinen Kinderspaten von zu Hause fortgelaufen. Man hat das Kind auf dem Friedhof wiedergefunden, und da hatte es schon ein ziemlich großes Loch gegraben, um die Großmutter wieder herauszuholen. Von diesem Beispiel abgesehen, kann die Formulierung 'der Tote schläft' riskant sein, weil daraus möglicherweise Ängste vor dem Einschlafen entstehen können. Die Kinder wissen dann nicht, was mit ihnen beim Einschlafen passiert: ob sie wieder aufwachen oder ob sie 'entschlafen', wie es bei Toten häufig heißt."
Dazu eine andere Erzieherin:
„Also ich glaube, das Phänomen Tod ist für den Erwachsenen selbst ein kaum zu bewältigendes Problem; so daß man nicht erwarten kann, daß ein Kind, wenn es mit diesem Problem konfrontiert wird, es verstandesmäßig und emotional bewältigt."

In den Modellkindergärten haben die Erzieher Situationserkundungen, auch wenn sie unter großen zeitlichen und organisatorischen Schwierigkeiten stattfanden, als Teil ihrer pädagogischen Arbeit und nicht als gesonderte Unternehmungen verstanden. Sie haben Situationsanalysen nicht ohne Bezug zu eigenen Lebenserfahrungen und Einstellungen durchgeführt. So fanden sie es legitim, daß einige Erzieher – aufgrund von Besorgnissen oder Befürchtungen – Einheiten nicht aufgriffen und fortentwickelten, die von anderen Erziehern an anderen Orten praktiziert wurden.

Aussagen von Eltern

In Gesprächen mit Eltern zeigt sich, daß ihre Überlegungen nicht sogleich und unmittelbar pädagogischen Schritten im Kindergarten gelten müssen, daß vielmehr etwas vom allgemeinen Hintergrund einer Situation zur Sprache kommen kann.

♦ Während der Planung der Einheit „Gastarbeiterkinder", mit der die Verständigung zwischen deutschen und ausländischen Kindern und Eltern gefördert werden soll, lud eine Erzieherin spanische Eltern zu sich nach Hause ein, um mit ihnen – bei Rotwein, Schafskäse und Oliven – die Situation ausländischer Kinder in der Bundesrepublik anzusprechen.
Die Erzieherin fragte: „Werden Ihre Kinder später wieder nach Spanien gehen, oder werden sie in Deutschland bleiben? " Die spanischen Eltern antworteten: „Die Kinder sind hier geboren, hier in den Kindergarten und zur Schule gegangen. Wenn sie zehn bis fünfzehn Jahre in Deutschland groß geworden sind, wird es für sie sehr schwer sein, in Spanien weiterzuleben. Wir haben ein Problem: Wir Eltern wollen wieder nach Spanien zurückgehen, aber die Kinder wollen nicht. Sie kennen sich dort nicht gut aus und sprechen nicht gut spanisch. Sie

fühlen sich in Spanien wie Fremde. Im Urlaub fühlen sich die Kinder in Spanien wohl, weil sie frei leben können. Aber nach vierzehn Tagen Ruhe in dem kleinen Dorf haben sie Heimweh nach Deutschland. Sie kennen in dem kleinen Dorf niemanden. In Deutschland haben sie nie Heimweh nach Spanien. Die Kinder werden in Deutschland bleiben, wenn wir nach Hause gehen. Dann ist Deutschland für die Kinder die Heimat, nicht mehr Spanien. Weitere Probleme: Wir können den Kindern nicht bei Schularbeiten helfen. Wir haben Wohnungsprobleme; deutsche Hausvermieter nehmen ausländische Kinder nur ungern auf. Sie haben in der Wohnung, die wir schließlich bekommen konnten, kaum Platz zum Spielen. Im Hof ist Spielen verboten, viele Beschwerden kommen. Da ist der Kindergarten sehr wichtig geworden."

Die Untersuchung einer Situation für Kinder enthält notwendigerweise oft auch die Analyse der Rolle beteiligter Erwachsener. Was erleben wir, die Erwachsenen, in einer solchen Situation? Was bestimmt unser Verhalten, was sind unsere Fragen, und wie wirkt unser Handeln sich aus auf das Verhalten von Kindern?

♦ Auf einem Elternabend zur Einheit „Wochenende" haben Eltern diskutiert, wie die Beziehung zwischen Vater und Kind am Abend und am Wochenende aussehen kann. Daraus einige Ausschnitte:
FRAU G.: Daß ein Vater erschöpft sein kann, das kommt den Kindern gar nicht in den Kopf. Bei uns ist es so, wenn mein Mann heimkommt – die Tür geht auf – und dann springen alle auf ihn, und er strahlt und hebt sie hoch und wirbelt sie. Also: der Vater ist voller Kraft, so ist der Eindruck für die Kinder. Aber innerlich ist er fertig und auch abgespannt. Das muß man erst den Kindern klarmachen, daß man wenigstens für die erste halbe Stunde den Kaffee in Ruhe trinken will.
HERR M.: Das ist ganz natürlich. Wenn sie ihn den ganzen Tag nicht sehen und sie freuen sich, wenn er kommt, daß er dann bestürmt wird. Und ich glaube, da ist auch jeder Vater der letzte, der die Kinder wegschickt. Wenigstens die erste halbe Stunde, wenn er auch noch so müde ist, die reißt er sich zusammen und spielt mit den Kindern. Die Schwierigkeiten entstehen doch dann am Wochenende, wenn sie lange Zeit zusammen sind. Die Schwierigkeiten entstehen nicht am Abend. Da wissen sie, der Vater kommt heim, die Mutter macht Nachtessen, und dann wird gegessen. Da ist irgendwie ein Rhythmus drin. Aber am Wochenende ist doch im Normalfall kein Rhythmus drin. Und da entstehen meiner Ansicht nach die Schwierigkeiten, weil das Kind dann nicht verstehen kann, warum der Vater immer seine Ruhe will.
FRAU A.: Das ist ja auch für den Vater sehr schwierig, den ganzen Tag zu Hause mit den Kindern. Das ist für einen Mann, das kann ich mir auch denken, der gar nicht so ständig drin ist, auch eine große Strapaze. Wenn er so zwei Tage lang in der Familie drin ist, da ist er – genau wie ein Kind, das am Montag wieder in den Kindergarten kommt, da gibt es auch irgendwie Explosionen.
HERR M.: Ich glaube, es ist sowieso schwierig, gerade für Väter. Ich hab' oft den Eindruck, es gibt sehr viele Väter, die keinen richtigen Kontakt mit der Familie bekommen. Wenn man sich mal so hintergründig fragt, sie sehen sich selbst ja nur als Ernährer; aber

Oben: Die Elterngruppe diskutiert mit den Erzieherinnen über Ziele und Durchführungsmöglichkeiten der didaktischen Einheit „Wochenende".
Unten: Die Gespräche verlaufen sehr angeregt und tragen dazu bei, daß einige Eltern Pläne zur gemeinsamen Wochenendgestaltung entwerfen.
Aus Fotoposters zur didaktischen Einheit „Wochenende". Foto: Tüllmann

Trennungsangst.

den eigentlichen Umgang mit Kindern haben doch die wenigsten. Weil, sie sind den ganzen Tag im Beruf, haben irgendwelche schweren Aufgaben zu machen – aber mit Kindern . . . . Ich erleb' das selbst. Wenn irgendwo Kindergeburtstag ist oder so, die Väter ziehen sich meist zurück. Die sind froh, wenn sie ihre Ruhe haben. . . . Man sieht das, wenn's Kleinkind kommt. Man traut sich ja nicht, das Kind zu wickeln; man hat Angst, daß man was kaputtmacht.
ERZIEHERIN: Ja, weil sie nicht ständig damit konfrontiert werden, auch mit Erziehungsfragen.
HERR H.: Ja, was heißt konfrontiert. Sie werden nur mit den Rügen konfrontiert. Wenn der Vater nach Hause kommt, abends, dann geht's los: „Ach, der hat heut' . . .", und dann wird erwartet, daß er jetzt am Abend dem Kind den Hintern versohlt für Sachen, die am Morgen passiert sind. Und da denkt er, ach komm, wir sind alle Kinder, laß mir doch meine Ruhe, das sind deine Kinder.
FRAU G.: Na, Sie müssen das ja wissen. Bei uns finden auch immer Diskussionen abends statt, weil man ja sonst keine Möglichkeit hat. Am Tag ist man ja völlig auf sich gestellt mit Problemchen, „wie pack' ich das jetzt an". Und es ist meistens so, daß man den Mann abends gar nicht so konfrontieren will mit so Kleinkram.
HERR H.: Sagen Sie!
HERR M.: Wir brauchen jetzt gar keinen besonderen Fall. Ich meine jetzt so ganz im allgemeinen von den Leuten, die ich kenne oder wo ich das so von außen sehe. Auch, wenn ich spazierengehe, da gehen die Kinder mit der Mutter, und der Vater geht da irgendwo ein paar Kilometer hinterher, oder er geht voraus und sagt: „Ich setz' mich schon mal in die Wirtschaft, und ihr spielt da draußen auf dem Spielplatz." Und das ist nicht aus der Luft gegriffen, das ist Tatsache, wie oft sich Väter abkapseln, daß die effektiv nur als Ernährer für die Kinder auftreten.

Wie kommt man, von solchen Analysen ausgehend, zu pädagogischen Schlußfolgerungen? Was läßt sich, von den Eltern her gesehen, tun?

◆ Bei einem Elterntreffen schilderten Mütter und Väter Erfahrungen mit Kindern im Krankenhaus, um dann erste pädagogische Zielvorstellungen zu entwickeln.
Die Erzieherin verwendete einige Fotos von kranken Kindern als Gesprächsanreiz: Sie pinnte Bilder, auf denen sehr unterschiedliche Verhältnisse in Krankenhäusern sichtbar wurden (kranke Kinder, die mit Spielsachen und Freunden im Bett saßen; ein krankes Kind, das angebunden allein in einem korrekt gemachten Bett lag), an die Wand und bat die Eltern, sich dazu zu äußern.
Bald entstand ein intensives Gespräch, die Eltern erzählten von ihren eigenen Erfahrungen und Erlebnissen mit ihren Kindern: „Meine Tochter war hingefallen und hatte ein Loch im Kopf, so daß wir in die Klinik mußten. So gut es ging, versuchte ich sie zu beruhigen. Als aber die Schwester das Kind in den Untersuchungsraum führte und mir die Tür vor der Nase zuknallte mit den Worten 'Sie bleiben draußen', fing sie zu schreien an, mir war ganz elend. Hinterher war sie ganz apathisch. Sie schreit jetzt schon, wenn wir nur an der Klinik vorbeigehen."
In diesem Gespräch kamen die Eltern immer wieder auf das zu sprechen, was ihrer Erfahrung nach das Hauptproblem war: die Trennungsangst der Kinder durch das Alleingelassen-Sein. Und sie

überlegten, wie sie als Eltern diese Angst beim eigenen Kind abbauen und ihm in der Situation des Alleinseins helfen könnten. Eine Mutter: „Es reicht ja oft, wenn die Mutter dem Kind die Hand hält, so daß das Kind das Gefühl hat, 'hier ist jemand, an den ich mich klammern kann'." Eine andere Mutter: „Eltern sollten bei den Kindern dabei sein, wenn sie untersucht oder operiert werden."
Die Eltern stellten darüber hinaus Überlegungen an, wie die Kinder auf die Krankenhaussituation vorbereitet werden könnten. Sie hielten für ausgesprochen wichtig, ihnen genau zu erklären, wohin sie gebracht und was dort mit ihnen gemacht würde. Das Problem des Alleinseins sei damit allerdings noch nicht gelöst. Dies könne nur durch Hilfen in der aktuellen Situation geschehen, indem z. B. die Kinder Lieblingsspielzeug mitnehmen dürften; sie täglich besucht würden und die Eltern dann auch Zeit hätten, mit ihnen zu sprechen und zu spielen; sie zu Hause anrufen könnten. Die Kindergartenkinder – so meinten sie – könnten vielleicht Bilder für das kranke Kind malen, damit es das Gefühl bekäme, daß es auch im Kindergarten vermißt würde und alle sich auf seine Rückkehr freuten.

Beobachtungen in der Situation

Ein weiterer Zugang zu Situationen bot sich an: der Weg, von den Situationsrechercheuren gesonderte Untersuchungen durchführen zu lassen. Zwei Gründe sprechen dafür: Zum einen zeigte sich, daß sozial- und humanwissenschaftliche Disziplinen, von denen man eigentlich Aussagen über die uns interessierenden Lebenssituationen von Kindern erwarten sollte, solche Aussagen oft überhaupt nicht oder in einer von der Alltagswirklichkeit sehr abgehobenen Weise machen. Wir brauchten, um zu konkreten pädagogischen Schlußfolgerungen gelangen zu können, zusätzliche unmittelbare Auskünfte, konkretes empirisches Material (das exemplarisch, jedoch nicht im statistischen Sinne repräsentativ sein mußte). Zum anderen sollte innerhalb des Konzeptes von Handlungsforschung dafür Sorge getragen werden, daß Untersuchungen zur Situation auch von Erziehern mitveranlaßt und -gesteuert werden konnten.

♦ So hat sich beispielsweise eine Mitarbeiterin längere Zeit auf der Kinderstation eines Krankenhauses aufgehalten und Aufzeichnungen zur Aufnahmesituation, zur Trennung der Kinder von den Bezugspersonen, zum Verhältnis von Schwestern, Ärzten und Kindern, zu Untersuchung, Behandlung und Operation und zur Entlassung gemacht. Der Protokollauszug schildert Aspekte einer Aufnahmesituation:
„Bei dem dreieinhalbjährigen Alexander handelt es sich um ein 'Krampfkind'. Ich begleite die Mutter in die Station. Bei der Aufnahme hat Alexander geschlafen, jetzt ist er wach und weint. Die Mutter sagt, sie würde ihn gleich wieder mit nach Hause nehmen. Stations- und Zimmerschwestern stellen sich bei der Mutter vor, vom Kind neh-

men sie keine Notiz, begrüßen es nicht, sprechen nicht mit ihm. 'Und das ist also Ihr Sohn.' Eine Schwester nimmt das Kind und trägt es ins Bett. Alexander will aufstehen, die Schwester macht abrupt das Gitter zu. Das Kind wird sofort 'behandelt', es soll Fieber gemessen werden. Da es sich körperlich dagegen wehrt und schreit, sagt die Mutter, daß soeben bei der Aufnahme schon Fieber gemessen worden sei. Die Schwester versucht es trotzdem weiter. Die Mutter fordert ihr Kind auf, 'lieb und brav' zu sein. Alexander läßt sich nicht messen; er schreit 'au!', als ihm die Schwester trotz seiner Abwehr ein Thermometer einführt; er bleibt nicht liegen. Die Schwester will ihn

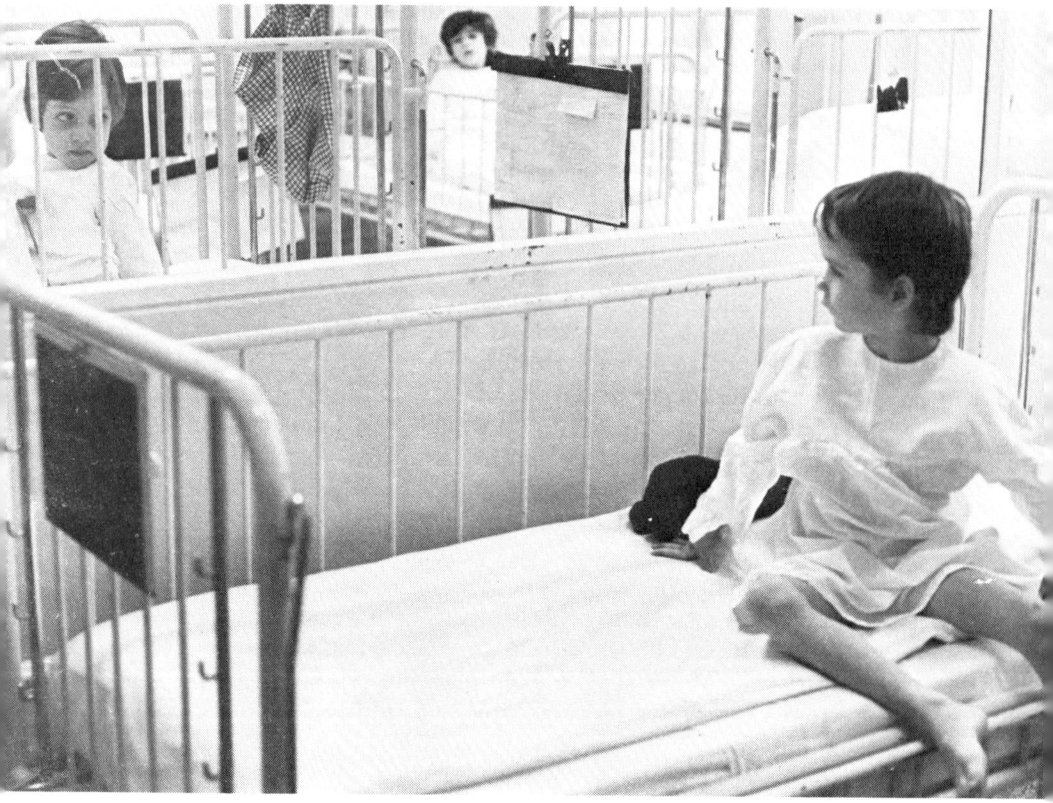

Ein Mädchen ist neu aufgenommen worden, sie muß am Blinddarm operiert werden.
Aus Fotokarten zur didaktischen Einheit „Kinder im Krankenhaus". Foto: Niggemeyer

deshalb zuerst wiegen. Die Mutter geht und sagt, sie käme später wieder. Die Schwester ist gerade draußen, das Kind weint und schreit – zum Teil trotzig und wohl bereit, sich zu wehren. Die Schwester kommt wieder, das Kind heult auch beim Wiegen. Die Schwester: 'Was denn, jetzt kann gar nichts weh tun.' Dann wird wieder versucht, Fieber zu messen. Alexander steht immer wieder auf, die Schwester nimmt ihn und legt ihn wieder hin, hält ihn fest: 'Jetzt ist aber Schluß, ich möchte nichts mehr hören.' Die Schwester meint, sie müsse Alexander ein Beruhigungsmittel geben, stellt aber fest, daß er bei der Aufnahme schon Valium bekommen hat. Die Schwester setzt ihre körperliche Kraft ein, um Alexander messen zu können: 'Wenn du zusammenkneifst, tut es erst recht weh.' Ihren Aufforderungen, 'jetzt sei bitte brav', ist der Befehlston anzuhören. Schließlich gibt sie es auf: 'Sie haben ja gesehen, wie er sich aufführt.' Die Schwester geht. Alexander weint, wird aber ruhiger (Wirkung des Valiums?) und schläft ein."

Aussagen von anderen Erwachsenen in der Situation

Beobachtungen in einer Situation ergeben Momentaufnahmen, sie skizzieren Ist-Zustände. Aus ihnen müssen Verursachungen und Voraussetzungen nicht unmittelbar ersichtlich werden.

Es bietet sich deshalb an, bei solchen Beobachtungen nicht stehenzubleiben, sondern die innersituativ Beteiligten nach ihrer Interpretation und Sichtweise zu befragen. In Fortführung des eben zitierten Beispiels: Es erscheint sinnvoll, Beobachtungen im Krankenhaus durch Befragungen von Ärzten und Schwestern zu ergänzen. Dann kann etwas von den Bedingungen deutlich werden, unter denen sie arbeiten; die Chancen werden besser abschätzbar, Kinder auf die Situation vorzubereiten oder die Situation kindlichen Bedürfnissen entsprechend zu ändern.

◆ Über die Schwierigkeiten des Umgangs mit aufgeregten Eltern in der Aufnahmesituation berichtet ein Arzt, der selbst Vater eines Kindergartenkindes ist und sich an Spielen und Projekten der Einheit „Kinder im Krankenhaus" beteiligte:
„Also, wenn ich ein Kind untersuchen will und ich muß ihm weh tun, dann fangen manche Eltern an, das Kind zu umhalsen, sie werfen sich geradezu auf das Kind. Und reden mir zu: 'Ja, müssen Sie das denn unbedingt machen, ist das denn notwendig? ' Andererseits sagen sie mir aber auch: 'Tun Sie um Gottes willen alles, was notwendig ist.' Letztlich widersprechen sich solche Eltern im gleichen Atemzug. Die Untersuchung wird dann oft erst möglich, wenn die Eltern draußen sind. Oder wenn man zu ihnen gesagt hat: 'Bitte, das geht nicht so; entweder Sie gehen raus, oder ich kann das Kind nicht untersuchen.' Es mag dann passieren, daß das Kind eine Viertelstunde schreit, aber ich kann es dann wenigstens vernünftig untersuchen und mit dem Untersuchungsergebnis etwas anfangen.
Andere Eltern unterstützen und akzeptieren die Untersuchung. Sie halten dem Kind dann beispielsweise die Hand. Das reicht manchmal schon aus, um Kindern das Gefühl zu geben: Hier ist jemand, an den ich mich klammern kann. Manchmal sind wir Ärzte nicht in der Lage, einem Kind augenblicklich Schmerzmittel zu geben. Da wird es dann manchmal aber schwierig, zwischen aufgeregten Eltern und angespannten Ärzten zu vermitteln, und es kann schon einmal passieren, daß man grob wird und die Eltern rauswirft. Das ist mir aber, soweit ich mich zurückerinnern kann, nur zweimal passiert.

Besondere Probleme stellen sich bei Wundversorgungen. Da möchte ich die Eltern lieber nicht dabeihaben. Erstens blutet es, die Eltern leiden dann oft mehr als ihr Kind und können schon mal kollabieren. Zweitens existiert das Problem der Unsterilität. Wenn ich mit einer Wundversorgun befaßt bin und das Kind schreit auf (weil ich ihm momentan weh tun mußte), und die Mutter stürzt sich auf das Kind (und wirft mir alles um) und ich muß von vorne anfangen und dem Kind vielleicht erneut weh tu weil die Mutter mir die Nadel herausgerissen hat, – dann sage ich mit ziemlicher Sicherheit: 'Warten Sie vor der Tür, oder gehen Sie ganz weg.' Das Kind wird schreien, es wird sicher schreien. Im großen und ganzen aber sind Kinder einsichtig, wenn sie wissen, daß die Eltern anschließend wiederkommen und mit dem Kind auf die Station gehen."

In dem Auszug des folgenden Interviews äußert sich eine ehemalige Krankenschwester unmittelbar zu subjektiven und objektiven Schwierigkeiten, die einem angemessenen Umgang mit kranken Kindern im Weg stehen:

FRAGE: Sie waren in einer Hals-Nasen-Ohren-Klinik. Hatten Sie viel Kontakt mit den Kindern auf Ihrer Station? Konnten Sie mit ihnen spielen, ihnen etwas vorlesen oder sich mit ihnen unterhalten?

ANTWORT: Ja, am Wochenende. Da war die Stationsschwester nicht da, und wir anderen Schwestern hatten dann abwechselnd Sonntagsdienst. Wenn ich am Wochenende die hauptamtliche Vertretung hatte, habe ich mit den Kindern immer etwas gemacht. Aber während der Woche eigentlich nie, weil wir dazu einfach keine Zeit hatten. Die Kinder wurden zwar in den Operationssaal geschoben und wieder geholt, die Betten wurden frisch bezogen und abgewaschen, weil es oft zu starken Blutungen kam, aber kaum jemand konnte sich der Kinder wirklich annehmen. Nur die Stationsschwester hat ab und zu den Kindern vorgelesen.

FRAGE: Wie haben die Kinder reagiert, wenn Sie am Wochenende mit ihnen gespielt haben?

ANTWORT: Da sind sie dann derart aufgelebt, daß sie durch nichts mehr zu bremsen waren.

FRAGE: Hatten die Kinder Materialien, um im Krankenzimmer spielen zu können?

ANTWORT: Sie hatten wenig Spielzeug, nur das, was sie mitgebracht hatten. Damit konnten sie spielen. Es gab aber kein Spielzeug auf der Station.

FRAGE: War das für die Schwestern schwierig, sich immer wieder auf neue Kinder einzustellen?

ANTWORT: Man konnte sich eigentlich gar nicht darauf einstellen. Dafür waren es zu viele, und man hatte zu viel Arbeit.

FRAGE: Haben Sie beobachtet, ob Kinder im Krankenzimmer auch miteinander spielen?

ANTWORT: Ja, das gab es schon. Wenn ein Kind etwas besonders Interessantes dabeihatte, beispielsweise ein Bilderbuch, dann wurde das schon gemeinsam angeguckt. Die Kinder lagen dann alle auf einem Bett und schauten zusammen ins Buch. Aber meistens wurden sie, wenn eine Schwester das sah, in ihre Betten zurückgescheucht. Es muß Ordnung sein. Es geht einfach nicht auf einer Station, daß sich alles auf einem Bett tummelt.

FRAGE: Warum nicht?

ANTWORT: Das ist nicht meine Ansicht. Das war die Ansicht der Leiterin.

FRAGE: Was hielt man auf Ihrer Station von Elternbesuchen?

ANTWORT: Die sah man nicht so gerne.
FRAGE: Warum nicht?
ANTWORT: Weil es meistens zu großen Abschiedsszenen kam. Wenn die Eltern gingen, dann verabschiedeten sie sich zuerst einmal im Zimmer, da war das Kind noch im Bett. Dann gab's eine Verabschiedung an der Kinderzimmertür und dann noch eine an der Glastür am Ende der Station. Wenn's gut ging, gab es noch eine vierte Verabschiedung vor dem Aufzug. Da hatte dann die Schwester oft schon zwei schreiende Kinder im Arm. Das Ende der Besuchszeit war eigentlich immer chaotisch.

Eltern verabschieden sich noch einmal hinter der Glastür.
Aus Fotokarten zur didaktischen Einheit „Kinder im Krankenhaus". Foto: Niggemeyer

FRAGE: Wie oft konnten die Kinder denn besucht werden?
ANTWORT: Anfangs zweimal in der Woche, am Mittwoch und am Sonntag. Später ist man dann zu täglichen Besuchszeiten übergegangen.
FRAGE: Gab es Eltern, die ihr Kind täglich besucht haben?
ANTWORT: Ja, und deren Kinder waren dann auch ruhiger. Die haben keine solchen Abschiedsszenen gemacht.
FRAGE: Was könnte man tun, um die Kinder auf der Station konstanter und ausführlicher zu betreuen?

ANTWORT: Am besten wäre es, wenn eine Erzieherin oder eine andere pädagogische Kraft immer bei den Kindern sein könnte. Sie müßte von der Krankenpflege nicht so viel verstehen, sie müßte aber eine konstante Bezugsperson sein. Auf einer Station sind ja sieben oder acht Schwestern, die sich im Dienst abwechseln. Die Kinder sehen laufend andere Gesichter: Da kommt eine Schwester aus dem Urlaub zurück, die zweite geht, die dritte kommt in die Nachtwache. Kaum hat man als Kind eine Schwester liebgewonnen, die einem mal auf den Topf geholfen oder die verrutschte Schlafanzughose in Ordnung gebracht hat, schon ist sie am nächsten Tag nicht mehr da, weil sie vielleicht gerade frei hat. Dieser Wechsel von Personen würde mich sehr verunsichern, wenn ich als Kind da liegen müßte. Wichtig wäre also, daß eine erwachsene Frau oder auch ein Mädchen ständig da wäre und sich der alltäglichen kleinen Sorgen von Kindern annehmen könnte.

Aussagen von außenstehenden Sachverständigen

Es gibt Sachverständige, die nicht als Mithandelnde unmittelbar in einer Situation angetroffen werden, die sich aber von Berufs wegen mit Situationsaspekten befassen. Man kann sie in der Absicht befragen, Interpretationshilfen zu vorgefundenen Erscheinungen zu bekommen. Man kann sie bitten, ihre Aussagen direkter auf Beobachtbares zu beziehen, als sie es vielleicht tun würden, wenn sie ihrer – auf Verallgemeinerbarkeit von Aussagen gerichteten – Wissenschaft nachgehen würden.

Experten können bei der Erschließung von Situationen deshalb nur eine sehr begrenzte Funktion wahrnehmen, weil sie am curricularen Diskurs, am Lernen in der Situation gar nicht oder nur für einen kleinen Moment beteiligt sind. Ihre Rolle ist ja gerade dadurch gekennzeichnet, daß sie Außenstehende bleiben, Abgeber von Wissen, dessen Wert im Diskurs nicht neu bestimmt werden konnte. Die pädagogische Brauchbarkeit ihrer Aussagen ist deshalb mit abhängig davon, inwieweit die Erkenntnisse der Wissenschaftsdisziplin, die sie vertreten, zur Interpretation von Alltagswirklichkeit herangezogen werden können, inwieweit ihre Wissenschaft mit alltäglichem Leben noch etwas zu tun hat.

♦ Die didaktische Einheit „Umgang mit Märchen" nimmt ihren Ausgang von dem Sachverhalt, daß Märchen einen wichtigen Anteil der Literatur ausmachen, mit der Kinder im vorschulischen Alter in Berührung kommen. Die Einheit hat dabei nicht zum Ziel, Kindern eine ausschließlich kritische Distanz zu Formen und Inhalten von Märchen zu vermitteln, Märchen sollen vielmehr als Ausdruck für Emotionen, für Ängste, Hoffnungen und Wünsche erlebt werden können – von Gefühlen in einem selbst, mit denen man ja umgehen lernen will.

Märchen: keine Angst, Angst aussprechen

Dazu ein Auszug aus einem Interview mit einer Kinderpsychotherapeutin (wobei ihre Position eine unter mehreren und verschiedenartigen Positionen ist, die in der didaktischen Einheit zitiert werden):

FRAGE: Es gibt viele Eltern, die ihren Kindern keine Märchen erzählen, weil sie befürchten, daß Märchen Angst machen.

ANTWORT: Ja, aber es ist ja so, daß Märchen das aufnehmen und widerspiegeln, was die Kinder sowieso durchleben. Insofern werden auch Kinder nicht so sehr durch Märchen beunruhigt. Sie finden da etwas dargestellt, was sich sowieso in ihnen abspielt.

FRAGE: Kinder wollen oft die gleichen Märchen immer wieder hören. Kann man daraus schließen, daß in solchen Märchen Probleme dargestellt sind, die sie besonders beschäftigen?

ANTWORT: Ja.

FRAGE: Und diese Probleme werden dadurch bewältigt, daß sich die Kinder immer wieder mit den entsprechenden Märchen beschäftigen?

ANTWORT: Ich würde sagen, ja. Aber es kann natürlich auch sein, daß das Märchen immer wieder gebraucht wird, weil es dem Kind nicht gelingt, den Konflikt zu lösen. Ich denke gerade an ein kleines Mädchen, das derzeit zu mir in die Therapie kommt und das hängengeblieben ist in bestimmten Prinzessinnenvorstellungen, die sich z. B. in der ödipalen Phase entwickeln können. Dieses Mädchen ist nun schon fast zehn Jahre alt und kann diese Vorstellungen einfach nicht hergeben. Und darin kann man auch sehen, daß sie diesen Konflikt noch nicht bewähltigt hat.

FRAGE: Können wir noch mal zu der Frage zurückkommen, ob Märchen Angst machen?

ANTWORT: Ich würde sagen, Märchen können vielleicht eine bestimmte Angst ansprechen, aber Angst ist ja sowieso etwas, was im menschlichen Leben vorkommt. Es ist also nicht so, daß das Märchen, sagen wir mal, erst die Angst in das Kind hineinlegt.

FRAGE: Aber es bringt sie zutage?

ANTWORT: Ja. Also man muß davor eigentlich keine Angst haben, daß Angst angesprochen wird, weil sie ja sowieso vorhanden ist und sowieso verarbeitet werden muß oder sollte, und Märchen können dabei eine Hilfe sein. Grausamkeiten oder die enormen Bestrafungen, die oft in Märchen vorkommen: das ist ja doch durchaus ein kindgemäßes Handeln. Kinder sind auch viel „grausamer" als Erwachsene, weil das Triebgeschehen noch sehr viel unmittelbarer sich äußern kann. Und das entspricht einfach auch den Verarbeitungsweisen der Kinder. Es passiert oft, daß Kinder ihren Ärger äußern, indem sie sagen, es soll jemand sterben oder der soll tot sein, und das ist nicht etwas Erschreckendes, das heißt dann einfach: „Der soll nicht mehr da sein, ich will den nicht mehr sehen. Morgen ist er dann wieder da und ist wieder lebendig, und alles ist wieder in bester Ordnung."

FRAGE: Könnte man also sagen, daß Märchen den Kindern unter Umständen helfen, mit ihren eigenen Emotionen fertig zu werden?

ANTWORT: Ja. Märchen bringen ja auch im allgemeinen eine Lösung und bringen eigentlich auch im allgemeinen eine positive Lösung. Das heißt, sie lösen den Entwicklungsprozeß, sie führen ihn zu einer bestimmten Lösung. Das kann man beinahe wie archetypische Bilder anschauen, wie Grundlinien, die durch das Märchen angeboten werden.

FRAGE: Aber gerade diese positiven Lösungen werden von den Kritikern gerügt. Sind Märchen nicht oft sehr harmonisierend und besteht nicht die Gefahr, daß die Kinder in dieser Welt steckenbleiben, ja, in sie flüchten?

ANTWORT: Also, das scheint mir eine falsche Sicht zu sein. Es geht darum, daß an und für sich die Entwicklung des Kindes – oder sagen wir mal, bis zum Erwachsenen hin – in Bildern, in Märchenbildern, dargestellt wird. Das, was da aber als positive Lösung angeboten wird, das heißt, daß der nächste Entwicklungsschritt erreicht wird. Und das heißt, daß normalerweise z. B. nach der frühen Phase, wo man kriegt und bekommt, die nächste Phase kommt, wo man dann auch mal hergeben soll oder darüber verfügen kann, ob man gibt oder nicht gibt; und so kommt eines zum anderen. Man trennt sich von der Mutter, man wird selbständig. Das sind ja eigentlich nur diese Schritte, die durchlaufen werden müssen. Die werden dargestellt, und die Lösung heißt nur, daß eine Trennung von der Mutter notwendig und auch gut und sinnvoll ist; das heißt nicht, daß alles harmonisch ist. Es soll nicht eine heile Welt dargestellt werden, sondern es werden Entwicklungslinien dargestellt. Die Trennung von der Mutter macht zwar im Grunde Angst; und man macht zwar alles Mögliche durch, um das zu überstehen, sie führt aber letztlich zu etwas Positivem. Das führt auch weiter, das führt einfach dazu, daß Schneewittchen dann eine Frau werden kann. Was sie nie werden könnte, wenn sie bei der Mutter bliebe.
FRAGE: Also Sie würden sagen, das Positive liegt darin, daß die Kinder sehen, hier löst sich jemand von der Mutter und kommt trotzdem weiter. Wären Sie demnach der Auffassung, daß Märchen im ganzen gesehen für Kinder positiv sein können und daß man sie auch im Kindergarten aufnehmen sollte?
ANTWORT: Ja, unbedingt. Denn sie sprechen wirklich das an, was Kinder sowieso innerlich beschäftigt.
FRAGE: Viele Eltern erzählen keine Märchen, weil sie vermeiden möchten, daß die Kinder durch schreckliche Phantasiegestalten verängstigt werden.
ANTWORT: Aber was wird denn da im Grunde genommen vermieden? Die meisten Eltern wissen nicht, was Hexen darstellen, daß das z. B. auch der negative Aspekt der Mutter ist. Und jede Mutter wird auch negativ erlebt, denn sie ist ja auch diejenige, die verbietet. Sie ist ja auch diejenige, die das Kinder wieder rausschmeißt aus dem großen Schoß sozusagen und bedrohlich ist und die insofern sich auch böse verhält. Und das ist ja nichts grundsätzlich Schlimmes, sondern die Hexe ist notwendig.
FRAGE: Eltern und Erzieher sind oft ratlos, wenn Kinder fragen: Gibt es die Hexen?
ANTWORT: Ja, das ist genauso wie: Gibt es den Weihnachtsmann? Oder: Gibt's das Christkind? – Das ist natürlich wieder ein bißchen problematischer – oder: Gibt's den Osterhasen? Natürlich gibt es nicht Hexen. Aber die Hexe ist einfach ein Bild und stellt etwas dar wie z. B., daß Mütter auch negativ erlebt werden und daß man auch Angst vor der Mutter haben kann.
FRAGE: Aber kann ein Kind – ein fünf- oder sechsjähriges Kind – diese Antwort verstehen?
ANTWORT: Man müßte es vielleicht anders sagen – man müßte es vielleicht so sagen, daß das Kind sich ja sicherlich manchmal sehr über die Mutter ärgert und ihm dann die Mutter vielleicht manchmal wie eine böse Frau vorkommt – wenn die Mutter es straft oder seine Wünsche nicht einfach erfüllt oder Forderungen stellt oder allmächtig erscheint in einer bösen Weise, auch vielleicht in einer strafenden Weise allmächtig erscheint. Ich meine, das könnte man dem Kind schon nahebringen. Nur die Eltern dürfen keine Angst davor haben.

Die haben halt Angst, daß sie als Hexe oder als der böse Zauberer erlebt werden – Riesen sind z. B. auch Eltern.
FRAGE: Es gibt Kritiker, die den Märchen weniger die heile Welt anlasten als ihre bedrückenden Situationsschilderungen: Kinder werden von den Eltern ausgesetzt oder abgeschoben, haben böse Stiefmütter oder Schwestern, die sie drangsalieren. Diese Kritik geht also davon aus, daß die Kinder durch solch bedrückende Märchen doch sehr belastet werden könnten.
ANTWORT: Ja, aber da scheint mir auch wieder, daß es eigentlich die Tendenz der Eltern ist, Kindern eine heile Welt darzustellen. Jedes Kind, das Geschwister hat, muß sich mit Geschwistern auseinandersetzen oder damit auseinandersetzen, daß jemand schöner aussieht oder in irgendeiner anderen Weise bevorzugt ist; und ein Kind muß damit fertig werden. Natürlich kann es dadurch erst mal deprimiert werden und darunter leiden, aber es sollte ja nicht im Leiden steckenbleiben, sondern es sollte dann auch wieder Positives bei sich selber finden. Und das spiegeln dann meistens solche Märchen auch wider, daß die Leute, denen es sehr schlecht gegangen ist, doch einen Weg finden, aus dieser Depression rauszukommen.
FRAGE: Nun kann man einwenden, daß die in den Märchen beschriebenen Notsituationen doch nur für die Zeit zutrafen, als die Märchen aufgeschrieben wurden. Haben die Kinder heute nicht andere Probleme?
ANTWORT: Das ist vielleicht wirklich etwas Äußerliches. Aber wenn man dem nachgeht, was dadurch eigentlich dargestellt wird, dann geht es doch mehr um – was ich gesagt habe – Geschwisterneid oder andere Vergleiche mit anderen; also um etwas, was unabhängig von der Zeit ist.

Hans-Bernhard Kaufmann hat in seinen „Fragen zur Curriculum-Konzeption der 'Arbeitsgruppe Vorschulerziehung'" (1974) auf die wichtige Funktion der Überlieferung bei der pädagogischen Interpretation von Situationen hingewiesen. Das eben zitierte Beispiel kann als einer der Versuche dafür stehen, Situationen nicht nur aus ihren gegenwärtigen Erscheinungsweisen heraus zu verstehen, sondern auch das einzubeziehen, was sie historisch – individual- und sozialgeschichtlich – mitbestimmt. Vorgefundene Situationen sind gewordene Situationen; und es hieße, an – immer auch willkürlichen – Momenten ihrer gegenwärtigen Befindlichkeit stehenbleiben, wenn situationsbezogene Erfahrungen, die in der Vergangenheit gewonnen wurden, prinzipiell ausgeschlossen blieben. Historische Überlieferungen (und die in ihnen enthaltenen Normen) drücken sich aus in den Situationsdeutungen aller am Diskurs Beteiligten; und ihre Interpretationen wiederum sind die Basis dessen, was sie an pädagogischen Schlußfolgerungen ableiten. Überlieferung ist jedoch nichts für sich Existierendes, nichts, das in Übereinstimmung abgerufen werden könnte. Der Diskurs, der unterschiedliche Positionen aushalten muß, bringt mit sich, daß die Geltung von Interpretationen neu zur Verhandlung steht, daß es nicht *die* Überlieferung, sondern Überlieferungen gibt, die aus der Perspektive innersituativ Handelnder oft anders artikuliert werden können, als aus der Sicht sozialphilosophischer oder theologischer Geschichtsschreibung.

Andere Quellen zur Gewinnung von Informationen über Situationen

Mithin sind die, die ein Curriculum entwickeln, sicher nicht die einzigen, die über die ausgewählten Situationen Untersuchungen anstellen oder Erfahrungen machen. Viele andere Menschen haben in der Vergangenheit und Gegenwart ähnliches versucht. Analyse von Situationen bedeutet deshalb auch, zugängliche und einschlägige Aussagen einzubeziehen, die an anderem Ort und zu anderer Zeit zustande gekommen sind. Es wird dabei deutlich, daß dies im Fall einer einzelnen didaktischen Einheit nur ansatzweise gelingen kann und damit Ausdruck einer unvermeidbaren „Laienhaftigkeit" bleibt, in der wir uns befinden, wenn im Curriculum Situationen so unterschiedlicher Art angesprochen werden.

Bei der Auswertung von Quellen waren Fragen bestimmend, die über unmittelbar Beobachtetes und über Vorverständigungen zwischen den Beteiligten hinausweisen: Finden eigene Beobachtungen Bestätigung und Ergänzung durch die Befunde anderer? Wie wirken objektive Merkmale einer Situation auf subjektives Verhalten? Ist die Situation, so wie sie im konkreten Fall erscheint, exemplarisch? Welche Regelhaftigkeiten bestimmen sie, und wie lassen sie sich historisch und gesellschaftlich erklären? Was ist in ihr über das je Konkrete hinaus an Allgemeinerem enthalten? Wie verhält sie sich zu anderen Situationen, wie ist sie eingebunden in gesellschaftliche Strukturen und Prozesse?

Die aus nichtwissenschaftlichen und wissenschaftlichen Quellen gewonnenen Materialien sollen hier, da sie nicht im Prozeß der Curriculumentwicklung gewonnen, sondern lediglich in ihn eingebracht wurden, nicht beispielhaft zitiert werden. Genannt werden sollen jedoch Typen und Formen solcher Quellen.

Veröffentlichte *Berichte* von Dritten, die aufgrund eigener Erlebnisse in ähnlichen Situationen Aufzeichnungen gemacht haben, lassen sich heranziehen. Dies können beispielsweise Aufzeichnungen eines Lehrers über seinen Schulalltag sein, aus denen verständlicher werden kann, unter welchen Bedingungen er sich auf Schulanfänger einzustellen versucht. Oder es können z. B. in der Literatur mitgeteilte Beobachtungen von Eltern über die Wirkung einer Scheidung auf ihre Kinder sein.

Fallstudien, wie sie insbesondere von der Psychoanalyse vorgelegt werden, können Einblicke in Komplikationen einzelner Lebensläufe geben: Hierzu zählen etwa Interpretationen von Geschwisterrivalitäten („Geburt und Zärtlichkeit") oder die Analyse von Ängsten vor dem Verlassenwerden („Kinder allein zu Hause").

Artikel aus Presse, Hörfunk und Fernsehen können Situationen in ihrer Aktualität kennzeichnen, Daten und Einschätzungen liefern und über Initiativen berichten.

Zur sachlichen Information gehören auch möglicherweise vorliegende *empirische Erhebungen und Untersuchungen.* Sie können sich auf subjektive Verhaltenstendenzen und Einstellungen beziehen und beispielsweise das Freizeitverhalten von Familien („Wochenende") oder die Wirkung des Fernsehens auf Kinder („Fernsehen") behandeln. Sie können Daten über objektive Situationsmerkmale bereitstellen mit Aussagen beispielsweise über die Unterrepräsentiertheit von Gastarbeiterkindern in deutschen Kindergärten.

In jedem Fall wurde versucht, *Ergebnisse der Sozial- und Humanwissenschaften,* die sich wenigstens annähernd auf die uns interessierenden Fragestellungen beziehen ließen, als Interpretationshilfen zu nutzen. Die dabei auftretenden Schwierigkeiten im Umgang mit solchen Wissenschaften wurden an anderer Stelle schon angedeutet: Als hinderlich erweist sich der Grad ihrer Abstraktion von sozialen Zusammenhängen. Ungeklärt ist auch vielfach die „Position", die sie gegenüber sozialer Wirklichkeit einnehmen. Um beurteilen zu können, wie das Verhältnis zwischen naiver oder von falschem Bewußtsein geprägter Widerspiegelung dieser Wirklichkeit und kritisch-reflektierender Distanz zu ihr in herangezogenen Aussagen beschaffen ist, würde es im je konkreten Fall einer Wissenschaftskritik bedürfen, die innerhalb pragmatischer Curricilumentwicklung nur bruchstückhaft zu leisten und zu vermitteln wäre.

Hinzuziehen lassen sich schließlich Dokumente über generelle Einwirkungen auf Situationen, über *gesetzliche Re-*

gelungen, Reformen und Reformversuche politischer Instanzen und gesellschaftlicher Gruppen. Da in den didaktischen Einheiten Handlungsmöglichkeiten angesprochen werden, die von jedermann wahrgenommen werden können, die somit nicht Amt oder Mandat voraussetzen, galt es, Dokumente einzubeziehen, die auf entsprechende Initiativen verweisen, Dokumente also von Bürgerinitiativen. Dies bietet sich an etwa im Fall von „Kinder kommen in die Schule" mit der Dokumentation der Arbeit von Initiativgruppen, die den Übergang zwischen dem Elementar- und dem Primarbereich unter stärker sozialpädagogischen Gesichtspunkten gestalten wollen. Dies gilt auch für „Gastarbeiterkinder" im Hinblick auf Initiativen, mit denen man diese Kinder in ihrem vorschulischen und schulischen Werdegang zu unterstützen versucht.

Zusammenfassung und Weitergabe von Ergebnissen der Situationsanalyse

Ergibt sich aus alledem eine pädagogisch brauchbare „Theorie" der Situation? Zunächst liegt eine Vielzahl von Einzelaussagen und -ergebnissen vor, die sich in einer oft nur indirekten Weise auf die pädagogischen Fragestellungen beziehen, auf die Fragen: Was behindert in einer Situation die Entfaltungs- und Handlungschancen von Kindern unterschiedlicher sozialer Herkunft? Was läßt sich pädagogisch tun? (Und dies meint zweierlei: Wie können sich Kinder und Erwachsene auf situationsspezifische Anforderungen vorbereiten? Und was können sie tun, um in Anwendung dieser Qualifikationen die Situation mitzugestalten?)

Die Aussagen sind nicht widerspruchsfrei. Weder muß der Diskurs zu Übereinstimmung geführt haben, noch bieten zusätzlich herangezogene Materialien ein Bild einheitlicher Situationsinterpretation. So sind sie denn auch mehr als mögliche und offene Teilstücke einer Theorie zu verstehen, die der Erzieher, der mit solchen Materialien umgeht, sich erst selbst bilden muß. Er kann sie sich bilden, indem er durch Projekte und eigene Recherchen auf Erscheinungen stößt, zu deren Interpretation die im Curriculum angebotenen Materialien hilfreich sein mögen. Diese Materialien sind in Form eines Dossiers angelegt: Einführende und kommentierende Texte verbinden die zusätzlich herangezogenen Aussagen, Beobachtungen und Dokumente. (In den didaktischen Einheiten sind die Ergebnisse der Situationsanalyse im Textheft „Materialien zur Situation" enthalten.)

5.2 Pädagogische Anregungen

Situationsanalysen und pädagogische Aktivitäten vollzogen sich während der Entwicklung des Curriculum „Soziales Lernen" nicht im Nacheinander, sondern gleichzeitig: Projekte verwiesen auf Mängel der Situationsanalyse; Materialien zur Situation konnten die Planung neuer Projekte auslösen.

Dieser Abschnitt enthält die Darstellung der in den Modellkindergärten zustande gekommenen pädagogischen Praxis, soweit sie in Form pädagogischer Anregungen im Curriculum dokumentiert wird. Beschrieben werden systematische Elemente solcher Anregungen: die Bestimmung konkreter pädagogischer Zielsetzungen (Qualifikationen), situative Anlässe für pädagogische Aktivitäten; Projekte und Spiele; didaktische Schleifen – verstanden als instrumentelles Lernen im Projektzusammenhang. (In den didaktischen Einheiten enthält diese Elemente das Textheft „Pädagogische Anregungen".) Hinzu kommt die Beschreibung von Formen einer pädagogischen Mitwirkung von Eltern und anderen Erwachsenen. (Dem entspricht in den Einheiten das Textheft „Über die Mitwirkung von Eltern und anderen Erwachsenen".)

5.2.1 Pädagogische Zielsetzungen

Wie lassen sich die früher genannten allgemeinen pädagogischen Ziele auf die ausgewählten Situationen hin konkretisieren? Kann man sie in einem logischen Akt in Feinziele übersetzen, in erwünschte Endverhaltensweisen von Kindern, deren Erwerb meßbar und kontrollierbar ist? Nein, denn viele der wichtigen Fähigkeiten lassen sich durch einfache Messungen gar nicht erfassen. Außerdem müßten Curriculumkonstrukteure dann Alleswisser sein: Sie müßten detailliert angeben können, wie man sich als jüngerer oder älterer Mensch in gegenwärtigen und künftigen Situationen angemessen verhalten soll. Sie sind aber nicht im Besitz von Patentrezepten zur Lösung von Lebensproblemen, zumal Situationen sich wandeln und nicht als gleichförmig und wiederkehrend angesehen werden können. Curriculumkonstrukteure können allerdings davon ausgehen, daß sich in exemplarischen Situationen Erfahrungsprozesse organisieren lassen, die zu übertragbaren Fähigkeiten führen, zu Qualifikationen, die auch in anderen – ähnlich strukturierten – Situationen angemessen sind.

Die Bestimmung wünschenswerter Qualifikationen für Kinder (und auch für Erwachsene) erfolgt wie die Untersuchung von Situationen auf diskursivem Weg: Man wird sich einerseits interpretierend auf das beziehen, was an gesellschaftlichem Vorverständnis über Qualifikationsanforderungen vorliegt. Andererseits sind bei der Bestimmung von konkreten Zielen diejenigen Menschen zu beteiligen, die diese Ziele in praktischer Arbeit dann auch verfolgen wollen. So geht es darum, die Forderungen nach Autonomie und Kompetenz auf wirkliche Situationen zu beziehen und dabei festzulegen, was sie hier und jetzt bedeuten sollen. Die Bestimmung von Qualifikationen wird damit ein Ergebnis der Situationsanalyse. Wenn sich in der Untersuchung von Situationen abzeichnet, was getan werden kann, um soziales und instrumentelles Lernen von Kindern zu fördern, dann bringt die Formulierung von Qualifikationen das Ergebnis von Situationsanalysen gleichsam auf einen Nenner. (In den didaktischen Einheiten steht die Beschreibung von Zielvorstellungen und Qualifikationen am Anfang des Textheftes „Pädagogische Anregungen" unter der Überschrift „Was wir vermitteln wollen".)

Qualifikationen, wie sie hier verstanden werden, können lediglich Richtungen der Erschließung von Lern- und Erfahrungsprozessen bezeichnen. Formuliert man sie im Hinblick auf soziale Situationen, werden ihre instrumentellen und sozialen Anteile in der Regel zusammenfallen. Wie konkret und einmalig beziehungsweise wie allgemein und übertragbar sie sind, hängt mit ab von dem, was in einer jeweiligen Situation an Einmaligem und an Allgemeinerem enthalten ist.

Die Verständigung über die pädagogischen Ziele einer Einheit und damit über die mit ihr zu vermittelnden Qualifikationen geschah innerhalb der Modellversuche unter ähnlichen strukturellen Schwierigkeiten wie die Analyse von Situationen. Was mit einer Einheit erreicht werden soll, darüber diskutierten: Erzieher mit Wissenschaftlern; Eltern und Erzieher; Eltern und Erzieher mit Dritten. Zielvorstellungen präzisierten sich oft erst mit der Durchführung von Projekten: Zu hoch gesteckte Ziele mußten zurückgenommen werden; formelhafte Ziele konnten dann in ihrer Bedeutungslosigkeit erkannt werden. Vielen Fragen zur Qualifikationsbestimmung, die nach systematischer Behandlung verlangen, konnte nur in Ansätzen nachgegangen werden.

Festzuhalten ist damit der nur begrenzte Anspruch auf

Gastarbeiterkinder

Reichweite und Gültigkeit der formulierten Zielvorstellungen. Sie können (unabhängig davon, daß wir diese Zielvorstellungen vertreten) anders bestimmt werden, wenn der Diskurs in anderen Gruppen, die mit den didaktischen Einheiten umgehen, zu anderen Ergebnissen führt – ein Umstand, der, wie Elke Calliess (1974) dies formuliert hat, auf der Unmöglichkeit beruht, angesichts vielfältiger Positionen und Einschätzungen zur Übereinstimmung über eine Theorie von Situationen zu kommen.

Wir sind der Auffassung, daß situationsbezogen erworbene Qualifikationen prinzipiell übertragbar sind: Deutsche Kinder, die im Kindergarten gelernt haben, mit ausländischen Kindern zu kommunizieren, werden dies leichter auch dann tun können, wenn sie später mit ähnlichen Situationen konfrontiert werden. Die Übertragbarkeit von Erfahrungen zu leugnen, hieße, das Lernen aus individueller und gesellschaftlicher Geschichte für unmöglich zu halten.

♦ Als ein Beispiel für die Beschreibung von Zielvorstellungen soll hier die entsprechende Passage aus der Einheit „Gastarbeiterkinder" angeführt werden. Die aus einem pädagogischen Fazit der Situationsanalyse heraus formulierten Ziele beziehen sich hier nicht nur auf Kinder, sondern auch auf Erwachsene:
Innerhalb der pädagogischen Diskussion um die Förderung von Gastarbeiterkindern sind in der Bundesrepublik zwei unterschiedliche Positionen vertreten worden, die sich – vereinfacht und pointiert – folgendermaßen benennen lassen: Die erste Position plädiert für eine weitgehende *Integration* von Gastarbeiterkindern und -eltern in die sozialen und kulturellen Lebensvollzüge in der Bundesrepublik. Ihre Vertreter sprechen sich dafür aus, ausländische Kinder in das Bildungswesen einzugliedern und sie mit Fähigkeiten auszurüsten, Bildungsprozesse erfolgreich zu durchlaufen. Die zweite Position tritt mehr für die Stärkung der sozialen und kulturellen *Identität* ausländischer Kinder und Eltern ein. Ihre Vertreter setzen sich für das Ziel ein, an eigenen Lernorten das Selbstbewußtsein dieser Menschen zu stärken und sie vor Versuchen einer kulturellen Überanpassung zu bewahren.
Beide Positionen enthalten – nimmt man sie einmal so idealtypisch, wie sie hier angeführt werden – Schwächen und Risiken.
Die Integrationsthese sieht sich einer gesellschaftlichen Wirklichkeit gegenüber, in der Eingliederungsversuche ausländischer Kinder nicht hinreichend gelingen können, weil beispielsweise
– ausländische Kinder schwerer Kindergartenplätze erhalten als deutsche (z. B. deshalb, weil dort nicht genügend Kindergartenplätze vorhanden sind, wo besonders viele Gastarbeiter wohnen; oder deshalb, weil Gastarbeitereltern über Anmeldeverfahren vielleicht nur ungenügend informiert sind);
– deutsche Grundschulen sich bisher in ihren Inhalten und Methoden zum Teil nur sehr unvollkommen auf die Handikaps, besonderen Voraussetzungen und Bedürfnisse eingestellt haben, mit denen Gastarbeiterkinder ihre Schullaufbahn beginnen;

– Gastarbeiter in Zeiten wirtschaftlicher Rezession zu den ersten gehören, deren Arbeitsplätze gefährdet sind. (Dies kann dann zur Folge haben, daß Kinder, die gerade gelernt haben, sich in deutscher Umgebung zurechtzufinden und heimisch zu fühlen, wieder herausgerissen und zu einer zweiten „Heimatlosigkeit" in dem ihnen fremd gewordenen Herkunftsland verurteilt werden.)
Die Identitätsthese wiederum relativiert sich angesichts des Umstandes, daß beispielsweise
– in Wohnbezirken mit starkem Anteil ausländischer Familien die kulturelle und soziale Identität erkauft wird mit Gettobildungen und mit einer weitgehenden Isolation von Kindern und Erwachsenen gegenüber der deutschen Bevölkerung (so etwa in Berlin-Kreuzberg, wo die „Flucht" deutscher Bewohner in andere Stadtteile die Absonderung türkischer Kinder und Erwachsener verstärkt);
– die Einrichtung von Ausländerschulen (oft einklassig und schlecht ausgerüstet; mitunter – so im Falle Griechenlands zu Zeiten der Militärjunta – nach einem Lehrplan verfahrend, der teilweise im deutlichen Widerspruch zu schulischen Bildungszielen in der Bundesrepublik steht) nicht notwendig zur Stärkung der Identität und des Selbstbewußtseins führen muß, sondern den Prozeß einer sozialen und kulturellen Isolation eher noch verstärken kann.
Beide Positionen stoßen bei Versuchen ihrer Umsetzung auf den Sachverhalt, daß in der Bundesrepublik – wie in einigen anderen hochentwickelten Ländern – die Probleme im Zusammenhang mit ausländischen Arbeitnehmern keinesfalls befriedigend gelöst worden sind. Das Ziel, wenigstens innerhalb Europas ohne Benachteiligung dort arbeiten und leben zu können, wo sich gute Tätigkeitsfelder bieten, ist von seiner Verwirklichung noch weit entfernt.

Was bleibt dann als kleines mögliches Ziel einer didaktischen Einheit angesichts solch „großer" gesellschaftspolitischer Ungelöstheiten? Soll es im Rahmen der Kindergartenarbeit um die Förderung der Integration oder um die Stärkung der sozialen und kulturellen Eigenständigkeit und des Selbstbewußtseins ausländischer Kinder und Eltern gehen? Es liegt nahe, das eine zu verfolgen, ohne das andere zu lassen: Versucht werden könnte, einerseits die Integration ausländischer Kinder und Eltern in die tägliche Arbeit des Kindergartens zu unterstützen und andererseits ihre soziale und kulturelle Eigenständigkeit anzuerkennen und einzubeziehen. Die didaktische Einheit „Gastarbeiterkinder" versucht in diesem Sinn die beiden eingangs skizzierten Positionen in Beziehung zueinander zu setzen. Sie richtet sich vorrangig an Kindergärten, in denen es gemischte Gruppen aus deutschen und ausländischen Kindern gibt. In ihr geht es im einzelnen darum,
– die soziale und sprachliche Isolierung von ausländischen Kindern, die neu in die Gruppe kommen, abzubauen und ihre Integration zu fördern;
– deutsche Kinder für die sprachlichen Handikaps und die damit verbundene Vereinsamung von ausländischen Kindern zu sensibilisieren und Wege zu zeigen, wie deutsche Kinder an der Überwindung dieser Schwierigkeiten mitwirken können;
– falschen Mutmaßungen oder bruchstückhaften Informationen deutscher Kinder über ausländische Kinder und Eltern (über deren Lebensumstände und Herkunftsländer) entgegenzuwirken und sie durch konkrete Erfahrung, Information und Anschauung zu ersetzen;
– ausländische Kinder zu unterstützen, im Rahmen von Spielen und

Projekten Beiträge einzubringen, für die sie besonders kompetent sind, durch die sie sich Anerkennung verschaffen und an Selbstbewußtsein gewinnen können;
– deutschen Kindern und Eltern diejenigen Aspekte des sozialen und kulturellen Lebens ausländischer Familien näherzubringen, die auch für das Leben deutscher Familien bereichernd sein könnten;
– ausländische Eltern zu ermutigen, mit ihren besonderen Kompetenzen bei Spielen und Projekten mitzuwirken und dabei auch mit deutschen Kindern und ihren Eltern Verbindung aufzunehmen;
– deutsche Eltern zu ermutigen, Kontakte zu ausländischen Kindern und Eltern aufzunehmen und diese Kontakte bei Gelegenheit auch außerhalb des Kindergartens weiterzupflegen.

Bei der Verfolgung solcher Ziele, mit denen soziales und instrumentelles Lernen gleichermaßen gemeint ist, kann man darauf hoffen (das zeigen jedenfalls einige der Projekterfahrungen), daß mit der Zeit deutsche und ausländische Kinder selbstverständlicher miteinander spielen und umgehen und daß auch die beteiligten Eltern einige der Verständigungsprobleme überwinden. Man muß aber auch damit rechnen, daß die „großen" gesellschaftlichen Schwierigkeiten sich bis in den Kindergarten hin auswirken werden: z. B. wird man feststellen, wie wenig Zeit Gastarbeitereltern haben, die beide berufstätig sind; oder man wird, etwa bei einem Elterntreffen, spüren, daß sich nicht nur deutsche und ausländische Eltern voneinander isolieren, sondern auch ausländische – italienische und türkische beispielsweise – unter sich.

Noch ein weiteres Beispiel soll hier angeführt werden. Es steht für die Bestimmung von Qualifikationen, bei denen die Verbindung von sozialen und instrumentellen Anteilen (wie in Kap. 3 skizziert wurde) besonders deutlich werden kann.

♦ Die Einheit „Verlaufen in der Stadt" will, worauf an anderer Stelle schon hingewiesen wurde, Kindern helfen, sich in fremder Umgebung zurechtzufinden, und ihnen einen Teil ihrer Unsicherheiten und Ängste nehmen. Sie will ihnen Sicherheit geben, so daß sie sich in bekannter Umgebung selbständig zurechtfinden können, und sie will dazu beitragen, daß Kinder und Erwachsene Regeln finden, die – von beiden Seiten eingehalten – selbständiges und selbstsicheres Verhalten der Kinder ermöglichen.

Wenn sich Kinder in unbekannter Umgebung verlaufen haben, geht es entweder darum, daß sie sich Hilfe holen, um die Eltern zu benachrichtigen oder wiederzufinden, daß sie sich nach Hause bringen lassen oder daß sie selbständig zum gewünschten Zielort, z. B. dem Kindergarten, gelangen. Um das zu leisten, kann es notwendig sein, daß Kinder folgende Qualifikationen erwerben:
– den eigenen Namen und die Adresse kennen;
– Erwachsene ansprechen und um Rat und Hilfe bitten können;
– wissen, daß sie telefonieren können und daß sie dazu Geld benötigen;
– die jeweiligen Verkehrsmittel und andere öffentliche Einrichtungen kennen und benützen können;

– wissen, daß sie sich an die Polizei oder andere Aufsichtspersonen, z. B. Bademeister, Zugschaffner, Museumswächter, wenden können;
– wissen, daß sie sich von fremden Menschen nicht ansprechen lassen und in kein fremdes Auto steigen dürfen;
– Verkehrsregeln beherrschen;
– Vertrauen in die eigenen Fähigkeiten, sich wieder zurechtzufinden, haben.

Wenn es darum geht, daß Kinder sich in der näheren Umgebung des Kindergartens und/oder in ihrem Wohnviertel selbständig zurechtfinden, ist es wichtig, daß sie einen Überblick über die räumliche Struktur dieser Bezirke erhalten. Dazu kann gehören,
– daß sie erfahren, wie die Straßen in dem jeweiligen Gebiet angeordnet sind;
– daß sie wissen, wo die Kindergartenkinder wohnen, welche Kinder in ihrer Nachbarschaft zu Hause sind;
– daß sie wissen, an welchen Merkmalen sie selbst sich orientieren können, Merkmalen, die in ihrer Sichthöhe liegen, z. B. Kaugummiautomaten, Postkästen, Zigarettenautomaten, Brunnen, oder ihr Interesse auf sich ziehen, z. B. ein Kiosk, ein Hund im Garten, der Spielplatz, der Supermarkt;
– daß sie wissen, daß Erwachsene sich an anderen Merkmalen orientieren, z. B. Straßenschilder, Post, Rathaus, man sie also nicht immer nach den eigenen Orientierungspunkten fragen kann, wenn man ihre Hilfe braucht;
– daß sie den Namen des Kindergartens und Straße und Hausnummer ihrer Wohnung kennen;
– daß sie die spezifischen Verkehrsverhältnisse in der Umgebung kennen und wissen, wie sie sich im Straßenverkehr verhalten müssen: z. B. nur an der Ampel die Straße überqueren, Erwachsene bitten, sie über eine Straße zu führen;
– daß sie Erwachsene nach dem Weg fragen oder sie bitten können, sie nach Hause zu führen, z. B. die Gemüsefrau oder den Postboten;
– daß sie Ängstlichkeiten überwinden und sich zutrauen, nach und nach alleine zu gehen.

Wenn Kinder selbständig von zu Hause weggehen wollen, z. B. auf den Spielplatz, zu ihren Freunden oder in den Kindergarten, müssen sie zusätzlich lernen, sich an bestimmte Abmachungen und Regelungen zu halten:
– sich an- und abzumelden;
– sich an bestimmte vorher vereinbarte Wege zu halten;
– falls Änderungen, z. B. zeitliche Verzögerungen, eintreten, Bescheid zu sagen;
– Erlebnisse, z. B. mit fremden Leuten auf dem Spielplatz, zu Hause oder im Kindergarten zu erzählen;
– Verkehrsregeln strikt zu beachten;
– nicht auf eigene Fast loszulaufen, ohne vorher mit der Erzieherin oder den Eltern darüber zu sprechen.

Solche Ziele müssen nicht als selbstverständlich genommen werden. Einige Eltern und Erzieher vertraten im Rahmen dieser didaktischen Einheit teilweise andere Ziele, auf die in dem entsprechenden Textabschnitt der Einheit eingegangen wird (die hier aber nicht mehr zitiert werden).

5.2.2 Situationsanlässe

Wir verstehen den Situationsansatz in der Curriculumentwicklung nicht nur als Verfahren, durch die Analyse von Lebenssituationen zu Zielvorstellungen pädagogischen Handelns zu gelangen. Wir verstehen ihn auch als *didaktisches Prinzip,* als Möglichkeit, in einer Kindergruppe von Situationen auszugehen und sich auf sie zu beziehen.

Didaktische Einheiten haben in der vorliegenden oder in selbstentwickelter Form ihren Ausgangspunkt in Situationsanlässen, in Vorfällen, wie sie im Kindergarten, in der Familie oder im Gemeinwesen zu finden sind. (In den didaktischen Einheiten ist ein Abschnitt über „Situationsanlässe" im Textheft „Pädagogische Anregungen" enthalten.) Situationsanlässe zu identifizieren und entsprechende Recherchen einzuleiten, ist so selbstverständlich nicht: Es bedarf der eigenen Sensibilisierung, um alltägliche oder auch besondere Vorfälle als Anlaß für mögliche Spiele und Projekte wahrzunehmen.

Situative Anlässe können kleine Anlässe sein, alltägliche Begebenheiten, an die sich Lern- und Erfahrungsprozesse anknüpfen lassen: Abends gibt es Krach beim Zubettgehen; Vater und Tochter sind unterschiedlicher Auffassung über die Auswahl des vorabendlichen Fernsehprogramms; Schwierigkeiten entstehen im Umgang mit hellhörigen Wohnungen. Oder: „die Auseinandersetzungen beim gemeinsamen Spiel, wenn einer die Regeln immer wieder verletzt; die Schwierigkeiten beim Umgang mit Werkzeugen und Materialien; der Streit um ein Spielzeug, das zwei Kinder unbedingt zur gleichen Zeit brauchen; der Schmerz über ein beim Kämpfen verletztes Knie; die Bestürzung über eine zerbrochene Fensterscheibe; die Freude beim schnellen Rennen; der Stolz über den selbstgeschriebenen Namen; das Mäkeln am Essen; der Protest gegen das Händewaschen; eine nasse Hose; ein chaotisches Spielzimmer" (Callies 1974, S. 660).[1] Darüber hinaus wird es Anlässe geben, die eine aktuelle lebensgeschichtliche Bedeutung für Kinder und Eltern haben: der bevorstehende Eintritt in die Schule, die Trennung der Eltern, die Geburt einer Schwester oder eines Bruders, der Tod des Großvaters, der Wegzug der Familie. Schließlich können lokale Begebenheiten und Einrichtungen zum Anlaß werden: die Planung

(1) Eine verfehlte Deutung von Situationsanlässen wäre es jedoch, wenn eine Szene, in der einige Kinder mit Vergnügen ihre Puppen waschen, zum Ausgangspunkt einer herkömmlichen Sauberkeitserziehung würde.

und Gestaltung eines Spielplatzes, die Renovierung des Kindergartens, die Nachbarschaft eines Altersheims, die Eröffnung eines Kioskes neben dem Kindergarten, eine Ausstellung über Zahnkrankheiten und -pflege im Gesundheitsamt.

♦ Ein Anlaß zur didaktischen Einheit „Müll": Der wöchentliche Vorgang der Müllabfuhr erregt jedesmal die Aufmerksamkeit der Kinder. Hier liegt ein Anknüpfungspunkt für Fragen und Überlegungen: Wo kommt der Müll hin? Was passiert mit dem Müll? Wem gehören die Müllautos, und wer sorgt dafür, daß der Müll abgeholt wird? Was geschieht, wenn die Müllautos und die Müllmänner nicht kommen?

Wer kann einen Anlaß zum Anlaß erklären? Alle Beteiligten. Kinder können – meist mittelbar – zum Ausdruck bringen, daß ein Problem vorliegt oder eine Frage ungeklärt ist. Sie werden kaum sagen, „wir wollen ein Projekt machen". Aber sie werden, je mehr sie spüren, daß ihre eigenen Probleme nicht unaufgegriffen bleiben (weil sie in ein ablaufendes Lehrprogramm nicht passen), sie auf ihre Weise signalisieren: in den „Warum"-Frageketten, in Rollenspielen, in Berichten und Erzählungen.

♦ Anlässe zur Einheit „Kinder kommen in die Schule": Kinder erzählen von zu Hause: Ihre Geschwister lassen sie nicht an ihre Schulsachen (Bücher, Hefte, Stifte), sie schimpfen, wenn die Kleinen laut sind und auch in das Schulheft schreiben wollen.
Ein Kind, das zu Hause Lernspiele vorgesetzt bekommt, will wissen, ob das Lernen in der Schule auch so vonstatten geht.
Ein Anlaß zur „Werbung", von einer Erzieherin berichtet: „Unser Kindergarten liegt am Stadtrand in einem ziemlich gleichförmigen Neubauviertel. In der Vorweihnachtszeit waren der Wochenmarkt und eine große, weihnachtlich geschmückte Tanne vor dem Pfarrzentrum beliebte Ausflugsziele unserer Kindergartenkinder. Eines Tages waren die Kinder ganz aus dem Häuschen. Vor dem Einkaufszentrum gegenüber der Kirche stand ein Nikolaus. Obwohl fast keines der Kinder mehr an den Nikolaus glaubt, waren sie sichtlich beeindruckt von seinem Aussehen und dem vornehmen Gehabe. Sie liefen hinüber und wollten ihm die Hand schütteln und mit ihm reden. Aber der vornehme Nikolaus nickte nur und verteilte bedächtig Plätzchen an die vorübergehenden Passanten und gab den Erwachsenen Zettel, auf denen Sonderangebote aus dem angrenzenden Supermarkt vermerkt waren. Erst auf das ständige Gebettel der Kinder hin gab er ihnen auch jeweils ein Plätzchen. Manche drängten sich nochmals nach vorne und erhielten zwei. Als die Fragen und das Gebettel der Kinder kein Ende nahmen, wurde der Nikolaus zornig. Er rief: 'Verschwindet endlich – dalli – dalli – macht, daß ihr fortkommt – marsch – marsch – andere Leute wollen auch noch Plätzchen.' Die Kinder waren furchtbar enttäuscht von diesem Nikolaus, der sich völlig anders verhielt, als sie es vom Nikolaus gewohnt waren."

Erzieher können Situationen aufgreifen, von denen sie meinen, daß hier etwas getan werden müsse – Situationen zumeist, die sie mit Kindern zusammen als problematisch erleben.

♦ In der Einheit „Große und kleine Kinder" werden Situationsanlässe aus dem Kindergarten genannt, die von den Schwierigkeiten des Umgangs von älteren und jüngeren Kindern her bestimmt sind. Anlässe können beispielsweise gegeben sein,
– wenn Kinder ein jüngeres Kind nicht mitspielen lassen mit der Begründung: „Dazu bist du noch zu klein";
– wenn ältere Kinder mit ihren „perfekten" Zeichenkünsten angeben oder über die ersten Malversuche der jüngeren lachen;
– wenn ein Dreijähriger in die Hose gemacht hat und die anderen Kinder es bemerken;
– wenn ein Kindergartenkind immer wieder als besonders unselbständig auffällt und deshalb von den anderen mit „Baby, Baby" verspottet wird;
– wenn kleinere Kinder bei wilden Tobespielen im Freien nicht mithalten können und hilfesuchend zur Erzieherin kommen;
– wenn ein Kind in seinem motorischen Leistungsvermögen noch nicht so weit entwickelt ist, daß es bei bestimmten Aktionen der anderen mithalten kann;
– wenn größere Kindergartenkinder so stark dominieren, daß die anderen in der Gruppe sich unselbständig an ihre Spiele anschließen und so daran gehindert werden, eigene Spielideen zu entwickeln;
– wenn neue Kinder in die Gruppe kommen und ständig auffällt, wie unerfahren sie im Kindergarten sind.

Eltern können Situationen ansprechen, in denen sie vor ungelösten pädagogischen Problemen stehen. Manchmal schaffen sie selbst einen unmittelbaren Anlaß:

♦ Ein Anlaß zur Einheit „Kinder allein zu Hause" kann nach bisherigen Erfahrungen ein Elternabend sein. Für viele Familien bedeutet der Besuch des Elternabends, daß die Kinder zu Hause allein bleiben. Vorgespräche in der Kindergruppe, in denen der bevorstehende Elternabend angekündigt wird, können erhellen, welche Kinder mit dem Alleinsein Probleme haben. Erzieherinnen berichten:
„Eine Mutter hat einen Kampf ausgetragen. Der Sohn hat gesagt: 'Du gehst nicht zum Elternabend, du mußt bei mir bleiben. Ich will nicht, daß du zum Elternabend gehst.' Und morgens im Kindergarten hat er uns gesagt: 'Ja, meine Mutti kann nicht kommen, die kann nicht zum Elternabend gehen!' Die Schwester hat auch erzählt: 'Ja, ich erlaub's ihr nicht, daß sie zum Elternabend geht.'"
„Wir haben viele alleinstehende Mütter, die abends selten weggehen. Der Elternabend ist dann praktisch die einzige Zeit, während der die Kinder allein zu Hause sind."
„Bei alleinstehenden Müttern erleben wir oft, daß sie nicht kommen können. Ihre Kinder lassen sie nicht weg."
„Wir haben mit den Eltern am Elternabend geredet. Jede Mutter sagt den Kindern, daß sie abends weggeht, und wir sagen schon morgens im Kindergarten: 'Heute abend haben wir Elternabend, gell, seid schön lieb, daß die Mutti zeitig weg kann.' Die Kinder wissen also, daß Elternabend ist und daß die Mutti weggeht, wenn sie schlafen."
„Wir haben eine Mutter, die erzählt eigentlich ganz gern, was so vorfällt zu Hause. Sie kann nie zum Elternabend kommen, weil ihr Kind

nicht allein bleibt. Es geht leider nie so weit, daß sie sagt: 'Können Sie mir helfen? ' Oder: 'Ich möchte auch versuchen, etwas zu ändern.' Sie ist wahrscheinlich der Ansicht, das geht von alleine wieder weg." In einem Kindergarten war ein Fernsehfilm über „Kinder und Sexualität" der Anlaß für elternbezogene Aktivitäten im Rahmen der Einheit „Geburt und Zärtlichkeit". Eine Erzieherin: „Am Morgen, nachdem der Film im Fernsehen gezeigt wurde, kamen Eltern zu uns und haben uns nach unserer Meinung gefragt. Manche waren ziemlich schockiert und meinten, sie würden so etwas nie zulassen. Eine Mutter sagte: 'Aber nicht wahr, Sie lassen doch nicht zu, daß sich die Kinder einfach ausziehen und sich benehmen wie die Erwachsenen!' Wir haben an diesem Morgen ziemlich unterschiedliche Meinungen von den einzelnen Müttern gehört." Die Erzieherinnen beschlossen daraufhin, sich mit einigen Müttern zur Vorbereitung eines Elternabends zu besprechen: Man unterhielt sich zuerst über den Film und bald auch über eigene Beobachtungen der Kinder zu Hause und im Kindergarten. Gegen Ende des Treffens erarbeiteten die Erzieherinnen und die Mütter noch einen Fragebogen, der sich teils auf Szenen aus dem genannten Film bezog und teils Fragen aus der Kindergartenarbeit aufwarf. Diesen Fragebogen sollten die Eltern bis zum kommenden Elternabend beantworten; über die Ergebnisse sollte dann diskutiert werden.

Ein Anlaß für Projekte der Einheit „Wohnen": Viele Kinder besuchen sich gern zu Hause. Bei einigen Kindern ist das auch möglich. Ihre Eltern haben nichts dagegen, es gibt einen Raum, in dem die Kinder spielen können.Es gibt auch Schlafgelegenheiten für besuchende Kinder. Aber in einigen Familien ist der Besuch von anderen Kindern nicht möglich, weil zu wenig Platz und zu wenig Zeit der Eltern es nicht gestatten. Für Kinder, die keinen Besuch heimbringen können, kann diese Situation belastend sein. Wenn niemand darauf achtet, kann es dazu führen, daß solche Kinder auch bei anderen nicht mehr eingeladen werden. Hier ergibt sich die Möglichkeit, die Situation mit Kindern und Eltern zu besprechen und nach Lösungen zu suchen.

Viele solcher Anlässe müssen nicht zu „großen" didaktischen Einheiten führen. Auf sie kann unmittelbar im Spiel oder im Gespräch eingegangen werden. Wo man aber zur Auffassung kommt, daß durch kurzfristige Reaktionen Möglichkeiten pädagogischer Unterstützung zu wenig ausgeschöpft, daß Lern- und Förderungschancen verschenkt werden, wird man zur Planung einer didaktischen Einheit übergehen.

5.2.3 Projekte und Spiele

Situationsanlässe können zu Gesprächen zwischen Kindern, Erziehern und Eltern über Möglichkeiten der Umsetzung und Verarbeitung anstehender Fragen, zu Spielen und Projekten in realen oder nachgeahmten Situationen führen.

Projekte sind geplante Abfolgen von Schritten, die dem unmittelbaren und sinnlichen Erfahrungserwerb gelten und in denen versucht wird, wichtige Teile der Situation aufzuklären und mittelbar oder unmittelbar zu beeinflussen (vgl. Bambach/Gerstacker 1973). In den Projekten findet ein grundlegendes Merkmal des Curriculum seinen Ausdruck: Situationen nicht nur innerhalb, sondern auch außerhalb des Kindergartens zu erschließen. In vielen Projekten wird deshalb der Kindergarten zu einem offenen Ort. Projekte können andere Lernorte einbeziehen oder Menschen, die normalerweise nicht im Kindergarten sind, in den Kindergarten bringen. (In den didaktischen Einheiten sind „Projekte und Spiele" [P&S] ein Abschnitt des Texthefts „Pädagogische Anregungen".)

Unmittelbare Erfahrungen und Anschauungen, wie sie durch handlungsorientierte Projekte zustande kommen, bedürfen als Kontrapunkt einer Phase reflektierender Verarbeitung. Es muß so etwas wie ein Wechsel zwischen „Praxis" und „Theorie" stattfinden, wenn vermieden werden soll, daß man in schierer Distanzlosigkeit von einer Situation zur nächsten wechselt. Es muß möglich sein, die Gewinnung spielerischer Distanz im Kindergarten mit der Gewinnung direkter, nun nicht mehr bewußter Erfahrung außerhalb des Kindergartens zu verbinden. „Theorie" bedeutet bei Kindern sicher nicht das, was sie bei Erwachsenen wäre. Die Verarbeitung von Erlebnissen wird bei Kindern eher im freien Spiel und im Rollenspiel, in Erzählungen und Gesprächen geschehen.

Situationsbezogene *Spiele* kann man als immer wiederkehrende Bestandteile von Projekten verstehen. Sie erfordern weniger Planung, auch weniger durch die Planung auferlegte Selbstdisziplin. Spiele sind mit weniger Aufwand anregbar, sie bestimmen stärker den Alltag im Kindergarten. Entsprechend verhält es sich mit anderen Aktivitäten, die zu den Bestandteilen der Kindergartenpädagogik gehören und durchaus in den Zusammenhang didaktischer Einheiten eingebracht werden können. Zu nennen sind hier beispielsweise das Erzählen und Dramatisieren von Geschichten, die Anfertigung von Zeichnungen und Collagen. Im Vorfeld von Projekten angesiedelt, eignen sich diese Aktivitätsformen nach Berichten aus den Modellkindergärten besonders für benachteiligte, behinderte und für kleinere Kinder, die sich damit Brücken bauen können für ihre zunehmende Beteiligung an größeren Projekten.

Die folgenden Beispiele beschreiben Formen von Aktivitäten, wie sie im Curriculum dokumentiert werden. Die Beschreibung beginnt mit dem, was im Kindergarten an unmittelbaren „kleinen" Handlungen möglich ist, sie endet mit Projekten, die den Lernort Kindergarten mit Lernorten im Gemeinwesen in Beziehung bringen. Wenn dabei von Gesprächen, Geschichten, Collagen, Spielen, Rollenspielen und Projekten die Rede ist, dann beschränken sich unsere Aussagen auf den Stellenwert dieser Aktivitäten im Curriculum „Soziales Lernen"; wir verfolgen an dieser Stelle nicht die Absicht, solche Aktivitäten in ihrer grundsätzlichen Bedeutung für die Kindergartenerziehung zu erörtern. Und noch etwas sollte vorweg und einschränkend gesagt werden: Die hier und im Curriculum „Soziales Lernen" wiedergegebenen Spiele und Projekte bilden nicht den gesamten Kindergartenalltag ab, sondern sind als Ausschnitte zu verstehen, die sich durch eine besondere pädagogische Intensität auszeichnen. Kein Kindergarten (aber auch keine Schule) dürfte unter gegenwärtigen Bedingungen in der Lage sein, eine solche Intensität ohne wiederkehrende erhebliche Einschränkungen aufrechtzuerhalten.

Gespräche

Gespräche und Diskussionen leiten im Rahmen didaktischer Einheiten Projekte ein, sie begleiten sie, in ihnen werden Erlebnisse aus Projektverläufen thematisiert. Gespräche können zur Erschließung von Situationen beitragen, sie können in der Aufarbeitung eines Projektes zu einem neuen überleiten. Sie bleiben damit auf das Handeln von Kindern bezogen; es sind keine Lehrveranstaltungen, sondern Zwischenstationen, die auch ein Erzieher braucht, um Hinweise für die weitere Gestaltung seiner Arbeit zu erhalten (Lipski 1973).

♦ Spanische Eltern regten in einem Kindergarten an, „Stierkampf" zu spielen. (Die beteiligten Erzieherinnen wollten dabei einerseits die Initiative der spanischen Eltern ernst nehmen und sie nicht zurückweisen, andererseits nahmen sie sich aber vor, in begleitenden und nachbereitenden Gesprächen den Hintergrund der Spiele zu problematisieren.) Die fahrbare Attrappe eines Stierkopfs wurde gebaut, aus Stühlen und Bänken entstand eine Arena. Die spanischen Eltern begannen mit dem Spiel, Erzieher und Kinder übernahmen die Rollen. Wenn der Stier die Beine des Toreros berührt hatte, war der Kampf zugunsten des Stiers zu Ende; wenn der Torero mit dem Degen (Stock) den Nacken des Stiers berührte, hatte er gewonnen. Ein Gespräch am Rande der Arena zwischen zwei Erwachsenen und einem Kind:

KIND: Ich find' das eine Tierquälerei.
ERSTER ERWACHSENER: Warum denn? Warum ist der Stierkampf nach deiner Meinung eine Tierquälerei?

KIND: Weil die Stiere, wenn sie am Schluß müde sind, getötet werden. Das find' ich eine Tierquälerei.
ZWEITER ERWACHSENER: Wenn er tot ist, merkt er doch nichts mehr davon, daß man mit ihm gekämpft hat. Und außerdem werden andere Tiere doch auch getötet, weil der Mensch Fleisch ißt.
KIND: Ich esse aber kein Fleisch.
ERSTER ERWACHSENER: Sollten denn die Stierkämpfe überhaupt verboten werden?
KIND: Nein, die sollen nicht verboten werden. Aber die Stiere sollen hinterher nicht getötet werden. Sie sollen für den nächsten Kampf aufgehoben werden. Sie sollen leben bleiben und wieder auf die Wiese kommen. Und später, wenn sie sich erholt haben, können sie wieder zum Stierkampf kommen.
ZWEITER ERWACHSENER: Ja, was meinst du denn, warum die spanischen Kinder solchen Spaß am Stierkampf haben?
KIND: Der Kampf macht schon Spaß, aber nicht das Töten.

Ein Plädoyer also für die südfranzösische Variante des Stierkampfs. Andere Kinder haben in Gesprächen mit den Erzieherinnen – anhand von Fotos über richtige Stierkämpfe – entsprechende Aussagen gemacht und gezeigt, daß sie durchaus so zu differenzieren verstehen wie der Tourist, der mit zwiespältigem Herzen einem Stierkampf zuschaut:
„Ich finde das gemein, wenn man den Stier einfach tötet ohne Grund. Der Stier hat nichts getan, und dann geht der Torero her und . . . das ist ja ganz schön feige."
„Ich bin der Meinung, daß sie den Stier nicht totmachen dürfen, die können ja Fleisch genug kaufen."
„Die machen den Stierkampf nur, damit die Stiere Schmerzen bekommen."
„Das ist ja nicht gerecht, wenn sie die Stiere töten. Nur wenn die Stiere geärgert werden, kommen sie an. Eigentlich sind sie ganz zahm."
„Also, wenn ich Torero oder der Boß von den Stierkämpfen wär', ich hätte gesagt, der Stier wird wieder freigelassen. Ich hätte ihn wieder aufs Feld zurückgelassen."
Trotzdem: „Spielen können wir's ja ruhig." Und auf die Frage, warum im Spiel der Stier dann überhaupt getötet würde: „Es macht halt Spaß." Und: „Es ist doch nur ein Spiel."

Man sieht: zwischen der Einsicht im Gespräch („den Stier nicht totmachen") und dem Spiel („es macht halt Spaß") können Widersprüche bestehen bleiben. Gespräche garantieren in ihrem Verlauf nicht die direkte Umsetzung pädagogischer Absichten. Sie können mißlingen (wenn mit ihnen Kinder zu etwas überredet werden sollen) und falsch angelegt werden (wenn sie beispielsweise dem Zweck dienen, Kinder nach etwas auszufragen). Beachtet man solche Risiken, behalten Gespräche ihren Stellenwert: zur Vorbereitung, Durchführung und Verarbeitung von Projekten, zur Aufklärung von Situationen, zur Überleitung von einem zum anderen Projekt. Hierzu – zur Möglichkeit also, das Gespräch als Bindeglied zwischen zwei Projekten zu verstehen – ein Beispiel.

◆ *Eine Erzieherin hat mit ihrer Kindergruppe eine Müllverbrennungsanlage besichtigt.*

ERZIEHERIN: Erinnert ihr euch noch an den großen Greifbagger, den wir am Freitag in der Müllanlage gesehen haben? Könnt ihr eure Hand so halten, daß sie aussieht wie der Greifbagger? *(Die Erzieherin formt ihre Hände so, und die Kinder machen das nach. Sie fangen gleich an, alle möglichen Dinge damit zu ergreifen.)*

KIND *(demonstriert mit seiner Hand den Greifer):* So ist der rein in dieses Baggerloch, da wo der ganze Müll hingeschüttet wurde.

ERZIEHERIN: Wer erinnert sich noch, was der Greifer alles zwischen seinen Zangen hatte?

KINDER *(durcheinander):* Schuhe, Eimer, Kartons, Fernseher, Papier, Herdplatte.

ERZIEHERIN: Wollen wir heute noch mal Müllverbrennungsanlage spielen? Vielleicht könnten wir uns Gedanken machen, wie wir im Sandkasten eine Müllverbrennungsanlage bauen können.

KIND: Ich weiß schon was, wir müssen ein Loch graben . . .

KIND: Ein ganz großes Loch machen und dann Papier rein und dann anbrennen.

KIND: Erst mal den Sand ganz dicht machen, dann Papier und den Müll rein tun, dann anzünden, aber aufpassen, daß keine Sachen dabei sind, die nicht brennen, höchstens so Erdbeerschachteln z.B. die nicht naß sind, die brennen nämlich sehr gut.

ERZIEHERIN: Jetzt hast du vom Ofen gesprochen; wie eine Burg sieht der dann aus.

KIND: Ich weiß was Schlaues, wenn man oben ein ganz kleines Loch reinmacht und unten ein Feuer macht, also Papier reinlegt, dann kommt lauter Rauch raus, und man kann sich aufwärmen.

ERZIEHERIN: Ja, in so einem Ofen wurde der Müll verbrannt, und so etwas Ähnliches wollen wir hier auch bauen.

KIND: Müllautos brauchen wir dann noch.

ERZIEHERIN: Ein Müllauto brauchen wir noch, das uns den Müll bringt, und wir brauchen einen großen, tiefen Graben oder ein Loch oder ein Haus mit einem Loch, wo der Müll zuerst reingeschüttet wird.

KIND: Ja, und dann verbrannt wird.

ERZIEHERIN: Der wird da noch nicht verbrannt.

KIND: Dann erst im Ofen.

ERZIEHERIN: Dann kommt der Bagger.

KIND: Wir haben keinen Bagger.

KIND: Das muß man mit den Händen machen, den Bagger.

ERZIEHERIN: Und wo kriegen wir Müll her?

KIND: Aus der Küche von den großen Leuten im Kindergarten.

ERZIEHERIN: Wir holen uns etwas und gucken mal, was alles dabei ist, und probieren dann aus, was wir hier verbrennen können in unserem selbstgebauten Ofen.

KIND: Ich schau' mal nach, ob ich Eisen habe oder so was, was nicht brennt, das tue ich dann da rein.

Geschichten

Wenn die mit Projekten verbundenen Erlebnisse Kinder zu neuen Handlungen anregen, fällt es manchen schwer, Eindrücke und Wünsche in Sprache zu fassen. Erzieher waren der Meinung, daß dann selbsterdachte Geschichten weiterhelfen können, die an konkreten Interessen von Kindern anknüpfen (zu Geschichten für Kinder, die von Autoren zu einzelnen didaktischen Einheiten geschrieben wurden,vgl. Kap. 5.3.2).

♦ Als Beispiel dazu eine Geschichte, die sich eine Erzieherin bei der Durchführung der didaktischen Einheit „Kinder kommen in die Schule" selbst ausgedacht hat. Diese Geschichte hat kein Ende. Die Kinder werden an einem Punkt, an dem der Handlungsverlauf noch weitgehend offen ist, aufgefordert, mitzudenken. Dabei können sie ihre eigenen Wünsche und Probleme im Rahmen der Geschichte äußern:
Anne ist auf dem Weg zur Schule. Sie hat heute prima Laune und hopst von einer Rinnsteinplatte zur anderen. Am Kiosk an der Ecke trifft sie Jochen, der in der Schule neben ihr sitzt. „Morgen Jochen, komm, wir müssen uns beeilen, sonst kommen wir zu spät!" Als die beiden am Schultor ankommen, klingelt es gerade. Sie rennen die Treppe rauf und kommen gerade noch vor der Lehrerin an der Tür des Klassenzimmers an.
Fräulein Schmahlohr, die Lehrerin, schließt die Tür auf, und alle Kinder poltern auf ihren Platz. Karin holt aus ihrem Ranzen eine getrocknete Blume und geht zu Fräulein Schmahlohr. In der Klasse ist es ziemlich laut, bis Jochen ruft: „Guckt mal, was die da hat." Alle Kinder drängeln sich um Fräulein Schmahlohrs Tisch. Die Lehrerin erklärt, daß das eine Margerite ist, die auf Weiden wächst oder am Wegrand.
„So, und jetzt setzt euch mal bitte auf euren Platz, der Tisch hier vorn ist ein bißchen klein für uns alle", ruft die Lehrerin. Wieder geht ein großes Getrampel los. „Bitte seid ein bißchen leiser, die anderen Klassen haben schon angefangen. Nehmt bitte eure Schreibhefte raus, wir wollen heute einmal ausprobieren, wie viele Buchstaben wir schon gelernt haben."
Anne schubst Jochen an und flüstert ganz aufgeregt: „Mensch, du, ich glaub', ich weiß gar nichts mehr, und du? " „Och, ich glaub' schon, daß ich noch ein paar Buchstaben weiß", antwortet Jochen. Anne ist mit einem Mal ganz aufgeregt. Sie kann gar nicht richtig zuhören. Fräulein Schmahlohr sagt irgend etwas, daß sie gar keine Angst haben müssen und daß es keine Noten gibt und daß sie das nur macht, um zu sehen, welche Buchstaben noch geübt werden müssen.
Anne schubst Jochen, der schon angefangen hat zu schreiben, noch einmal an. „Du, Mensch, ich weiß wirklich nichts mehr", flüstert sie noch ein bißchen leiser als vorhin, aber da guckt Fräulein Schmahlohr auch schon zu ihnen hin.
Was macht die Lehrerin jetzt?
Was würdet ihr an Annes Stelle machen?
Könnt ihr euch vorstellen, warum die Anne so aufgeregt ist?
Was soll der Jochen jetzt machen, was will die Anne von ihm?

Collagen

Wie Geschichten, so können auch Collagen dazu anregen, sich eigener Erlebnisse bewußter zu werden und sie anderen mitzuteilen. Das Ziel, das dann mit der Herstellung von Collagen verfolgt wird, ist nicht das „schöne Bild", sondern die Gelegenheit, Kindern zur Artikulation zu verhelfen, zu dem, was beim Collagieren scheinbar nebenher geschieht: sich Erlebnisse vergegenwärtigen, den Nachbarn nach seinen Eindrücken befragen, die eigene Collage anderen erklären, Handlungsanregungen annehmen, die von Collagen und Berichten anderer ausgehen. Wenn dabei Wirklichkeit und Wunsch durcheinandergeraten, kann das in Ordnung sein, weil schließlich Wünsche vernünftiges Handeln bewirken können.

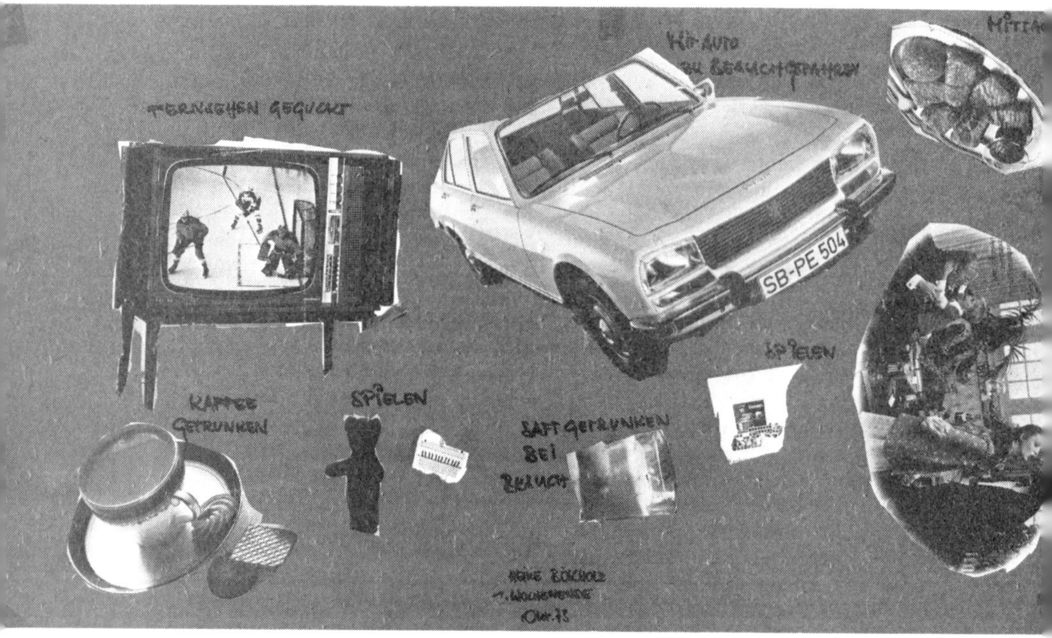

Kinder schneiden aus Prospekten und Illustrierten Abbildungen aus, die ihre Wochenenderlebnisse darstellen. Anhand der Collage erzählen sie der Erzieherin davon.
Zur didaktischen Einheit „Wochenende". Kindercollagen

♦ Innerhalb der Einheit „Wochenende" werden Montagsgespräche über Wochenenderfahrungen durch Collagen ergänzt. Kinder schneiden aus Prospekten, Katalogen, Illustrierten und Programmzeitschriften Bilder aus, die ihre eigenen Wochenenderlebnisse wiedergeben. Sie malen Bilder zu wichtigen Ereignissen und setzen sie zu einer Wochenend-Collage zusammen. Wenn solche Collagen dann am Freitag mit nach Hause genommen werden, können sie eine Gesprächsgrundlage sein, die auch für die Eltern Wünsche und Anregungen sichtbar macht, die ihre Kinder aus der Gruppe übernommen haben.

Eine Erzieherin berichtet von ihren Erfahrungen: „Stefan kam gleich morgens in die Gruppe und erzählte von einem Unfall, den seine Familie am Wochenende hatte. Beim Erstellen der Collagen schilderte er ausführlich sein Erlebnis. Michael – auch in dieser Kleingruppe – hatte plötzlich am Wochenende auch einen Unfall. Darum suchte er auch nach einem kaputten Auto für seine Collage. Während er suchte, fand er ein schönes Landschaftsbild mit Wäldern. Darauf sagte er, er sei im Wald spazieren gewesen. Er schnitt das Waldbild aus und vergaß das Unfallauto. Karin erzählte den ganzen Tagesablauf des Sonntags und suchte daraufhin systematisch die entsprechenden Bilder. Sie hatte genaue Vorstellungen und konnte daraufhin ihre Collage zusammenstellen. Andere stellten ihren Sonntag mit attraktiven Bildern zusammen."
Schwierigkeiten bei diesem Projekt hatten besonders Kinder, deren Wochenende für sie langweilig und ohne Höhepunkte verlief: „Effektive Schwierigkeiten gab es nur bei den Kindern, die nur ‚geschlafen' oder nur ‚ferngeguckt' haben. Die hatten nicht so sehr viel Spaß, weil sie gesehen haben: Andere haben so viel ausgeschnitten, und sie saßen da mit ihrem Fernseher auf dem Bild. Die haben zwar gesagt: ‚Wir haben noch Radio gehört', aber das wollten sie dann auch nicht mehr ausschneiden. Das war hauptsächlich bei den Kindern, bei denen am Wochenende nicht so viel passiert war."
Diese Aussagen wurden durch den Bericht eines Vaters bestätigt, der an einem Collage-Projekt beteiligt war: „Ja, da war ich mit dabei. Auch meine Tochter war in der Gruppe; die wollte nirgendwoanders hin. Ich hatte auch zwei Jungen dabei, die haben beide gesagt: ‚Wir haben nur Fernsehen geguckt.' Nach langem Hin und Her hat der eine dann einen Fernseher aufgeklebt. Es kam also nicht mehr raus als nur Fernsehgucken. Und der zweite hat ferngesehen und was gespielt, was sie halt im Fernsehen gezeigt haben. Nach längerem Hin und Her: ‚Ferngesehen hast du doch nicht den ganzen Tag? ' – ‚Ach, am Abend hab' ich dann Schallplatten gehört.' Aber mehr war effektiv nicht da. Ich wollte ja auch nicht, daß die Kinder irgendwas ausschneiden und aufkleben. Die beiden, die ich noch dabeihatte, die haben nachher wirklich nur einen Fernseher aufgeklebt. Ich finde, das war einmal ganz interessant. Das Einprägsamste am ganzen Wochenende war für die Kinder das Gucken. Damit die Eltern nicht belästigt werden, da wird die Kiste eingeschaltet, und dann wird geguckt."

Zu demselben Projekt hier noch eine Verlaufsbeschreibung der Erzieherin: „Herr M. ist zum ersten Mal in der Kindergruppe. Darum wollte wohl seine Tochter sich nicht von ihm trennen. Auf seine Frage: ‚Was habt ihr denn am Sonntag gemacht? ' antwortet seine Tochter: ‚Weißt du das nicht mehr? ' Zwei andere Jungen sagen zunächst nichts. Einer (Oliver) hat nur geschlafen, der andere (Francesco) hat außerdem noch gegessen und ferngesehen. Herr M. muß sehr viele Fragen stellen, um ein paar Sätze aus den Kindern herauszubekommen. Man muß vielleicht das nächste Mal darauf achten, daß den mitarbeitenden Eltern zunächst aktive Kinder in die Gruppe mitgegeben werden, mit denen man relativ leicht arbeiten kann. Man muß sich wundern, mit welcher Unermüdlichkeit Herr M. bei den Kindern weiterfragt. Andere Eltern hätten wahrscheinlich längst aufgegeben oder eine Erzieherin zur Mithilfe herangezogen.

Eine interessante Szene: Herr M. fragt Oliver noch einmal, was er außer Schlafen alles gemacht habe. Für Oliver antwortet Francesco: ‚Der hat nur geschlafen.' Herr M.: ‚Woher weißt du das denn? ' Francesco: ‚Das steht doch an der Wand.' Ich hatte am Montag zuvor schon einmal ähnliches mit den Kindern versucht; dabei sollten sie sich jeweils nur für ein Symbol entscheiden. Oliver hatte ein Bett aufgeklebt. Francesco wußte sehr wohl, was Oliver vor einer Woche aufgeklebt hatte.
Die Tochter von Herrn M. hält sich sehr zurück. Wahrscheinlich hält sie es für absurd – was ihre Äußerung eingangs ja beweist –, ihrem Vater ihm bekannte Erlebnisse zu schildern. Als Herr M. seine Tochter fragt, was sie denn ausschneiden möchte, will sie einen Fernseher ausschneiden (Familie M. hat gar keinen Fernsehapparat). Es kommt zwischen beiden zu einer kurzen Diskussion, warum sie keinen haben. Annette weiß, daß erst der kleine Bruder größer sein muß, dann wird die Familie einen kaufen. Sie wollte halt einen ausschneiden, weil Oliver und Francesco mittlerweile intensiv danach in den Illustrierten suchten."

Was bei Collage-Arbeiten oft als Problem erscheint – die Kinder vermischen bei der Bildauswahl eigenes Erlebnis, Wunschvorstellungen und die Anregungen, die aus der Gruppe kommen –, das kann auch eine durchaus positive Wirkung haben: Die Kinder erhalten dadurch oft neue Ideen und werden auf andere Gestaltungsmöglichkeiten aufmerksam.
Eine Erzieherin: „Die Kinder, die gesehen haben, daß es auch andere Möglichkeiten gibt, das Wochenende zu verbringen, anders, als sie selbst es verbrachten, die haben das manchmal als Anregung aufgegriffen. Sie haben dann den Eltern den Vorschlag gemacht: 'Der war schon mal Pony reiten, können wir nicht auch Pony reiten gehen? Das ist in der Nordweststadt gewesen.' Die haben das genau erzählt, und die Eltern haben sich auch bei mir erkundigt und sind dann mit den Kindern dort hingegangen. Bei der einen Familie, da wissen wir es genau."
Solches allerdings setzt Kinder voraus, die schon so gefördert wurden, daß sie ihren Interessen in dieser Weise aktiven Ausdruck verleihen können.

Spiele

Spiele können in unserem Zusammenhang Auseinandersetzungen mit der Umwelt sein, wie sie durch didaktische Einheiten thematisiert werden. Spiele sind in ihren spontanen Elementen wie eine von Kindern veranlaßte Ergänzung zu Selbstdisziplinierungen, wie sie durch Projektplanungen begründet werden. So wie Spiele innerhalb von Projekten stattfinden können, lassen sich auch Projekte in Phasen freien Spiels einbinden. In Spielen wird Wirklichkeit auseinandergenommen, umgebaut und oft als konkrete Utopie neu entworfen.

♦ Wohnspiele mit Pappkartons werden in der didaktischen Einheit „Wohnen" zur Alternative von auferlegten Beschränkungen in engen und vornehmlich für Erwachsene eingerichteten Wohnungen. In einigen Kindergärten wurden Kartons und weitere Materialien den Kindern mit dem Hinweis „ihr könnt damit 'Wohnen' spielen" bereitgestellt. Jedesmal ergaben sich verschiedene Spielphasen: In der Anfangsphase werden die Materialien mit wildem Toben in Besitz genommen. Die Kinder bemühen sich vor allem darum, möglichst viel Material für sich zu horten und gegen andere zu verteidigen. Wenn so viele Kartons, Decken und ähnliches vorhanden sind, daß jedes Kind sein eigenes Haus haben kann, ist das Spiel nach der wilden Materialschlacht von kurzer Dauer, die Kinder nehmen kaum untereinander Kontakt auf.

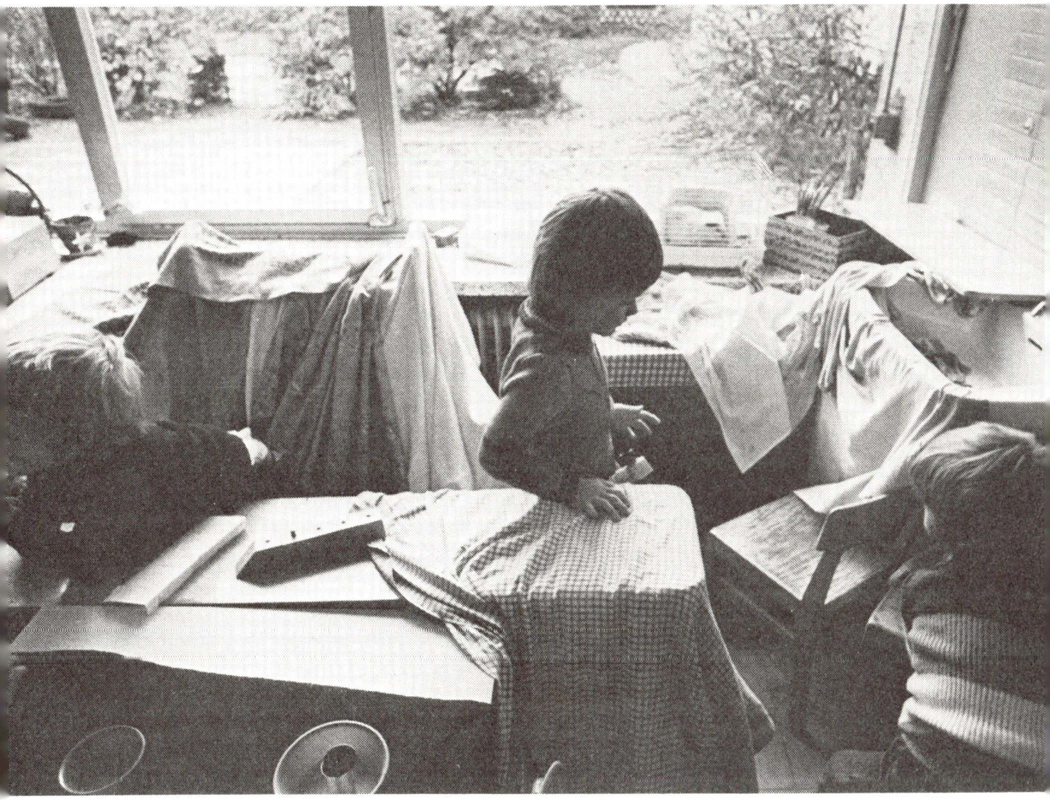

Eine Kindergruppe baut Schlupfwinkel und Wohnhöhlen mit Kissen, Decken, Matratzen und Möbeln.
Aus Fotopostern zur didaktischen Einheit „Wohnen". Foto: Schulz-Dornburg

Diese – teils chaotische – Anfangsphase macht deutlich, daß die Kinder durch das Spielangebot einen Freiraum gewinnen, den sie zunächst wenig nutzen können. So berichtet eine Erzieherin: „Wir hatten große Kartons und Decken im Raum verteilt. Die Kinder rafften sich hastig Materialien, um 'ihr' eigenes Haus zu bauen. Da sie zu keiner sinnvollen Verteilung kamen, rannten sie im Raum herum und beschwerten sich: 'Wir können nicht spielen, wir haben keine Kartons! Wir brauchen noch Tische und Stühle!' "

Hier kann ein Erzieher helfen, indem er Spiel- und Planungsanregungen gibt. Damit kann eine zweite Spielphase eingeleitet werden, in der die Kinder mit dem Material konstruktiver umgehen und ihre Wohnvorstellungen zu verwirklichen suchen. „Nachdem beim ersten Mal kein Spiel zustande gekommen war und die Kinder fast nur mit den Kartons geworfen und sie gehortet hatten, haben wir jetzt viel mehr an Materialien angeboten, um den Kindern das Einrichten und Wohnen zu erleichtern. Ich habe aus sämtlichen Ecken Utensilien zusammengesucht: Möbel, Töpfchen, Kisten, Kasten, Decken – halt alles, was da so zu finden war. Wir besorgten außerdem große Kartons, Decken, große Tische, Kissen, Puppenmöbel und -geschirr, Wachsmalstifte, Papier, Klebestreifen, Scheren, Messer. Die Kinder stellen begeistert die Kartons auf. Jedes Kind hat einen Karton. Sie nehmen Platz darin und lassen sich von den Erwachsenen zudecken. Zwei Kinder beginnen ihre Häuser einzurichten, zwei andere folgen nach. Jeder richtet sich eine eigene Wohnung ein. Zwei Jungen bauen zwar zusammen, wohnen aber isoliert voneinander. Einzelne finden, daß ihr Raum zu klein ist, erst auf Anregung von Erwachsenen beginnt das Vergrößern der Häuser. Dazu werden zwei Kartons mit Klebestreifen oder Decken verbunden. Zwei Kinder bauen ihre einzelnen Kartons aneinander und ziehen zusammen ein. Auf unsere Anregung hin werden Türen und Fenster aufgemalt und ausgesägt. Türschilder und Klingeln angebracht. Der größte Teil der Spielzeit (45 bis 60 Minuten) wird zum Aufbau benötigt. Die Erwachsenen werden von einzelnen Kindern zum Kaffee oder Wein eingeladen – untereinander erfolgt kein Austausch."

Es tauchte immer wieder ein Problem auf: Jedes Kind versucht, für sich allein zu bauen. Der erste Wunsch der Kinder scheint zu sein, die Materialien für sich zu haben und niemand anderen mitmachen zu lassen. Die anfängliche Unfähigkeit zu kooperativem Spiel kann vom Erzieher durch Materialangebot und Spielhinweise schrittweise überwunden werden: In einer Gruppe rieten die Erzieher den Kindern, sich bei schwierigen Arbeitsschritten gegenseitig zu helfen. Dies wurde von den Kindern bereitwillig aufgegriffen. Ein Junge (Gastarbeiterkind) übernahm die Rolle eines Handwerkers, der von Haus zu Haus ging und schwierige technische Arbeiten erledigte.
Wenn größere Wohnungen eingerichtet werden, ergibt es sich von selbst, daß die Kinder kooperieren: „Die Gruppen arbeiten jeweils zu viert an einem Haus. Insgesamt sind 16 Kinder in dem Raum. Diese Spielphase erstreckt sich über zwei Vormittage. Zunächst werden Fenster und Türen in die Schachteln eingeschnitten. Gardinen werden angebracht, eine Fülle von Einzelheiten. Aus kleinen Kartons werden Einrichtungsgegenstände gebaut. Da die großen Kartons bald zu klein sind für Einrichtungsgegenstände und mehrere Kinder, werden mehrere Schachteln kombiniert oder andere Hausformen gewählt. So bauen sich einige Kinder ein Haus zwischen Wand und Regal, indem ein aufgerissener Karton als Dach vom Fensterbrett zum Regal befestigt wird. Vorne

wird dies Haus mit einer Gardine verhängt. Es ist so geräumig, daß fünf Kinder gut Platz finden und dort auch länger miteinander spielen."

Materialien, mit denen Wohnungen und Häuser gebaut werden, verschleißen schnell. In einem Kindergarten wurde die Wegräumaktion zum Erlebnis: „Im Herbst haben wir einige Tage 'Wohnen' mit vielen großen Kartons gespielt. Als die Häuser dann langsam kaputtgingen, nahmen wir uns vor, die Kartons gemeinsam zu zerreißen und sie am Spätnachmittag – bei beginnender Dunkelheit – im Hof zu verbrennen. Die Kinder waren mit Vergnügen dabei. Wir zerstörten die Kartons und schichteten sie draußen auf. Damit nichts passieren konnte, benachrichtigten wir die Feuerwehr. Einige Feuerwehrleute boten an, zu unserem Brennfest zu kommen. Es wurde dann ein richtiges Ereignis: Kinder, Eltern, Nachbarn und Feuerwehrleute machten gemeinsam ein großes Feuer."

Rollenspiele

Rollenspiele als – von Kindern selbst gestaltete – Antworten auf Erlebnisse: Die Verarbeitung von Erlebnissen geschieht hier auf mittelbare Weise. Man spielt sie sich vom Leibe, und indem man das tut, wird oft aussprechbarer und begreifbarer, was bisher vorbewußt blieb: die Angst vor dem Alleingelassenwerden, die Bedrücktheit angesichts der sich streitenden Eltern, die Anerkennung einer neugeborenen Schwester.

♦ Bericht über ein Rollenspiel zu Krankheit und Behandlung: „Am frühen Morgen wurden zwei Betten in die Bauecke gestellt. Arztkoffer (Spielkoffer), Binden, Pflaster usw. wurden dazugelegt. Zuerst spielten dort die Kleinen etwa zwanzig Minuten mit kranken Puppen und Bären. Danach kamen die größeren Kinder mit ins Spiel:

ARZT ERICH: Oh, Martin, hast du den Arm gebrochen?
PATIENT MARTIN: Brauchst nicht zu erschrecken, wir spielen nur so.
SCHWESTER KATRIN *(zum Arzt Horst):* Sollen wir den jetzt sterben lassen, oder machen wir ihn gesund?
PATIENT MARTIN: Macht, was ihr wollt, erst baue ich noch einen Flieger.
SCHWESTER HENRIETTE *(versorgt Martin):* Gib noch deinen Fuß her!
PATIENT MARTIN: Warum?
SCHWESTER HENRIETTE: Na, da ist doch ein Pferd draufgetreten.
Sie verbindet ihn vorsichtig, mißt Temperatur und Blutdruck. Martin muß eine Woche im Bett liegen.
PATIENT MARTIN: Mensch, ist hier ein Gedränge im Krankenhaus; ich bin lieber gesund!
Bettina hat sich den Arm gebrochen, sie läßt ihn von Horst verbinden und alles mit sich geschehen. Horst stellt bei der Unter-

suchung fest, daß Bettinas Ohren nicht sauber sind. Henriette versorgt Bettina von neuem und ist sehr behutsam dabei.
KARL *(schreit Bettina an):* Mann, im Krankenhaus darf man doch nicht aufstehen!
HENRIETTE: Die ist doch nicht mehr schlimm dran, laß sie doch aufs Klo!
Michael steht auch auf. Er will einen Kopfstand machen, darf aber nicht. Das Spiel dauert an diesem Vormittag etwa zwei Stunden."

Durch Rollenspiele können Sachkompetenzen zur Bewältigung realer Situationen erworben werden, Rollenspiele können damit auch instrumentelles Lernen fördern.

◆ Damit (im Rahmen der Einheit „Verlaufen in der Stadt") Kinder eine genaue Vorstellung von der Struktur ihrer unmittelbaren Umgebung bekommen, können sie versuchen, die Umgebung des Kindergartens in dreidimensionaler Form zu bauen: im Sandkasten oder auf dem Rasen, mit Bauklötzen, Plastilin oder Lego. Während des Bauens können sie immer wieder hinausgehen, sich die Umwelt wirklich ansehen und dann versuchen, sie nachzubauen. Modellbauten und Stadtplanspiele können Kinder anregen, sich auf Spaziergängen nach und nach bewußter zu orientieren und darüber zu sprechen, wo die anderen Kinder wohnen und wie man ein bestimmtes Ziel erreicht, z. B. das Schwimmbad, und von dort wieder zum Kindergarten zurückfindet. Es können erste Straßenpläne entstehen, anschaulich und sehr vereinfacht zunächst, auf denen Kinder mit Autos, Verkehrszeichen und Püppchen spielen können. Nach und nach werden Kinder abstraktere Symbole und Zeichen für Merkmale ihrer Umwelt in den Plan einsetzen, je nach Alter und Interesse der jeweiligen Kindergruppe. Es hat sich dabei gezeigt, daß es auch bei der Herstellung eines zweidimensionalen Stadtplans wichtig ist, daß die Kinder bei Spaziergängen immer wieder überprüfen, ob ihr Plan der Realität entspricht, und daß sie auf dem Plan Orientierungsspiele machen.
Nachdem eine Kindergruppe in einem Kindergarten schon einen Stadtplan hergestellt und an der Wand befestigt hatte, entwickelten einige Kinder ein Rollenspiel: Sie falteten Häuser aus Pappe und Buntpapier und beklebten einen großen Stadtplan, der im Gymnastikraum auf dem Boden ausgebreitet war. Mit Biegepüppchen spielten sie dann „Besuchen". Das Kind, das besucht wurde, beschrieb den anderen den Weg. „Erstaunlich war", berichtete die Erzieherin, „daß die Kinder die Wege auch bei beträchtlicher Distanz genau beschreiben konnten. Die notwendigen Verkehrszeichen (Ampeln und Zebrastreifen) hatten die Kinder vorher aus einer der herkömmlichen Verkehrstrainingsmappen ausgeschnitten und in den Plan eingeklebt. Die Verkehrsregeln wurden im Spiel beachtet, auf Verstöße gegen sie wiesen sich die Kinder gegenseitig hin. Das Spiel der Kinder war intensiv, sie unterhielten sich angeregt miteinander, übernahmen verschiedene Rollen und spielten begeistert und phantasievoll."
Am nächsten Tag beobachteten die Erzieherinnen folgende Szene: Beate zu Regine: „Du kannst mich doch besuchen." Regine:

„Ich weiß doch gar nicht, wo du wohnst." Beate zieht Regine zum Plan an der Wand und sagt: „Komm her, ich zeig's dir auf dem Plan, da kannst du gleich sehen, wie du gehen mußt."

Rollenspiele können vom Erzieher eingeleitet werden. Er gibt Anstöße und Informationen und erschließt damit ein neues Szenarium. Ein mitwirkender Erzieher muß dabei nicht immer nur den Erwachsenen spielen, im Rahmen von Familienspielen kann er z. B. die Rolle eines Kindes übernehmen und Verhaltensweisen und -alternativen darstellen, die Kindern nicht ohne weiteres bewußt und verfügbar sind. Die Beobachtung zeigt, daß Kinder solche Anregungen oft mit großer Anteilnahme aufgreifen und fortentwickeln. Manchmal genügt es, daß der Erzieher nur vorübergehend teilnimmt und bald wieder überflüssig wird.

♦ Eine Erzieherin beschreibt ein Spiel zur Schule, das zunächst in einer Puppenstube stattfindet:
„Die Lehrerin (Puppe) kommt viel früher als die Kinder. In die Schule kommt man nicht so wie in den Kindergarten. Es darf nicht jeder sitzen, wo er will. Die Lehrerin sitzt nicht nur da, sie muß herumgehen und aufpassen. Wenn ein Kind die Aufgaben nicht kann, führt die Lehrerin ihm die Hand. Erst gibt es leichte Aufgaben, dann schwere.
Die Schule hat ja auch mal Pause. Die Pause dauert fünf Minuten, da spielt man verstecken oder 'Schwarzer Mann'. Das Spiel verläuft bisher sehr stockend. Die Lehrerin kann nicht richtig auf die Mitspieler eingehen.
Holger bemängelt, daß die Klasse nicht aussieht wie in einer richtigen Schule:
– Es müssen viel mehr Tische da sein.
– Die Tische stehen auch nicht richtig da (Tische standen frontal zur Tafel).
Holger: 'Bei meiner Schwester in der Schule ist das ganz anders.' Er stellt die Tische an den Wänden entlang, manche auch quer in den Raum. Die anderen Kinder bestehen aber darauf, daß in der Mitte ein Gang bleibt, denn sonst kann ja die Lehrerin nicht durch. Nach Meinung der Kinder sind in einer Klasse zwanzig bis dreißig Schüler. Holger erzählt, daß seine Schwester zu Hause sagt, welche Noten sie hat. Sie hat aber meistens Einser. Er weiß, daß in der Schweiz die sechs eine gute Note ist, bei uns aber die schlechteste.
Cornelia will nun im Gruppenraum Schule spielen und nicht mehr in der Puppenstube. Das Zimmer wird umgeräumt. Dabei fällt auf, daß Holger nun doch die Tische frontal zur Tafel stellt. Er gibt Anweisungen, daß immer nur zwei Tische zusammenstehen dürfen. 'Hier vorne sitzt die Lehrerin, das ist klar, die hat einen großen Schreibtisch.' Ich werde nun als Lehrerin bestimmt und muß mich vorne hinsetzen. Peter korrigiert mich: Ich muß richtig in der Mitte sitzen und die Tafel wischen lassen. Die Kinder erwarten von mir, daß ich eine 'richtige Lehrerin' spiele. Anscheinend bin ich aber meiner Rolle nicht gewachsen und versuche, mich zu drücken. Ich fordere Bernd auf, Lehrer zu spielen, weil

ich nicht zurechtkomme. Bernd übernimmt die Rolle, sieht aber Schwierigkeiten, weil er zu klein ist und nicht alles übersehen kann. Er ist in der Lehrerrolle auch unsicher, und als ein Konflikt in der Klasse entsteht, greift er mit einem kurzen, aber bestimmten 'Ruhe' ein.
An einem anderen Tag wird das Spiel wieder aufgegriffen. Die Kinder weigern sich zunächst, die Rolle der Lehrerin auch unter sich zu verteilen. Anfangs muß ich sie spielen. Später übernimmt dann Michaela freiwillig diese Rolle: Das Mädchen, das auch in der Mädchengruppe dominiert, übernimmt die dominierende Lehrerrolle.
Die Kinder spielen recht lange, außer 'Schreiben' wird nicht viel gemacht. Dennoch gibt es auch hier interessante Aussagen: Die

Die Kinder spielen Schule. Dieses Mädchen spielt die Lehrerin. Die große Brille unterstreicht ihre Rolle.
Mit Vehemenz verteidigt sie ihre Rolle. Der Junge, der auch Lehrer spielten möchte, muß nachgeben.
Artig sitzen die Schüler im Klassenzimmer und verfolgen aufmerksam den Unterricht.
Nun ist ein anderes Mädchen die Lehrerin. Ihr Unterrichtsstil ist ein bißchen anders, sie stellt sich eine Lehrerin eben anders vor.
Aus Fotoposters zur didaktischen Einheit „Kinder kommen in die Schule". Foto: Schulz-Dornburg

Kinder sitzen, wenn die Lehrerin kommt. Einer geht an die Tafel und wird von der Lehrerin zurückgeschickt. Entgegnung: 'Ich habe doch gefragt.' In der Mitte muß ein Gang sein, damit die Lehrerin durchkann. Einmal entbrennt ein Streit über einen Stock. Frank meint, der Stock sei zum Verhauen da, er habe es in einem Film gesehen, die anderen sagen, das gebe es in der Schule nicht, das sei nur ein Zeigestock.
Ein Kind, das an die Tafel geschickt wird, läuft über den Tisch. Von der Lehrerin zurechtgewiesen, mischt sich ein anderes Kind ein: 'Wenn sie aber doch anders nicht durchkann.' Ein Mädchen beschwert sich, daß es ihr zu lange daure, bis sie einmal an die Tafel dürfe.
Als ein Junge zu spät in die Schule kommt, werden von den anderen Gründe gesucht: 'Vielleicht hat er verschlafen.' Später kommt noch einer zu spät und entschuldigt sich unaufgefordert bei der Lehrerin. Diese nimmt jedoch keine Notiz davon. Einem Kind erlaubt die Lehrerin ohne Begründung nicht, zur Toilette zu gehen, die anderen akzeptieren das kommentarlos.
Interessant das Verhalten, als die 'Lehrerin' einmal den Raum, in dem gespielt wird, verläßt. Die Kinder beginnen sofort zu lärmen, sich zu freuen und singen: 'Die Lehrerin ist weg!' Einige Kinder haben neben sich Kleinere sitzen, die sie mitbeschäftigen. Das seien ihre Geschwister, sagen sie, die dürfe man in die richtige Schule auch mitbringen. Sie glauben, daß die Schule so ist, wie sie sie spielen. Schulpause und Schulglocke sind bekannt und werden mit eingeplant.
Frank, der manchmal nicht genügend Beachtung für seine Ideen bei der 'Lehrerin' erhält, beendet das Spiel schließlich dadurch, daß er ein Ungeheuer spielt, das alle Kinder auffrißt. Die Kinder sind darüber aber nicht böse, sie glauben selbst, daß sie lange genug gespielt haben. Daß es ihnen Spaß gemacht hat, erkennt man unter anderem auch daran, daß sie mit lauten Rufen 'Wir haben Schule gespielt!' in ihre Gruppe zurücklaufen. Kaum haben die anderen gehört, was gespielt worden ist, kommen einige angerannt und wollen auch spielen."

Dieser Bericht zeigt, welche Chancen Rollenspiele den Kindern zur Darstellung und Verarbeitung ihrer Probleme und Unsicherheiten bieten, ohne daß sie von Erwachsenen belehrt werden. Dabei haben die beteiligten Erwachsenen durchaus eine bedeutende Funktion: Selbst wenn sie sich – wie die Erzieherin, die den Bericht gab – im Spiel zurückhalten, können sie an festgefahrenen Punkten unmerklich weiterhelfen und durch ihre Teilnahme am Spiel Handlungsabläufe in Gang setzen, die ihnen aufgrund der Kenntnis der Situation der Kinder wichtig erscheinen.

Projekte im Kindergarten ohne Eltern

Erzieher, die an der Entwicklung didaktischer Einheiten beteiligt waren, fingen oft mit Projekten an, die zunächst wenig Aufwand und wenig Mitwirkung anderer

Erwachsener erforderten. Projekte im Kindergarten können dann Gelegenheiten zur Sammlung didaktischer und methodischer Erfahrungen sein, Voraussetzung für den Einbezug neuer Lernorte. Der Aufenthalt von Kindern im Kindergarten ist dabei ja selbst Lebenssituation, ein Sachverhalt, der in der Einheit „Kinder im Kindergarten" angesprochen wird. In dem folgenden Beispiel geht es um die Herstellung von Kontakten zwischen den Gruppen eines Kindergartens.

◆ Oft fällt auf, daß Kinder einer Gruppe die anderen Kinder des Kindergartens kaum kennen; sie wissen höchstens die Namen derjenigen, die besonders auffallen, und können meist auch nur diese ihren jeweiligen Gruppen zuordnen. Auch zu den Erziehern der anderen Gruppen haben Kinder oft nur wenig Kontakte, es sei denn, ein Erzieher fehlt aus Krankheits- oder organisatorischen Gründen, so daß seine Gruppe aufgeteilt werden muß.
Um Kinder eines Kindergartens einander näherzubringen, sollten Kinder einer Gruppe mehr über die anderen Gruppen, deren Eigenschaften und Besonderheiten und auch über deren Erzieher erfahren. Dabei muß allerdings abgewogen werden, inwieweit es sinnvoll und für die Kinder notwendig ist, Gruppen als relativ stabile Einheiten zu sehen oder sie zu öffnen und den gesamten Kindergarten zum Feld für gruppenübergreifende Aktivitäten zu machen. Erzieherinnen diskutierten über die Frage der Öffnung von Kindergartengruppen; es wurden zunächst ganz unterschiedliche Ansichten geäußert:
„Ich glaube, der Kindergarten ohne jede Gruppenteilung ist ungünstiger für die Aktionen der Kinder untereinander. Es können sich nicht 100 Kinder untereinander gut kennen, da entsteht kein Zusammenhalt. Die Kinder wissen ja nicht, was sie mit wem am besten spielen können. Ich meine, die Kinder können einander nicht so gut kennenlernen, wie die 20 oder 25 Kinder in einer Gruppe."
„Die sogenannte 'offene Gruppe' darf nicht verstanden werden als Durchgangsstation mit willkürlichem Wechsel, so daß Kinder nach Wunsch und Belieben durchs Haus rennen, sich Räume und Spielmöglichkeiten aussuchen und wieder gehen, wenn es ihnen nicht mehr paßt. Hier wäre ein Kind überfordert, und das Gegenteil dessen, was man eigentlich angestrebt hat, würde eintreten: eine Verunsicherung des Kindes."
Insgesamt kamen die Erzieherinnen in dieser Diskussion zu der Meinung, daß einzelne Gruppen zwar nicht gegen die übrigen abgeriegelt werden sollten, daß aber die Öffnung der Gruppen nur so weit praktiziert werden könnte, wie sich die Kinder selbst dabei wohl fühlten. Sie vertraten außerdem die Auffassung, daß im Kindergarten mit offenen Gruppen Absprachen über gemeinsame Regeln stattfinden sollten.

Wenn Kontakte zwischen den Gruppen bisher nicht üblich waren, könnte man für den ersten Besuch ein bestimmtes Angebot vorsehen: eine Einladung zu Kuchen und Saft für die fremden Kinder oder ein Spiel, das alle kennen. Solche Besuche können vorbereitet werden: indem die einen sich darüber absprechen,

was man dem Besuch zeigen könnte, und die anderen sich überlegen, was sie in der fremden Gruppe am meisten interessiert: „Unsere Kinder kamen auf die Idee, daß man den anderen zeigen müßte, wo bei uns die verschiedenen Spielmaterialien aufbewahrt sind. Am besten haben unserem Besuch dann unsere Matratzen gefallen, das war ein Gag für alle."
Wenn Kinder andere Gruppen in ihrem Kindergarten besuchen, finden sie vielleicht Spielzeug, das sie selbst nicht haben und gerne mitnehmen würden. Dies kann als Anlaß genommen werden, unter den einzelnen Gruppen einen rollierenden Austausch einiger besonders beliebter und seltener Spiele zu organisieren. Die Erfahrungen, die ein Kindergarten mit dem Austausch von Bilderbüchern zwischen den Gruppen machte, zeigen, daß Kinder selbständig solche Aktionen verwalten können. Ziel solcher Aktivitäten ist letztlich, daß ähnliche Kontakte von den Kindern auch einmal spontan aufgenommen werden.

In einem Kindergarten entwickelte sich aus dem Spiel einiger Kinder ein Fest, an dem der gesamte Kindergarten teilnahm: „*Montag nachmittag:* Stephan, sechs Jahre alt, brachte einige alte Schallplatten mit und wollte sie zwei anderen Kindern (Franzisko, Annette) vorspielen. Da der Plattenspieler aber nicht zur Verfügung stand, konnten sie sich nicht die Platten anhören. Wir vertrösteten sie mit dem Anhören auf den Dienstag. Aussage eines Kindes dazu: 'Wenn wir uns jetzt die Platten nicht anhören können, dann machen wir uns eben selbst Musik.' Daraufhin schoben die drei sich einige Tische zusammen, machten die Gardinen zu und fingen an, die Fernsehsendung 'Disko' nachzuspielen. Durch Mimik und Gestik ahmten sie Musiker aus dieser Sendung nach. Diese Szenerie löste sich auf, als später ein Junge 'krank' spielte und die anderen zwei auch dabei mitwirkten.
Dienstag morgen: Als Franzisko und Stephan an diesem Morgen ankamen, wollten sie, wie am vergangenen Tag versprochen, die Platten hören. Dabei kam Franzisko dann auf die Idee: 'Los, wir machen jetzt Musik dazu.' Sie schoben wieder Tische zusammen und holten sich noch einige Pinsel, die sie als Gitarre verwandten. Als Annette gebracht wurde und Stephan und Franzisko schon spielten, machte sie sofort mit. Ihre Mutter fragte, was sie denn da machen würden, und sie erklärten ihr Vorhaben. Annettes Mutter: 'Dann seid ihr ja eine richtige Beatgruppe.' Die drei Kinder wurden lebhafter, und im Laufe des Vormittags brachten sie immer mehr Unruhe in die Gruppe. Nach einer Absprache mit uns wollten sie, daß die anderen Kinder auf den Hof gingen, damit sie in der Zwischenzeit ihre Vorbereitungen für die Darbietung treffen könnten.
Mittwoch: Aus dieser Darbietung für die eigene Gruppe entwickelte sich am folgenden Tag eine Beat-Show für alle Kinder im Kindergarten. Mit Hilfe anderer Kinder ihrer Gruppe stellten die drei Hauptakteure Eintrittskarten her. Sie zerschnitten Papierbogen und stempelten jede Eintrittskarte mit dem Kindergartenstempel, den sie sich im Büro besorgt hatten. Die Karten wurden in allen Gruppen verteilt. Die Show fand im Hof des Kindergartens statt: Die drei hatten sich im Sandkasten eine Tribüne aus zusammengestellten Tischen gebaut und sangen und spielten auf ihren selbsterdachten Instrumenten zu einer Schallplatte. Kommentare, die anschließend von einigen Kindern kamen: 'Das war

aber Klasse!' – 'Mir war die Musik zu laut, da konnte ich so schlecht verstehen, was die gesungen haben.' "
Die Erzieherinnen waren der Meinung, daß das Fest für die Beziehungen der einzelnen Gruppen zueinander sehr förderlich war. In diesem Kindergarten sind die Gruppen teils in einem alten Haus und teils in einem modernen Gebäude untergebracht, und es entstanden immer wieder Streitereien zwischen den Kindern des alten und des neuen Hauses. Die Kinder achteten darauf, daß kein Kind des anderen Hauses in „ihren" Hof kam und kein Einrichtungsgegenstand seinen Standort wechselte. „Seit dieser Vorstellung", so der Bericht einer Erzieherin, „sind die Gruppen, die im anderen Gebäude untergebracht sind, öfter bei uns im Hof; und es kommt auch vor, daß Kinder aus verschiedenen Gruppen Kontakt miteinander aufnehmen. Durch diese Aktion in unserer Gruppe wurde eine andere Gruppe angeregt, auf ähnliche Weise eine Kasperletheater-Vorführung für alle zu machen."

Ein zweites Beispiel – aus der didaktischen Einheit „Werbung". Ein alltäglicher Anlaß (ein Junge gibt an) führt zur Überprüfung von Werbeaussagen.

◆ Dazu der Bericht einer Erzieherin: „Markus hat eine Banane mit dem 'Chiquita-Zeichen' dabei. 'Ich bin der König, weil ich eine Chiquita-Banane hab'. Wer hat noch eine blaue Marke auf der Banane? ' ruft er. Zwei Kinder finden das blaue Chiquita-Zeichen ebenfalls auf ihren Bananen, sie strahlen über das ganze Gesicht, als Markus ihnen mit Handschlag gratuliert.
Am nächsten Tag große Aufregung beim Frühstück. Fast alle Kinder haben Chiquita-Bananen dabei. (Interessant die Macht der Kinder auf Kaufentscheidungen der Erwachsenen!) Es ist Hochstimmung im Kindergarten, jeder gratuliert jedem zur 'Königin der Bananen', so der Werbespruch im Fernsehen. Markus, der sich selbst zum ungekrönten König ernannt hat, geht von Tisch zu Tisch und begutachtet die blauen Marken, die natürlich längst im Gesicht, auf Armen und Beinen kleben. 'Du hast ja gar keine Chiquita-Banane', sagt er zu Belinda, die tatsächlich kein blaues Zeichen vorweisen kann. Von Markus aufgestachelt, kommen nun auch die anderen Kinder an Belindas Platz und äußern sich ziemlich abfällig über ihre Banane. Plötzlich fängt Belinda zu weinen an und sagt: 'Meine Mama ist so bös , ich hab' ihr gesagt, sie soll andere Bananen kaufen, aber sie hat's nicht getan, weil sie so teuer sind.' Diese Konfliktsituation trifft mich völlig unvorbereitet, und ich weiß, daß mein Trost, 'aber deine Banane schmeckt doch genauso gut', ziemlich spärlich ist. (Belinda kommt wirklich aus einer finanziell schlechtgestellten Familie.)
Für den kommenden Tag bereite ich mich auf diese Situation vor. Ich kaufe verschiedene Sorten Bananen (Chiquita, Bajella, Dole und eine markenlose, wie sie Belinda hatte, sie ist um 30 Prozent billiger als die Chiquita). Ich frage Markus, woran er die Chiquita-Banane erkennt, wenn das blaue Zeichen weggenommen ist. Er sagt: 'An der Größe, die Chiquita-Bananen sind die größten.' Ich lege ihm nun die verschiedenen Sorten vor (ich habe die verschiedenen Kennzeichen entfernt) und lasse ihn die vermeintliche Chiquita heraussuchen. Natürlich nimmt er die falsche. Aber so schnell gibt Markus nicht auf. 'Ich hab' sie ja gar

nicht erkennen können, weil ich sie nicht probieren durfte.' Also binden wir ihm die Augen zu und schieben ihm in Abständen verschiedene Bananenstückchen in den Mund. Er erkennt weder die Chiquita noch eine andere Sorte. (Kann er auch gar nicht, ich hab' mich vorher vom gleichen Geschmack aller Bananen überzeugt!) Nun wollen es auch die anderen Kinder ausprobieren, und auch Belinda stellt fest: 'Alle schmecken gleich!' Mit Rechenstäbchen zeichne ich nun jede Banane mit dem tatsächlichen Preis aus.
Michael: 'Was, so viel muß man für eine Chiquita bezahlen!'
Markus: 'Macht doch nichts, wir haben so viel Geld.' (Er fühlt sich angegriffen.)
Marion: 'Ich würde lieber die billige kaufen, da hätt' ich noch was über für Eis.'
Miriam zählt die Rechenstäbchen und meint: 'Wenn ich die billigen Bananen kaufe, bekomme ich mindestens doppelt soviel.' "

Projekte im Kindergarten mit Eltern (und Großeltern)

Wenn Eltern bei didaktischen Einheiten mitwirken, können sie davon ausgehen, daß sie nicht in die Rolle von Hilfslehrern geraten und etwa bei Aufgaben zur Mengenlehre oder bei der Anwendung einer Sprachtrainingsmappe assistieren müssen. Es geht um näherliegende Dinge. Eltern sind sachverständig für und betroffen von Lebenssituationen ihrer Kinder, sie können auch in der Rückerinnerung an ihre Kindheit für die eine oder andere Situation nachvollziehen, welche Fragen sich stellen. Eltern wirken mit: in Spielen und Exkursionen, beim Kochen, Basteln, Feste feiern, in Gesprächen, Verhandlungen, Projekten.

♦ Mütter oder Väter von Gastarbeiterkindern können in die Gruppe kommen, um mit den Kindern eine Spezialität aus ihrem Heimatland zu kochen. Ein solches Projekt ist relativ leicht zu verwirklichen, es schafft gute Gelegenheiten, Kontakte zu Ausländerfamilien herzustellen.
In der Gruppe ermitteln die Kinder die Lieblingsspeise der ausländischen Kinder. Sie malen einen Einkaufszettel und legen dabei fest, welche Zutaten besorgt werden müssen. Erzieher und ausländische Eltern gehen mit kleinen Kindergruppen zum Einkaufen. Besonders interessant für die Kinder ist ein solcher Einkauf wohl dann, wenn er in entsprechende ausländische Geschäfte führt. Beim ersten Mal wählt man am besten ein Gericht, das den deutschen Kindern nicht zu fremd ist. Es sollte verhindert werden, daß es ihnen nicht schmeckt und sie es sofort ablehnen. Eine Erzieherin plante mit spanischen Eltern, eine Paella zu kochen, eine spanische Spezialität, die unter anderem Oliven, Krabben, Fisch, Öl, Reis und Hühnchen enthält. Sie entschlossen sich dann jedoch, lieber ein süßes spanisches Gebäck herzustellen. So konnten sie sicher sein, auch bei den deutschen Kindern Anklang zu finden. Es war fremdartig, aber nicht zu fremd: Die deutschen Kinder konnten immerhin verstehen, daß das, was für ihre Zunge

Oben: Ein spanischer Vater bereitet mit den Kindern den Teig für die Churros vor.
Unten: Er gibt den Teig durch eine Presse in siedendes Öl. Es entstehen lustige Formen „wie eine große Nase", „wie ein Luftballon". Den Kindern schmeckt das Gebäck ausgezeichnet.
Aus Fotoposters zur didaktischen Einheit „Gastarbeiterkinder".
Foto: Tüllmann

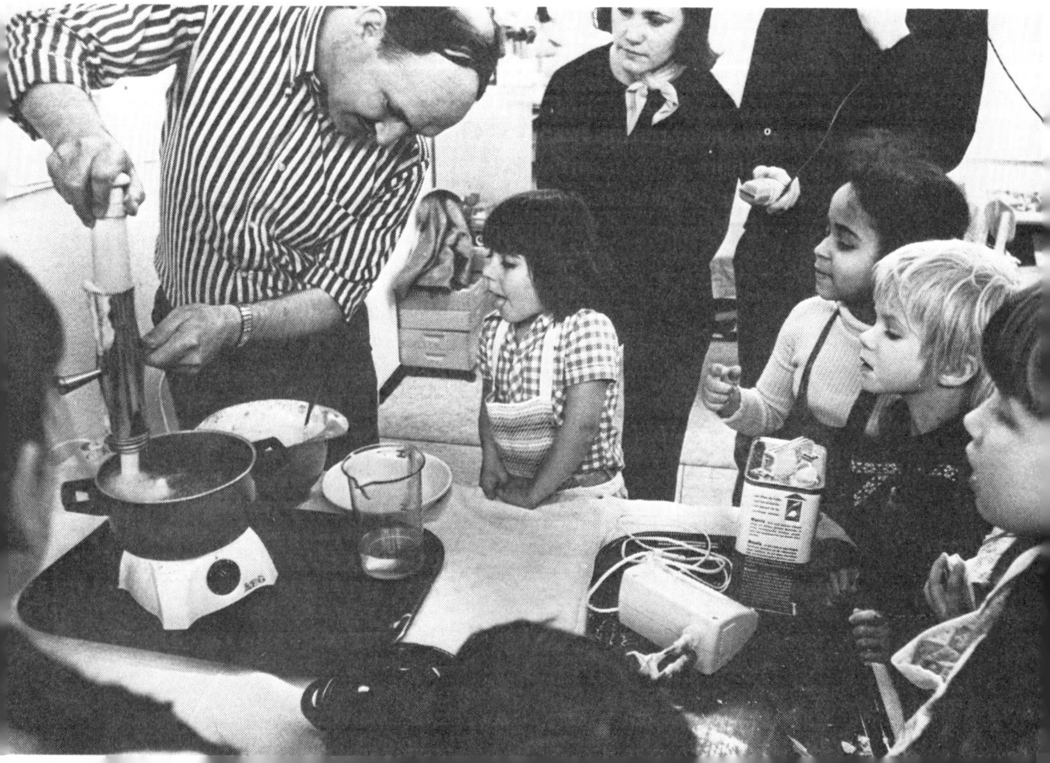

neu war, den spanischen Kindern vortrefflich schmeckte. Hier der Bericht der Erzieherin über das spanische Backen:
„Wir hatten die spanischen Eltern gefragt, ob sie mit unseren Kindern etwas typisch Spanisches kochen würden. Ein Vater erklärte sich bereit, Churros, ein süßes Ölgebäck, zu backen. Wir hatten im Gruppenraum alles vorbereitet, was notwendig war. Die Kinder waren sehr motiviert, als der spanische Vater kam. Herr S. hatte Churros zuvor noch nie gebacken und schien ziemlich nervös. Leider lief es dann so, daß der Vater buk und unsere Kinder nur zugucken durften. Für uns war es kaum möglich, den Vater dazu zu bringen, mit den Kindern gemeinsam zu arbeiten. Wir spürten seine Unsicherheit. Für die Kinder war es trotzdem spannend, auch wenn es lange dauerte, bis die Churros fertig waren. Wir haben zwischendurch immer erklärt, wie der Teig entstand und was Herr S. nun gerade tat. Wir mußten die Kinder ein bißchen unterhalten, bis die Churros fertig waren. Dann aber kam eine große Enttäuschung für Herrn S., nicht für uns. Die Churros waren anscheinend nicht so, wie sie eigentlich sein sollten. Unsere Kinder wußten das nicht, und für sie spielte es gar keine Rolle, ob die Churros dick oder dünn waren. Die Kinder fanden sie lustig: ‘Das sieht aus wie eine große Nase.’ – ‘Wie ein Luftballon.’ Herr S. jedoch schien ganz unglücklich darüber zu sein. Wir hatten vorsichtshalber Apfelmus auf die Tische gestellt, weil wir nicht so ganz sicher waren, ob unsere Kinder die Churros essen würden. Die Kinder zeigten indessen viel Spaß beim Essen, die Churros schmeckten ihnen gut. Es war sehr gemütlich. Wir saßen in einer großen Runde, verteilten die Churros und dazu Zucker und Apfelmus, und Herr S. buk voller Eifer weiter. Nach dem Essen gingen die Kinder zum Spielen. Später unterhielten wir uns mit Herrn S. Er sagte, die Churros seien nicht ganz gelungen, er habe sie zum ersten Mal gemacht und dabei eine Zutat vergessen. Wir sagten, es habe wunderbar geschmeckt und es sei ganz egal, welche Form die Churros hätten, die entstandenen Formen seien doch auch ganz lustig.”

Es müssen nicht immer Väter oder Mütter sein. Wir wollen Beispiele dafür geben, daß auch Groß- und Urgroßeltern neue Kontakte zu Kindergruppen knüpfen können, wenn der Kindergarten ihnen zugänglich gemacht wird – ein Versuch, den die Einheit „Kinder und alte Leute” unternimmt.

♦ Es liegt nahe, für die ersten gezielten Begegnungen der Kinder mit alten Leuten im Kindergarten zunächst nach Menschen zu suchen, die einigen Kindern schon bekannt sind. Manche Großmutter und mancher Großvater hat vielleicht Lust, einmal mit den Enkelkindern in den Kindergarten zu kommen, um die ganze Kindergruppe kennenzulernen, den Kindern etwas zu erzählen, mit ihnen zu spielen oder zu basteln.
Vielleicht findet sich unter den Großmüttern gelegentlich eine alte Dame (oder unter den Großvätern ein alter Herr), die den Kindern etwas von der Besonderheit des Lebens alter Menschen mitteilen kann, von den Erschwernissen, die alte Menschen in ihren alltäglichen Handlungen auf sich nehmen müssen: etwa beim An- und

Ausziehen, beim Bücken und Zubinden der Schuhe, beim Hochheben und Tragen schwerer Gegenstände, beim Treppensteigen, Laufen oder Springen. Vielleicht auch könnte sie Kindern vorspielen, wie es bei ihr früher zu Hause zuging, welche Regeln bei Tisch, im Umgang mit den Eltern oder Besuchen einzuhalten waren.
Eine Erzieherin: „Wir haben eine alte Frau in den Kindergarten eingeladen und sie gebeten, den Kindern ein bißchen von früher zu erzählen. Es war keine offizielle Einladung: Die Frau blieb, als sie ihre Enkeltochter in den Kindergarten brachte, einfach da. Ich sprach mit ihr über unser Anliegen, wir kamen ins Gespräch, die Kinder setzten sich dazu. Wir haben ihr davon erzählt, wie's bei uns heute im Kindergarten zugeht. Sie wiederum erzählte von ihrer Schulzeit und ihrer Familie; sie berichtete, daß Lehrer und Eltern früher viel strenger gewesen seien. Und wir Erzieher versuchten, den Kindern den Wandel klarzumachen, ohne dabei entgegengesetzte Standpunkte – hier jung, dort alt – aufzubauen. Wir wollten der alten Frau auch etwas vom Leben der Kinder im Kindergarten erzählen. Denn vielen alten Leuten ist das ähnlich fremd wie den Kindern manches aus dem Leben alter Menschen. Es ging uns um den Versuch gegenseitiger Verständigung."
Drei Großmütter im Alter von 50 bis 70 Jahren nahmen die Einladung von zwei anderen Erziehern an und kamen in die Gruppe: „Bevor die Großmütter kamen, fragten wir die Kinder, was sie mit ihnen machen wollten. Sie schlugen vor, mit ihnen zu spielen und sie zu befragen. Ein Junge sagte: 'Wir können sie ja fragen, ob sie noch in die Hosen machen.' Da wurde uns die Sache etwas heikel. Und wir bereiteten die Großmütter darauf vor, daß die Kinder eventuell schockierende Fragen stellen würden, sie sollten bitte nicht böse sein.
Die Begegnung verlief jedoch ganz anders: Als sich die Großmütter vorgestellt hatten, holten die Kinder Tische und Stühle, bauten sie vor den Omas auf und baten sie, mit ihnen zu spielen. Die älteste Oma bastelte für alle Kinder Papiermasken. Jede einzelne wurde mit Sorgfalt zugeschnitten und einem Kind angepaßt. Die zweite Großmutter schaute einigen Kindern beim Malen zu. Die dritte Oma baute mit einigen Kindern einen riesigen Turm. Kinder und Großmütter gerieten intensiv ins Spielen. Sogar Kinder, die sonst eher passiv blieben, beteiligten sich an allen möglichen Beschäftigungen und unterhielten sich angeregt mit den alten Damen. Die Kinder waren ausgeglichen und zufrieden, es gab keinen Zank und keine Streitereien. Allen hat dieser Vormittag viel Vergnügen bereitet. Die Großmütter sagten, es hätte ihnen so gut gefallen, daß sie jederzeit wiederkommen wollten. Allerdings fanden sie die zwei Stunden sehr anstrengend."

Projekte im Kindergarten mit anderen Erwachsenen

In den Kindergarten, der sich dem Gemeinwesen gegenüber öffnet, werden auch Menschen kommen, die von Haus aus mit dem Kindergarten nichts zu tun haben. Der Apotheker kann mit Zahnbürsten und Zahnpasta kommen und Kindern zeigen, was Zahnkrankheiten be-

Oben: Diese Großmutter bastelt Masken für die Kinder.
Unten: Diese Oma baut mit Eifer mit den Kindern.,
Aus Fotoposters zur didaktischen Einheit „Kinder und alte Leute". Foto: Tüllmann

wirken können und was sich dagegen tun läßt. Die Ärztin kann kommen, um mit Kindern Untersuchung und Behandlung zu spielen und ihre Instrumente zu entzaubern.

♦ In einem kleinen Ort, in dem der Kindergarten und die nahegelegene Schule das gleiche Einzugsgebiet haben, knüpften die Erzieher frühzeitig vor der Einschulung den Kontakt mit der zukünftigen Lehrerin an. Dies war sehr leicht, da die Lehrerin auch Mutter eines Kindergartenkindes und an der Arbeit des Kindergartens sehr interessiert war. Nach einer Verständigung zwischen Erziehern und Lehrerin über die jeweiligen Wünsche und Erwartungen zur bevorstehenden Einschulung wurde vereinbart, daß die Lehrerin einige Male nachmittags den Kindergarten besuchen würde. Bei diesen Besuchen wurden nicht die zukünftigen Schulanfänger aus den altersgemischten Gruppen ausgegliedert, vielmehr begab sich die Lehrerin in die Gruppen und spielte mit den Kindern. Zu Gesprächen und schulbezogenen Spielen mit den Kindern, die in die Schule kommen sollten, kam es erst, nachdem die Lehrerin allen als Besucher vertraut war.
Da die Lehrerin zur Elternschaft des Kindergartens gehörte, wurde die Einschulung auch mit den Eltern frühzeitig besprochen. Der Erfolg dieser Kontakte mit Kindern und Eltern war nach der gemeinsamen und gruppenübergreifenden Einschulung der Kinder deutlich zu bemerken: Der Übergang vom Kindergarten zur Schule war für die Kinder mit viel weniger Ungewißheit verbunden, sie kannten ihre Lehrerin und mochten sie gern. Mögliche Elternängste konnten die Kinder weit weniger verunsichern, weil sie ja schon mit ihrer Lehrerin gesprochen und gespielt hatten und sehnlichst auf den Beginn der Schule warteten. Aber auch für die Lehrerin hatte der Kontakt mit Erziehern und Kindern Konsequenzen: So wie sie vorher im Kindergarten hospitiert hatte, ließ sie Erzieher und Kinder aus dem Kindergarten ab und zu am Unterricht teilnehmen. Ihre Erfahrungen mit den Kindern im Kindergarten und mit der dort üblichen Arbeitsweise versuchte sie in ihrem Unterricht zu verwerten: So besorgte sie mit Unterstützung des Kindergartens und des Rektors einige Spielutensilien für das Klassenzimmer; sie legte in kürzeren Abständen, als der Stundenrhythmus der Schule es vorschrieb, Pausen ein, in denen sich die Kinder etwas erzählen und sich – bei schönem Wetter im Freien – kurz austoben konnten; sie regte an, daß sich die Kinder jeden Morgen erst einmal im Kreis trafen und die wichtigsten Ereignisse des Vortages austauschten. Nach dem Bericht der Lehrerin gab es in dieser Klasse weniger Disziplinschwierigkeiten als üblich, und die Leistungen waren – nachdem es zuerst etwas langsamer vorwärts ging – am Ende des ersten Schuljahres bei fast allen Kindern sehr hoch.

Dabei ist es nicht so, daß Menschen außerhalb des Kindergartens immer erst mit einiger Mühe eingeladen werden müssen (auch wenn ihr Einbezug in der Regel mit zusätzlichen Arbeitsbelastungen verbunden ist). Wenn sie wissen, daß der Kindergarten nicht abgeschirmt von seiner Umgebung arbeitet, kommen sie bisweilen von selbst:

◆ Ein spastisch gelähmter Student hörte davon, daß der nahegelegene Kindergarten einen ebenfalls spastisch gelähmten Jungen aufnehmen wollte. Er bot von sich aus an, ein paar Mal in die Gruppe zu kommen, um den Kindern die Schwierigkeiten zu zeigen und zu besprechen, die man als ein in dieser Weise Behinderter erlebt.

In anderen Fällen genügt es, daß für einen Erzieher situationsbezogenes Arbeiten selbstverständlich geworden ist, um selbst aus einmaligen Begegnungen mit Erwachsenen spontan ein Projekt entwickeln zu können.

◆ Das folgende Beispiel eines Projektes aus der Einheit „Gastarbeiterkinder" nimmt seinen Ausgang von einem solchen Anlaß: Eine Schaukel wurde für die Freispielfläche des Kindergartens bestellt. Als sie kam, sollte sie einbetoniert werden. Hier der Bericht der beteiligten Erzieherin:
„Vormittags – es war an einem Tag im Oktober – kamen zwei italienische Arbeiter und fingen an, im Garten ein Loch zu graben. Unsere Kinder liefen raus und schauten interessiert zu. Ich regte die Kinder an, die Arbeiter zu fragen, was da überhaupt gemacht würde. Sie trauten sich nicht gleich. Einige kamen darauf, daß dort wohl das Schaukelgestell einbetoniert werden sollte. Sie fragten mich, wie tief das Loch werden würde. Ich sagte, ich wüßte es nicht, sie sollten lieber die Arbeiter danach fragen. Sie taten es dann, obgleich es ihnen schwerfiel.
Bei den Geräten lag ein Zollstock, mit dem haben wir gemessen, wie tief das Loch werden sollte. Vorher haben die Arbeiter es uns gezeigt. Wir sprachen darüber, was die Arbeiter für Geräte verwendeten: Schaufeln, die Spitzhacke. Ich fragte: 'Habt ihr nicht Lust, da auch mitzumachen? ' Die Kinder: 'Ja, wie denn? ' Ich: 'Mit euren Schippen vielleicht.' Da rannten die Kinder los, um ihre kleinen Schaufeln zu holen. Im Werkraum hatten wir auch drei größere Eisenschippen, um die sich die Kinder dann rissen. Da gab's auch die ersten Schwierigkeiten: Die einen Kinder sollten nach einiger Zeit die größeren Schippen anderen weitergeben. Zuvor hatten wir die Arbeiter gefragt, ob die Kinder mitmachen dürften.
Die Kinder sind dann in das Loch gesprungen und haben eifrig geschaufelt. Die beiden Arbeiter haben die Kinder gerne mitmachen lassen. Sie machten den Kindern Platz, ließen sie ausschaufeln und waren sehr geduldig. Ich habe den Fotoapparat geholt, und das fanden die beiden Italiener ganz toll. Einer stellte sich gleich in Pose und rief den zweiten, er solle auch kommen. So ging es bis mittags. Da haben wir dann die Arbeiter gefragt, ob sie am nächsten Tag wiederkommen würden und ob die Kinder dann wieder mithelfen dürften. Die Arbeiter haben das bejaht. Am nächsten Tag wurde der Beton angefahren. Ich hatte das in der Gruppe nicht angekündigt. Ein Kind sagte plötzlich: 'He guck, die sind wieder da draußen.' Ich fragte: 'Wollt ihr auch arbeiten? ' Alle wollten und zogen sich rasch die Mäntel an. Wir waren dann von halb neun bis um halb zwölf draußen – zumindest mir war's furchtbar kalt, aber die Kinder hatten großen Spaß. Die Kinder und die beiden Arbeiter haben gemeinsam den Beton eingeschaufelt: Die Kinder holten einfach ihre Schaufeln und fingen an, mitzuarbeiten – das ging ganz normal und selbstverständlich.
Irgendwann am Vormittag machten die Arbeiter Pause, und da ka-

men wir auf die Idee, sie einzuladen. Die Kinder meinten, wir sollten Kaffee kochen. Sie rannten in die Küche, holten Tassen und den Wasserkessel. Sie waren sehr aktiv, und in dem entstehenden Durcheinander gelang nicht alles: so vergaßen sie, daß man die Männer ja auch einladen und holen müßte. Die Arbeiter saßen nämlich im Werkraum, und die Kinder liefen immer hin und her, ohne den beiden recht vermitteln zu können, daß sie zum Kaffee in den Gruppenraum kommen sollten. Ich bin dann mit den Kindern hingegangen und hab's den Arbeitern noch mal erzählt. Der eine wollte spontan, der andere zuerst nicht so recht; gekommen sind sie aber dann beide.

Als sie am Tisch saßen, entstand plötzlich ein eisernes Schweigen. Ich regte die Kinder daraufhin an, nach den Namen der beiden zu fragen – bis dahin waren sie nur 'die Männer'. Nach einigem Zögern fragten zwei Kinder nach den Namen: Antonio und Francesco. Als ich dann fragte, woher die beiden kommen könnten – ob aus Deutschland oder woandersher – und ob man das vielleicht an den Namen erkennen könnte, da meinten die Kinder, daß Antonio und Francesco eigentlich nicht aus Deutschland sein könnten. Später haben wir überlegt, daß wir unsere Gäste zum Dia-Nachmittag einladen könnten, dann, wenn die Bilder von den beiden Tagen vorliegen würden. Die Kinder ließen sich die Adressen von Francesco und Antonio geben.

Nach der Kaffeepause wurde weitergearbeitet. Als das Loch ausgefüllt war, sagten mir die beiden Arbeiter, daß die Kinder eine Zeitlang nicht auf die noch weiche Betonfläche gehen dürften. Ich bat sie, das den Kindern selbst zu sagen, weil es dann mehr Wirkung hätte. Das haben sie auch gemacht.

Auf meinen Vorschlag hin, von den Erfahrungen auch anderen Gruppen im Kindergarten zu berichten, nahm ein Kind Antonio bei der Hand und ging mit ihm in einen anderen Gruppenraum. Die Kinder der anderen Gruppe verstanden das aber nicht so recht. Als sie rauskamen, verdrängte unsere Gruppe die anderen Kinder und ließ sie nicht mitmachen.

Am Nachmittag kamen wir dann noch auf die Idee, daß wir gemeinsam Spaghetti kochen könnten. Einer der beiden Italiener sagte, wenn er das gewußt hätte, hätte er auch heute schon Spaghetti gekocht. Wir meinten, er könne es ja trotzdem noch einmal machen. Er sagte, daß er anrufen würde, sowie er Zeit hätte. Gleich am nächsten Tag rief er an und wollte zum Kochen kommen. Wir verabredeten uns für einen der nächsten Tage. Am Tag vor dem Kochtag besprachen wir in der Gruppe, was man alles zum Spaghetti-Kochen braucht. Die Kinder stellten Tischdecken (aus bemaltem Zeitungsrollenpapier) und Servietten her. Als die beiden – reichlich verspätet – kamen, stürzten sich die Kinder auf sie und freuten sich, daß sie da waren. Alle drängten zunächst in die kleine Küche. Die Kinder zeigten den beiden die Küche, machten die Schränke auf und führten vor, was wir hatten.

Das Spaghetti-Kochen ging so: Die meisten Kinder spielten draußen, nur ein paar waren in der Küche dabei und durften mithelfen. Antonio und Francesco wollten mehr nicht zulassen. Sie hatten Wein mitgebracht und boten uns Erwachsenen davon an. Die Kinder wollten auch Wein. Für sie wurde Hagebuttentee zum italienischen Wein; sie mochten ihn sehr, obwohl sie ihn sonst eher abgelehnt hatten. Als die Spaghetti fertig waren, stellten sich die Kinder mit ihren Tellern an, und Antonio und Francesco gaben ihnen auf.

Einige Kinder, die sonst kaum etwas zu Mittag aßen, schafften zwei volle Teller. Die Italiener zeigten, wie man mit Löffel und Gabel die Spaghettis aufdrehen kann. Die Kinder schauten auch zu, aßen dann aber doch nach ihrer eigenen Methode. Nach und nach wurden die Kinder abgeholt. Antonio und Francesco blieben noch ein bißchen da und unterhielten sich mit uns Erziehern. Wir haben dann abgemacht, daß wir sie anrufen, wenn die Dias da sind."

Projekte mit Eltern, die aus dem Kindergarten hinausführen

Situationen außerhalb des Kindergartens legen Projekte nahe, die auch außerhalb durchgeführt werden – in der Situation oder in ihrer Nachahmung.

♦ Eine Erzieherin in einem Bericht zur Einheit „Meine Familie und ich": „Mit acht Kindern besuchten wir die Arbeitsstelle eines Vaters. Er ist Kraftfahrzeugmeister in einer großen Autofirma. Auf unsere Frage, ob wir nicht mal dahin kommen könnten, war er sofort bereit, und es klappte alles vorzüglich. Herr B. gab sich unwahrscheinliche Mühe, den Kindern alles zu zeigen. Als ein anwesender Kunde fragte, wer wir seien, sagte er: 'Das ist ein Kindergarten. Die Kinder sollen einmal erleben, wo der Vater tagsüber ist. Meist geht er morgens weg und kommt erst abends wieder, und die Kinder wissen gar nicht, was der Vater zwischendurch tut, warum er abends oft müde ist, wo er das Geld verdient.' Seine Kollegen witzelten zuerst und fragten, auf die Kinder zeigend: 'Sind das alles deine? ' Auch ihnen erläuterte er den Zweck unserer Exkursion. Danach erklärten auch die anderen Kollegen den Kindern ihre Arbeit."

Um die Nachahmung einer Situation (des Zurückfindens) geht es im folgenden Beispiel: Eines der Projekte von „Verlaufen in der Stadt", auf das schon kurz hingewiesen wurde (im Kap. 4) spielt in unbekannter Umgebung und ist wie ein Geländespiel angelegt. Die Kindergruppe fährt mit der Erzieherin und einigen Eltern in einen Stadtteil, den die Kinder nicht kennen. Von dort aus sollen sie sich, nach vorheriger Absprache, zu einem ihnen bekannten Ziel durchfragen.

Zur Vorbereitung eines solchen Projektes haben die Erzieherinnen einer Kindergruppe mit ihren Kindern Gespräche geführt, Spiele gemacht und mehrmals den Zielort des Verlaufen-Spiels, einen anderen Kindergarten, besucht. In Gesprächen haben sie das Vorhaben gemeinsam geplant, sie haben festgelegt, wie viele und welche Kinder gemeinsam gehen wollten: In den Untergruppen waren zwei oder drei Kinder; die Erzieherinnen achteten bei der Zusammensetzung darauf, daß lebhafte und ruhige, ängstliche und risikofreudigere Kinder jeweils in einer Gruppe waren, „damit immer ein Kind dabei war, das auf jeden Fall die Initiative ergreifen würde, wenn sich die anderen nicht zu fragen trauten". Gemeinsam haben sie noch einmal über die Verkehrsregeln gesprochen und ausgemacht, daß sich die Kinder in jedem Fall an den Plan halten müßten. Wiederholt wurde darauf hingewiesen, daß sie sich von keinem Fremden ansprechen lassen und nur ihrerseits an Erwachsene ihre Fragen nach dem Weg stellen dürften.

Mit Kasperlefiguren und Biegepüppchen haben sie die Situation mit ihren verschiedenen Möglichkeiten vorher noch einmal gespielt. Die Erzieherinnen spielten mit den Kasperlefiguren, daß Kasperl und Seppl die Gretel besuchen wollten, die in eine fremde Stadt gezogen war. Sie führten den Kindern all die Probleme vor, auf die sie später im Geländespiel treffen würden, und zeigten einige Möglichkeiten ihrer Bewältigung. Mit Biegepüppchen haben die Kinder selbst gespielt und versucht, richtiges Verhalten (Beachtung der Verkehrsregeln, rechts und links unterscheiden, nicht mit fremden Menschen mitgehen) einzuüben.
Das Ziel des Verlaufen-Spiels, der Kindergarten „Hirschsprung", wurde vorher zweimal besucht. Die Kinder fuhren mit einem Bus hin, spielten dort mit den anderen Kindern, schauten sich die Ge-

In Zweier- oder Dreiergrüppchen gehen die Kinder den unbekannten Weg, wie er ihnen vom vorhergehenden Posten erklärt wurde.

bäude von außen genau an und gingen zu Fuß in ihren Kindergarten zurück. Dabei führten einige Kinder die Gruppe.
Auf einem Elternabend haben die Erzieherinnen mit den Eltern das Projekt geplant. Sie legten den genauen Weg fest, den die Kinder gehen sollten. Acht Mütter waren bereit, im Projekt als Passanten, die die Kinder nach dem Weg fragen sollten, mitzuwirken. Da die

Oben: Diese drei Kinder werden von einer Mutter über den Zebrastreifen gebracht.
Unten: Auf der anderen Straßenseite erklärt sie ihnen den weiteren Weg.
Aus Textillustrationen zur didaktischen Einheit „Verlaufen in der Stadt". Foto: Tüllmann

Mütter befürchteten, daß den Kindern etwas zustoßen könnte, wurde gleichzeitg vereinbart, daß nur eine Erzieherin bei der Gesamtgruppe bleiben, die zweite den kleinen Kindergruppen heimlich auf ihren Weg folgen sollte, um sie auch dann im Auge zu behalten, wenn sie zwischen zwei Posten liefen.
Ausgangspunkt des Spieles war ein Wald, in dem die Kinder spielen und auf die Bäume klettern konnten, so daß ihnen die Wartezeit nicht lang wurde. Das Ziel, der Kindergarten „Hirschsprung", lag ungefähr 800 Meter von diesem Wald entfernt. Der Weg dorthin war den Kindern unbekannt und führte durch reines Wohngebiet. Nacheinander wurden die kleinen Kindergruppen losgeschickt. Die Spielregel hieß: Frauen, die eine Zeitung in der Hand haben, anzusprechen und nach dem Weg zum Kindergarten „Hirschsprung" zu fragen. Diese Posten, Mütter der Kinder, waren so aufgestellt, daß sie sich nicht sehen konnten. Die Kinder zogen los, fragten sich von Posten zu Posten durch und kamen nach und nach alle im Kindergarten „Hirschsprung" an, wo sie bereits erwartet wurden. Eine Gruppe hatte wohl zwischen zwei Posten vergessen, wie sie gehen wollte. So sprachen sie eine andere Frau an, die zufällig vorbeiging und eine Zeitung in der Tasche hatte, und fragten sie nach dem Weg. Da sie gerade vor einem anderen Kindergarten standen, meinte die Frau: „Hier ist doch euer Kindergarten!" Die Kinder schauten sich den Kindergarten an, merkten, daß er nicht der gesuchte war, und liefen weiter zum nächsten Posten. Um zu prüfen, ob die Kinder sich auch von Fremden ansprechen lassen würden, stand am Weg eine den Kindern fremde Frau ohne Zeitung und bot ihnen an, sie zu begleiten. Alle Kinder lehnten dieses Angebot ab, wenn auch manche zunächst zögerten."

Nicht um eine „gestellte", nachgeahmte Situation, sondern um ein Projekt in einer Realsituation geht es im folgenden Beispiel. Das Projekt kann man als eine handlungsorientierte Antwort auf die in der didaktischen Einheit „Wochenende" angesprochenen „Montagsschwierigkeiten" verstehen.

♦ Die beteiligte Erzieherin: „Guidos Eltern hatten einen alten Wohnwagen sehr günstig gekauft und verbrachten bei halbwegs schönem Wetter fast jedes Wochenende darin. Guido erzählte ganz begeistert von seinen Erlebnissen und brachte immer etwas für seine Freunde im Kindergarten mit: Stöcke, Steine, Zweige, manchmal auch Blumen oder Fische in kleinen Gläsern. Obwohl Guido sehr beliebt war, gab es doch einige in der Gruppe, die sich darüber ärgerten, daß er es am Wochenende so schön hatte, während sie fast nie wegfahren durften. Nachdem Guido wieder mal seine Fische mitgebracht hatte – und zwar ein großes Glas voll –, kam plötzlich ein Mädchen zu mir und rief ganz aufgeregt: 'Das Glas ist fort, wo die Fische von Guido drin sind.' Die Kinder suchten, und einer entdeckte, daß drei aus unserer Gruppe draußen unterm Fenster den Boden absuchten. Die drei Buben hatten aus Wut darüber, daß sie keine Fische fangen konnten, den Glasbehälter samt Inhalt aus dem Fenster geworfen.
Guido und auch seine Eltern hatten schon mehreren Kindern das Angebot gemacht, mit ihnen am Wochenende mitzufahren. Aber die Eltern waren dagegen. Der Vorfall mit den Fischen hatte sich

schnell herumgesprochen. Die Eltern diskutierten darüber beim nächsten Elternabend. Guidos Eltern reagierten etwas sauer und meinten, sie hätten keine Lust mehr, immer wieder das Angebot zu erneuern, daß sie gerne mal Besuch von Eltern und Kindern bekommen würden und einzelne Kinder ohne deren Eltern mitnehmen könnten. Nur so könnte man den Neid der anderen Kinder abbauen. Spontan sagte eine Mutter: 'Gut, wenn es Ihnen nichts ausmacht, dann fahre ich mit dem Fahrrad mit meinen Kindern und besuche Sie.' Guidos Vater meinte, das wäre zu anstrengend. Er schlug vor, daß Frau B. mit ihrem Großen (Erstkläßler) mit dem Rad fahren sollte und er Susi und Alex (fünf und vier Jahre) im Auto mitnehmen könnte. Plötzlich wollten gleich sechs Mütter – wir haben sehr viele alleinstehende Mütter – mitmachen; aber mit dem Fahrrad war ihnen das zu riskant. Guidos Vater versprach eine Skizze zu machen, wie man von der Straßenbahn-Endhaltestelle zu Fuß den Weg zum Wohnwagen fände. Die Eltern einigten sich ziemlich rasch, wer wann mit wem an den nächsten Wochenenden zum Wohnwagen fahren wollte. Ich merkte, daß Guidos Vater irgend etwas nicht so ganz paßte und schob ihm einen Zettel zu. Die Rückmeldung lautete: 'Kann von den Damen eine Karten spielen? ' Die Frage wurde zu seinen Gunsten beantwortet.
Am nächsten Wochenende fuhren drei Mütter und ein Vater mit insgesamt sechs Kindern los. Sie hatten sich auf die Straßenbahn als Verkehrsmittel geeinigt. Guido hatte versprochen, auf alle ganz dicken Bäumen blaue Kreuze mit Kreide zu malen, damit auch alle den Weg fänden. Die Kinder verselbständigten sich bereits auf dem Weg zum Ausflugsziel und waren vor ihren Eltern am Wohnwagen. Sie hatten mit Hilfe unseres Praktikanten ein Wasserrad gebaut und konnten es kaum erwarten, dessen Funktionsfähigkeit auszuprobieren. Der Fluß war an dieser Stelle am Ufer sehr flach und ging selbst an der tiefsten Stelle in der näheren Umgebung den Kindern nur bis zum Bauch. Guidos Eltern kochten beim Eintreffen der Kinder gleich Kaffee und holten ihren gesamten Vorrat an Kuchen, Broten und Campingstühlen hervor. Sie erzählten, daß die Kinder gar nicht warteten, bis ihre Eltern mit den Badesachen kamen, sondern sich nackt auszogen (es hatte sich bei uns nach eineinviertel Jahren Kindergartenpraxis langsam entwickelt, daß die Kinder beim Hantieren mit Wasser und Sand sich völlig nackt auszogen). Am Montag berichteten Eltern und Kinder sehr lebhaft und zufrieden von dem Ausflugserlebnis.
Bei einem Elternabend drei Wochen später sprachen die Eltern sehr engagiert (inzwischen war eine zweite Gruppe beim Wohnwagen gewesen) über ihre Eindrücke. Die meisten Eltern erzählten, daß sie sehr verwundert waren über die Eigenständigkeit der Kinder und über ihr Bedürfnis, alles möglichst allein machen zu wollen. Eine Mutter erzählte, sie sei richtig erschrocken, als sie bemerkte, daß alle Erwachsenen über eine halbe Stunde 'gequasselt' hätten, ohne sich um die Kinder zu kümmern. Sie sei sehr aufgeregt gewesen und hätte sich gleich aufgemacht, um die Kinder zu suchen. Anstatt eine zänkische, laut schreiende, sich prügelnde Kindergruppe vorzufinden, sah sie dann drei Kinder einträchtig in dem selbstgebauten Zelt aus Stöcken und Decken, die zwei größten bliesen das kleine Schlauchboot auf und zwei Kinder sortierten die gesammelten Steine. Sie erzählte weiter, daß die Kinder kein Bedürfnis äußerten, daß die 'großen Leute' mit ihnen spielen sollten. Sie wollten lediglich möglichst bald den Grill haben und Würstchen und Senf.

Auch die übrigen Eltern berichteten, daß es für sie sehr angenehm gewesen wäre, zu bemerken, daß die Kinder recht gut allein zurechtkämen, wenn sie entsprechende Beschäftigungsmöglichkeiten hätten. Die meisten sagten, daß sie froh wären, dies ausprobiert zu haben. Eine Mutter: 'Ich glaube, wir machen uns das Leben selbst oft zu schwer. Ich hatte kein schlechtes Gewissen, weil ich nie nach den Kindern gesehen habe. Die kommen schon, wenn sie was wollen.'
Es war durchaus nicht so, daß den ganzen Nachmittag über die Eltern von den Kindern getrennt waren; beispielsweise wollten die Kinder beim Ballspielen der Erwachsenen mitmachen; sie holten Eltern zu Hilfe, als das Holzkohlenfeuer immer wieder ausging; sie fragten auch ihre Eltern, ob sie 'richtiges' Feuer machen dürften, und ließen sich von Guidos Vater zeigen, wie man Stöcke abschneidet, ohne daß was passieren kann.
Ärger gab es nur beim Aufbruch. Die Kinder hatten sich versteckt, um den Zeitpunkt herauszuzögern, und wollten nach Auffassung der Eltern 'viel zu viel Zeug' mitnehmen, weil sie ja den übrigen Kindern im Kindergarten 'Geschenke' versprochen hatten. Erst als Guidos Mutter ihnen eine Obstkiste gab, wo sie ihre Schätze aufbewahren sollten bis zum nächsten Besuch, wurden die Kinder einsichtiger. Aber sie stopften dennoch die Rucksäcke so voll, daß sie sie nicht allein tragen konnten. Guidos Mutter war besonders froh über dieses Wochenende, weil ihr die 'ewige Kartenspielerei schon zum Hals heraushing'. Ich konnte mir's nicht verkneifen, ein wenig nachzubohren, warum wir denn eineinviertel Jahre gebraucht hätten, um so ein 'Sonntagserlebnis' zu organisieren."

Projekte außerhalb des Kindergartens mit anderen Erwachsenen

Wenn man Lernorte außerhalb des Kindergartens aufsucht, übernehmen einige der Menschen, mit denen man dort zu tun hat, die Rolle von Laienpädagogen – ob sie sich dessen bewußt sind oder nicht. Sie können dies, wenn sie kein Naturtalent mitbringen, nicht immer auf Anhieb (sondern verlieren sich mitunter in der Erklärung technischer Details oder der Verwendung von Fachbegriffen). Solche Projekte brauchen deshalb in der Regel eine genauere Vorbereitung: Erzieher sollten sich mit diesen Beteiligten vorher besprechen, sie sollten Hinweise darauf geben, was Kinder wohl interessieren wird und welche Arten von Erklärungen sie nicht verstehen. Sie sollten auch fragen, was Kinder an einem solchen Ort *tun* können (damit sie nicht wie bei einer Besichtigung nur gucken und sich passiv verhalten müssen).

♦ Auf Kinder, die im Krankenhaus operiert werden, wirkt der Operationssaal (= OP), in den sie in der Regel liegend geschoben werden, oft monströs und furchterregend: Zu möglichen Zerstörungsphantasien („Ich werde in der Mitte auseinandergeschnitten." – „Mein Bein wird abgehackt." – „Die machen mich tot.") kommt das Gefühl, hier absolut chancenlos einer Maschinerie ausgeliefert zu werden, die in unbekannter Weise von einem Besitz ergreift. Es ist also naheliegend, diesem Raum einen Teil seines Schreckens zu nehmen, indem man ihn anschaut und seine Funktion erörtert – also auch bespricht, daß in manchen Fällen Operationen notwendig und sichere Hilfen sein können (etwa bei Blinddarmentzündungen oder komplizierten Knochenbrüchen). Erklärbar sind die wesentlichen Einrichtungen eines OP, erklärbar sind die Tätigkeiten der Chirurgen und Operationsschwestern; erklärbar sind der Zweck und der Vorgang der Narkose. Diese Erklärungen müssen nicht doziert werden, man kann sie im Rollenspiel vermitteln.

Die Kindergartenkinder füttern das Baby.
Aus Fotoposters zur didaktischen Einheit „Geburt und Zärtlichkeit". Foto: Schulz-Dornburg

Eine Erzieherin: „Wir hatten mit den Kindern schon vor dem Besuch über Operationsräume gesprochen, wir haben Fotos angesehen, die Kinder haben Fragen gestellt. Als wir dann dort waren, hat die Stationsschwester – was ich sehr geschickt fand – mit den Kindern so gespielt, als wäre es Wirklichkeit, als würden sie jetzt auf die Operation vorbereitet. Sie hat mit den Kindern etwa so geredet: '. . . Und jetzt würde ich dich fragen, wie heißt du?' Und dann hat

ein Kind seinen Namen gesagt. 'Und nun würde ich dich da drauflegen.' Dann hat sie es auf das Bett gelegt und eine Glastüre aufgemacht und das Bett mit dem Kind durchgeschoben. Sie ist mit ihm auch noch in den Narkoseraum gefahren. Als das Kind im großen OP angekommen war, wollte es vom Bett runter, es wollte da nicht mehr draufbleiben. Na, da hat die Schwester die Sachen halt ohne das Kind weiter erklärt.
Gelernt habe ich daraus, daß man sich vor solch einem Besuch intensiv mit der Schwester über die Art und Weise unterhalten muß, wie sie den Kindern den OP am besten erklärt. In unserem Fall war's ja Zufall, daß sie das so gut gemacht hat."

Wenn es um Fragen der frühen Kindheit innerhalb der Familie geht, kann man den entsprechenden Lernort auch einmal aufsuchen. Im folgenden Beispiel (aus der Einheit „Geburt und Zärtlichkeit") geht es um die Gelegenheit, sich an der Pflege eines Babys zu beteiligen und dabei ein Stück der möglichen Reserviertheit gegenüber 'den Kleinen' abzubauen.

♦ In einer Gruppe besuchten zehn Kinder den kleinen Bruder eines Kindes zu Hause. Die Kinder kannten die Mutter vom Kindergarten her schon recht gut (sie ist als Reinemachefrau im Kindergarten beschäftigt). Da die ältere Schwester ziemlich eifersüchtig auf den Kleinen war, plante man den Besuch während eines Kuraufenthaltes des Mädchens; nach ihrer Rückkehr sollte das Baby dann noch einmal in den Kindergarten kommen.
Der Besuch war für die Kinder interessant: Sie durften beim Wickeln helfen, das Kind eincremen und pudern, es füttern und später mit ihm spielen. Die Mutter erklärte den Kindern alles und war auch nicht zu ängstlich, wenn die Kinder das Baby herumschleppten.
Die Kinder haben einen recht guten Einblick in den Tagesablauf eines Babys erhalten. Günstig war es allerdings schon, daß das Kind bereits älter (neun Monate) war.

Ein Projektvorschlag der didaktischen Einheit „Müll", die die Entwicklung eines differenzierten Bewußtseins zur dinglichen Umwelt fördern will, gilt dem Besuch einer Müllhalde.

♦ In einem Kindergarten wurde der Weg des Abfalls von der Tonne bis zum Müllplatz verfolgt. „Mit Unterstützung des Bauhofes fand eine Fahrt zu einer städtischen Müllhalde statt. Den Kindern war Gelegenheit gegeben, den Abtransport der Mülltonnen bis zu ihrer Ausleerung auf der Müllhalde zu verfolgen, was für die Kinder ein wirkliches Erlebnis war."
Ein anderer Kindergarten hatte die Gelegenheit, die städtische Müllverbrennungsanlage zu besichtigen. Eine Erzieherin: „Wir Erzieherinnen fuhren eine Woche vorher auf das Gelände und informierten uns. Es wurden die günstigsten Busverbindungen ausfindig gemacht. Wir führten ein Gespräch mit dem Direktor der Städtischen Müllabfuhr und dem Referenten für Umweltschutz. Mit den Kindern hatten wir auch schon den Weg des Mülls durchgesprochen. Im Anschluß an eine Geburtstagsfeier tauchte die Frage auf: Wohin mit

dem Bonbonpapier, und was passiert damit im Müll? Mit einer gemischten Altersgruppe von 22 Kindern und in Begleitung einiger Mütter fuhren wir zum Müllplatz. Dort führte uns einer der Angestellten."

Ein Zeitungsbericht: „22 Jungen und Mädchen waren begeistert. 'Mensch, guck mal, was der für große Räder hat', meinte ein Steppke respektvoll, und ein anderer ließ sich gar auf das Ungetüm von Müllverdichter heben und beguckte sich den Müllplatz mal von oben. Denn dorthin, auf die Müllkippe bei Budenheim, hatte ein Ausflug Kinder und Betreuerinnen des Mainzer Kindergartens St. Johannes

Auf dem Müllplatz.
Aus Textillustrationen zur didaktischen Einheit „Müll". Foto: Eckert

Evangelist geführt. 'Das Thema Müll und Umweltverschmutzung beschäftigte uns in den letzten Wochen', erklärte die Leiterin des Kindergartens, Henkel. 'Wir haben den Jungen und Mädchen klargemacht, wie Müll entsteht und was dann mit ihm passiert, und wollten ihnen nun auch einmal die Endstation zeigen.'

Drum also stapfte die kleine Truppe zwischen zerkleinerten Büchsen, Papiertüten, Flaschenscherben und sonstigem Unrat herum und sah zu, wie Müllwagen nach Müllwagen seine Fracht ablud. Aber natürlich, so interessant so ein Platz auch sein mochte – der Müllverdichter interessierte die mit Technik vertrauten Großstadt-Knirpse eben doch am meisten. Ganz genau mußte das Fahrzeug begutachtet werden, und als sich eine der Betreuerinnen gar hinter den Steuerknüppel wagte und zaghaft eine Runde drehte, war das Hallo groß. 'Es sollen nicht die einzigen Kinder bleiben, die wir mit den Problemen der Umwelt vertraut machen', kündigte Stadtoberinspektor Dörsam dazu vom Verordnungsamt an. 'Auch andere Kindergärten und Schulen können diese Chance nutzen.'"[2]

Die Erzieherin: „Die Kinder entdeckten auf dem Müllplatz verschiedene Gegenstände: Gummistiefel, Fernseher, Bälle, die wollten sie unbedingt mit nach Hause nehmen: 'Mensch, was hier kaputte Spielsachen rumfliegen!' Auf dem Müllplatz packten die Kinder ihre Butterbrote aus und frühstückten. Ein Kind hielt sein Papier in der Hand und fragte: 'Wo soll ich das Papier von meinem Brot hinwerfen?' Nicht gefallen hat den Kindern der Gestank, obwohl sie das nicht daran hinderte, dort zu essen. Nach dem Besuch war den Kindern vieles verständlicher. Der Müllmann hat uns erklärt, daß der Müll so klein wie möglich gemacht wird. Und das wird gemacht, damit nicht so große Hohlräume entstehen und der Müllplatz zu brennen anfängt. Die Kinder hatten auf der Müllhalde einen kleinen Schwelbrand gesehen und auch den Gestank stark empfunden. Daher leuchtete ihnen ein, daß über den plattgewalzten Müll immer wieder eine Schicht Erde kommt, damit kein Feuer entstehen kann und der Gestank nicht durchkommt. Außerdem dürfen keine Hohlräume entstehen, weil die Ratten kommen; da sind so viele Abfälle, und die Ratten machen sich da gerne dran. Es würde dann von Ratten wimmeln. Aber wenn alles so klein zusammengepreßt ist, dann können sich die Ratten nicht so vermehren. Die riesengroßen Mengen an Müll, die die Autos abluden, haben die Kinder stark beeindruckt. Und sie verstanden daher, daß der Müll zerkleinert wurde. 'Wenn die Stücke so groß sind, da geht das nicht, da ist nicht so viel Platz da.'"

Aussagen von Eltern anläßlich von Berichten ihrer Kinder:
„Das war für die Kinder ein großes Ereignis. Sie sprachen noch tagelang davon, auch heute noch."
„Diese Maschine, irgendein Gerät, das den Müll verarbeitet, das kam tagelang: wie die nun alles schluckt und alles zermahlt. Es lag gar nicht so viel herum, wie die Kinder das sich wohl vorgestellt hatten. Sie dachten, da wäre ein einziger riesiger Müllhaufen. Auch die Müllmänner haben ihnen sehr imponiert, in ihren blauen Anzügen, in Arbeitskleidung."
„Das gefiel ihnen sehr. Sie sagten, später jedenfalls, wir werden auch Müllmänner, dann können wir viel Müll schippen und immer in die Maschine rein tun."
„Bei unserem Sohn ist dieses Auto die eigentliche Attraktion des Müllplatzes gewesen. Sie durften, soviel ich weiß, sogar eine Runde mit dem Auto drehen."

Exkursionen wie der beschriebene Besuch einer Müllhalde tragen dann zur Erfahrungserweiterung von Kindern bei, wenn sie der Veranschaulichung von Fragestellungen die-

(2) 22 Mini-Mainzer wollten wissen: Was passiert am Ende mit dem Müll? , in: Allgemeine Zeitung. Mainzer Stadtnachrichten, 4.4.1974.

nen, die im unmittelbaren Bereich des Kindergartens nur abstrakt oder stark vereinfacht dargestellt werden können. Die dinglichen und sozialen Aspekte der „Außenwelt" sollten dabei allerdings als zusammengehörig gesehen und verdeutlicht werden.

Projektidee und Projektwirklichkeit

Wir haben (im Kap. 4) davon berichtet, daß – nach einer Vorverständigung über die Situation – Projektideen entwickelt und in einer ersten Fassung niedergeschrieben wurden. Wie kann sich eine solche Projektidee zur Projektwirklichkeit verhalten? Was bedeutet die situationsbezogene Konkretisierung einer pädagogischen Absicht? Wir wollen das am Beispiel des Projektes „Dramatisierung des Tageslaufs im Krankenhaus" zeigen.

◆ Am Anfang dieses Projektes stand eine Projektskizze: In ihr wurde vorgeschlagen, eine Ecke im Kindergarten zu einem „Krankenzimmer" umzubauen, eine Krankenschwester einzuladen und sie zu bitten, mit den Kindern den Alltag im Krankenzimmer zu erspielen. Die ursprüngliche Projektidee wurde in den Modellkindergärten in vielfältiger Weise abgewandelt und erweitert. Im folgenden bringen wir diese erste Projektskizze. Wir unterbrechen oder ergänzen sie immer dort, wo praktische Erfahrungen Änderungen oder Erweiterungen erbracht haben. Insofern mischen sich in der Projektbeschreibung Ideen und Erfahrungen.

Was das Projekt beabsichtigt: Bei unseren Nachforschungen im Krankenhaus haben wir gesehen, daß kranke oder verletzte Kinder während des Krankenhausalltags viele Fragen haben. Sie stellen solche Fragen auch; die Schwestern und Ärzte finden – angesichts ihrer Belastungen – jedoch nicht immer die Zeit, darauf zu antworten. Im Projekt soll versucht werden, einige solcher Fragen und Antworten vorwegzunehmen, die Kinder mit dem Unbekannten und zunächst Zwangsläufigen eines Tageslaufs im Krankenzimmer vertraut zu machen und Erklärungen zu finden für tägliche Vorfälle, vor denen sie sonst leicht Angst entwickeln könnten. Im Projekt geht es um die Dramatisierung des Tageslaufs, um ein Rollen- oder Theaterspielen: Wir, die Kinder, spielen (wenn es geht, mit einer Schwester zusammen) den Tageslauf im Kinderkrankenzimmer.

Vorbereitende Gespräche: Man kann als Erzieher über den Krankenhausalltag berichten oder sich auf Vorerfahrungen (vermittelt etwa über die Projekte „Interviews mit entlassenen Kindern" und „Besuche im Krankenhaus") beziehen. Es könnte dabei erklärt werden: daß Kinder im Krankenhaus im Verlauf eines Tages manchmal Angst bekommen, weil sie nicht wissen, was mit ihnen geschieht und wozu dies gut ist; daß Ärzte und Schwestern oft überlastet oder geschäftig und dann nicht bereit sind, auf alle Fragen einzugehen; daß man den Alltag im Krankenzimmer spielen und dabei in Erfahrung bringen kann, wie es dort zugeht.

Einladung einer Krankenschwester: Zum Spiel kann man Hilfe brauchen. Denn wer weiß schon genau, wie ein Alltag im Krankenzimmer abläuft? Und wer kann einem die besonderen Vorfälle und Maßnahmen erklären? Wir schlagen vor, eine Krankenschwester zu diesem Spiel einzuladen und sie sich selbst spielen zu lassen. Sie könnte eine Mitspielerin werden, die weiß, wie das Spiel abläuft, und die in ihm ein Stück Wirklichkeit aus der Situation darstellt. Die Vorbereitung und das Einverständnis der Kinder vorausgesetzt, können Kontakte zu einer Krankenschwester gesucht werden. Eine Erzieherin: „Eine Woche vor dem Spiel riefen die Kinder eine uns bekannte Krankenschwester an und machten mit ihr selbständig einen Termin aus."
Möglichkeiten der ersten Kontaktaufnahme: Eine Mutter im Kindergarten ist oder war vielleicht Schwester; Eltern kennen möglicherweise eine Schwester; ein Hausarzt wird um Vermittlung gebeten; man ruft beim Krankenhaus (Schulschwester) oder einer Schwesternschule an. Am besten wäre es, wenn eine Schwester mitmacht, auf deren Station Kinder im Ernstfall tatsächlich kommen könnten.
Möglichkeiten der Erweiterung dieses Kontaktes: Die Kinder „diktieren" der Erzieherin einen Brief mit ihren Wünschen an die Schwester. Die Erzieher führen ein vorbereitendes Gespräch mit der Schwester. Dabei bittet man die Schwester z. B. um: Mitspiel an einem Vor- oder Nachmittag; Erklärung der Alltagssituationen in einem Kinderkrankenzimmer; Erklärung von besonderen Maßnahmen und Vorfällen während eines Tagesverlaufs; Erklärung und Vorspielen unterschiedlicher Verhaltensweisen von Schwestern und Ärzten bei gleichem Anlaß. Man kann die Schwester auch zu einem vorbereitenden Besuch in den Kindergarten einladen, um mit ihr und den Kindern die Einrichtung des Krankenzimmers und den Ablauf des Spiels zu besprechen und sich kennenzulernen.
Möglichkeiten der Teilhabe der Kinder an diesen Kontakten: Sammlung von Fragen und Spielwünschen an die Schwester; „Diktieren" eines Briefes; Telefonieren mit der Schwester wegen ihres Besuches; Besprechung mit der Schwester, wer welche Materialien besorgt.

Einrichtung eines „Krankenzimmers": Damit das Spiel möglichst konkret verlaufen kann, könnte im Kindergarten ein Krankenzimmer eingerichtet werden.
Eine Erzieherin: „Wir haben anfangs mit den Kindern zusammen unser Mitarbeiterinnenzimmer als Krankenzimmer hergerichtet und Liegen, die wir für Mittagskinder zur Verfügung haben, dort aufgestellt. Wir haben uns weiße Kittel und Schwesternhäubchen besorgt. Wir hatten vorher schon einen Kasten im Haus, in dem verschiedene Untersuchungs- und Behandlungsmaterialien aufbewahrt wurden, Materialien, die man kaufen kann. Die übrigen Sachen haben wir uns so zusammengesucht. Die Kinder waren von dem Spiel so angetan, daß es bei dem Mitarbeiterinnenzimmer nicht blieb. Wir haben dann die Puppenecke aus dem Gruppenraum herausgenommen, weil wir uns gesagt haben, daß es sonst zu eng wird; wir haben so die ganze ehemalige Puppenecke als Krankenzimmer eingerichtet. In dieser Ecke haben wir später den Kindern immer wieder mal was Neues hergerichtet. Erst nahmen wir die Puppenecke als Krankenzimmer, später wurde daraus ein Kaufladen und anderes."

Eine andere Erzieherin: „Bei uns bauten die Kinder in ihrem Krankenzimmer aus Tischen einen Behandlungstisch auf. Sie errichteten auch ein Säuglingszimmer, überlegten, wer Säugling wird, und nahmen dann die Puppen, weil keiner sich bereit erklärte. Ein Wartezimmer wurde aus einer langen Stuhlreihe erstellt; sie spielten zunächst Unfall – wobei ein Kind schwerverletzt zum Behandlungstisch getragen wurde."

Materialien, die man zur Einrichtung des Krankenzimmers verwenden kann: Wände (Regale oder Schränke entsprechend verschieben oder, falls vorhanden, Stellwände nehmen oder die Wände durch verhängte Stuhllehnen oder gekippte Tische markieren); Liegen, Matratzen, Gitterbettchen (z. B. aus einem Krankenhaus), Matten, Kissen, Decken, Laken (wenn nicht vorhanden, Eltern darum bitten); Geschirr, Topf; Material zur Untersuchung und Behandlung (darunter Stethoskop, Spritzen, Binden); Material zum Nachahmen besonderer Behandlungsmethoden (Tropf, Einlauf, Streckverband); Kittel und Häubchen, Schlafanzüge und Nachthemden, Hausschuhe).

Im vorbereitenden Gespräch zwischen der Schwester, der Erzieherin und den Kindern kann geklärt werden, was man brauchen und wie man es beschaffen oder nachmachen könnte. Die schon "fertigen" Sachen können bis zum Spielbeginn besorgt und mitgebracht, die anderen vorher mit Kindern und Eltern hergestellt werden.

Ideen zum Spielverlauf: Man vereinbart mit einer Schwester einen Termin, an dem sie mit Kindern und Erziehern im Kindergarten ein Krankenzimmer aufbaut. Zunächst sollte festgestellt werden, wer sich am Spiel beteiligen und wer etwas anderes machen will. Beim Aufbau können die Kinder etwas von der Inneneinrichtung des Krankenzimmers kennenlernen, vom Nebeneinander der Betten, von den Einrichtungen zum Essen und Waschen. In einem Kindergarten gab ein Mädchen, das gerade einen Krankenhausaufenthalt hinter sich hatte, genaue Anweisungen zur Einrichtung. Gemeinsam wird dann ein Tageslauf nachgespielt, wobei wichtige Stationen einerseits die regelmäßigen Vorfälle und Tätigkeiten sind (etwa der Wechsel von Nacht- und Tagschwester, die Essenszeiten), andererseits besondere Maßnahmen und Begebenheiten (etwa Visite, Operationsvorbereitung, Besuchszeiten). Die Schwester kann die Nacht- und die Tagschwester darstellen, sie kann auch den Arzt bei der Visite oder bei der Untersuchung spielen. Sie spielt mit den Kindern den Tagesablauf gleichsam im Zeitraffer. Sie kann dabei ihre Rolle immer wieder einmal aufgeben, um sie auf Vorschlag von Kindern oder Erziehern den Kindern für eine Weile zu überlassen oder Rollen zu tauschen – die Schwester spielt dann etwa ein weinerliches Kind. Auch die Erzieher können Rollen übernehmen, z. B. die der Assistenzärzte bei der Visite. Wichtig sind Angebote an die Kinder, solche Szenen in eigener Regie – als Schwester usw. – nach- und weiterzuspielen und den Erwachsenen dabei bestimmte Rollen aufzuerlegen.

Hier zunächst einige alltägliche Situationen, die im Spiel simuliert werden könnten: Wecken durch die Nachtschwester; Tätigkeiten der Nachtschwester und ihr Verhalten Kindern gegenüber, die vielleicht noch weiterschlafen wollen (Alternativen spielen, etwa unter dem Motto: „Also, jetzt spiele ich mal eine Nachtschwester, die ganz behutsam mit den Kindern umgeht." – „Und jetzt eine, bei der alles ganz schnell gehen soll." Dabei lassen sich jeweilige Reaktionsmöglichkeiten der Kinder erspielen); Betten richten; Frühstück (wie das im Bett geht); auf die Toilette oder im Bett auf die Bettschüssel

gehen (alternative Reaktionen der Schwester erspielen auf dauernde Kinderwünsche wie „ich muß mal" oder auf Bettnässen); Spiele und Beschäftigungen tagsüber; Schlafen am Tag; alltägliche Untersuchungs- und Behandlungsmethoden (Fiebermessen, Verbände kontrollieren); Mittagessen, Abendbrot; Einschlafzeit und -rituale; Gründe und Möglichkeiten, am Tag und in der Nacht die Schwester zu rufen. Nun einige mehr außergewöhnliche Stationen, die im Spiel vorkommen könnten: Kinder, die tagsüber und nachts Angst haben; Vorbereitung auf eine Operation; schmerzhafte Untersuchungs- und Behandlungsverfahren, z. B. Pflaster abreißen oder Verbandswechsel (erklären, wie es am besten geht); Abtasten (wann und warum); etwas schlucken, wenn der Hals weh tut nach der Mandeloperation (erklären, warum es nötig ist); Tropf (wann und wozu); Streckverband (wann und wozu); Festbinden (wann und warum); beißende Tinkturen oder bittere Medizin (warum); Isolierstation (wann und warum); Visite (Ärzte mit unterschiedlichem Auftreten vorspielen und mit den Kindern Gründe und kindliche Verhaltensmöglichkeiten erörtern; Fragen an Ärzte und Fragestrategien besprechen und erspielen); Besuchszeiten (Häufigkeit, Dauer, Trennungsszenen und mögliche Reaktionen danach).
Das Spiel kann beginnen, indem die mitspielenden Kinder mit jeweils einer typischen Krankheit eingeliefert werden (Mandeln, Bruch usw.) und dann erleben, wie der Tag im Krankenzimmer verläuft. Das Spiel kann enden, wenn die Kinder am Abend des Krankenhaustages eingeschlafen sind. Die mitspielenden Kinder sollten ihre Rolle als kranke oder verletzte Kinder immer wieder verlassen können, um streckenweise die Rolle von Schwestern, Ärzten oder Eltern zu übernehmen. Außer der Schwester können auch andere beteiligte Erwachsene Rollen übernehmen, Eltern könnten z. B. Eltern während der Besuchszeit spielen. Durch die Aneignung von zunächst vorgespielten Rollen wird es den Kindern möglich, die Dramatisierung des Krankenhausalltags auch später wieder aufzunehmen und weiterzuentwickeln.

Erfahrungen zum Spielverlauf: Hier zunächst zwei Beispiele, bei denen der Einstieg in das Spiel über eine didaktische Schleife erfolgte:
Eine Erzieherin: „Wir hatten also eine Krankenschwester eingeladen. Eingeleitet haben wir das Spiel mit der didaktischen Schleife 'Blut' (wir haben erklärt, daß fünf Liter Blut im Körper sind; wir haben Wasser rot gefärbt, Tempotaschentücher hineingelegt und anfangs Nasenbluten gespielt). Die Schwester hat dann – im weißen Kittel – mit den Kindern weitergespielt und dabei praktisch ihre Rolle als Krankenschwester dargestellt. Und da haben die Kinder auch unheimlich intensiv mitgearbeitet."
Eine andere Erzieherin: „Wir sahen uns zunächst die Mandeln an und ertasteten sie. Fragen tauchten auf: 'Wie macht man sie heraus? ' – 'Was passiert dann? ' Wir hörten auch die Herztöne ab. Es tauchte der Wunsch nach einem Rollenspiel auf. Daraufhin beschlossen wir, das Krankenzimmer einzurichten. Das Interesse war so stark, daß sich die ganze Gruppe beim Aufbau beteiligte, die bei der Dramatisierung dann nicht mitspielenden Kinder setzten sich drumherum und sahen zu."
Die aus den Modellkindergärten mitgeteilten Erfahrungen zum Spielverlauf verweisen vor allem auf die folgenden Punkte:
– Keines der tatsächlich inszenierten Spiele hat alle der genannten Stationen übernommen.
– Viele der Spiele bezogen Elemente aus anderen Projekten der didaktischen Einheit ein.
– Die Dramatisierung erfolgte nicht immer unter Mitwirkung einer

Krankenschwester: Auch informierte Erzieherinnen haben die Rolle der Schwester übernommen. Entsprechende Rollenspiele wurden auch allein von – dafür vorbereiteten – Kindern entwickelt. Der Krankenhausalltag ließ sich auch mit Puppen spielen.
– In einigen Fällen gelang das Spiel mit der Schwester nicht gut, zu starke Planung hatte die Spontaneität der Kinder verhindert.
Aus zwei Kindergärten, in denen eine Schwester mitgearbeitet hat, sollen im folgenden Abschnitte aus Verlaufsprotokollen des Projektes wiedergegeben werden. Beide Berichte zeigen, in wie unterschiedlicher Weise die Projektidee auf die konkreten situativen Bedingungen einer Gruppe bezogen werden kann.
Ein erster Bericht: „Die Schwester kommt einen Nachmittag lang in die Gruppe. Sie macht sich mit den Kindern bekannt und beschäftigt sich mit ihnen zunächst im freien Spiel. Nach etwa einer Stunde legt sie Material zum Rollenspiel bereit (darunter zwei Liegen, Decken, Verbandszeug, Schienen, Staugurt, Spritze, Thermometer) und zieht sich als Schwester an. Die Kinder beobachten die Vorbereitungen und wollen mitspielen. Nur drei Kinder halten sich scheu zurück. Ein Mädchen ruft: 'Ich bin aber nicht krank.'
Birgit will Patientin sein, Christoph Krankenpfleger (wegen des weißen Kittels). Die Schwester erklärt, wie Verletzte auf eine Trage gelegt, angebunden und transportiert werden. Birgit wird behutsam mit einem verletzten Bein auf den Untersuchungstisch gelegt und untersucht. Im Gespräch ergibt sich die Notwendigkeit, das Bein zu röntgen. Die Kinder bauen einen Röntgenapparat. Bevor man Birgit danach einen Gipsverband anlegt, bekommt sie eine Spritze. Im Gespräch wird die Notwendigkeit dieser Maßnahme erklärt. Birgit wird ins Bett gelegt. Die Schwester zeigt ihr und anderen Kindern verschiedene Tabletten. Sie erklärt, daß Tabletten Hilfe bedeuten können, wenn der Arzt, die Mutter oder die Schwester sie verabreichen, daß sie aber Gefahr bringen können, wenn ein Kind allein an die Arzneimittel geht.
Bei einem zweiten Patienten wird der Arm verbunden und ruhiggestellt. Die Schwester meint, daß das Kind nun Geduld brauche und es eine gewisse Zeit bis zur Heilung daure. Die Schwester ist weiterhin für das Kind da; es hat eine Klingel am Bett und kann damit die Schwester rufen.
Ein anderes Kind ißt im Bett und muß danach aufs Töpfchen gehen. Die Schwester sagt, es könne durchaus passieren, daß das Bett naß würde, dies sei aber nicht so schlimm, in solchen Betten seien Gummiunterlagen.
Später spielt ein Kind die Schwester. Es kommt bei dem Versuch, einen Kopfverband anzulegen, nicht weiter und bezieht die Schwester erneut in das Spiel ein. Das gesamte Spiel dauert bei weiteren Rollenwechseln etwa eine Stunde."
Ein zweiter Bericht: „Die Krankenschwester spielt ihre Rolle zweimal. Beim ersten Spiel sind zu viele Kinder im Krankenzimmer, es wird allmählich unruhig und deshalb unterbrochen. Das zweite Spiel wird mit zwei Patienten (Petra und Marcus) gespielt. Die Schwester erklärt den beiden Patienten zunächst, daß die Nachtschwester schon dagewesen sei und sie gewaschen habe. Nach der morgendlichen Begrüßung erkundigt sich die Schwester, wie es den Patienten geht. Beide haben Hunger. Die Schwester bringt das Frühstück. Petra wird gefüttert, da man ihr beide Arme verbunden hat.
Die Kinder klagen über Schmerzen. Die Schwester übernimmt die Rolle des Arztes und macht Visite. Der Arzt fragt nach dem Befinden und schaut nach den Verbänden. Da Petra große Schmerzen am

Arm hat, gibt der Arzt ihr eine Spritze (und erklärt, warum er das tut). Petra: 'Ich will keine Spritze mehr haben, der Arm tut nicht mehr weh.' Petra und Marcus werden abgehört, sie selbst hören mit dem Stethoskop ihre Herztöne. Der Arzt nimmt seine Instrumente, wünscht gute Besserung und verabschiedet sich von den Kindern. Die Schwester kommt wieder ins Zimmer. Petra und Marcus werden allmählich unruhig. Andere Kinder kommen nun hinzu. Die Schwester zieht sich aus dem Spiel zurück, und die Kinder versuchen, allein weiterzuspielen. Sie werden sich dabei über die Besetzung der Schwesternrolle nicht ganz einig. In der Folge geht das Spiel etwas durcheinander, es macht den Kindern viel Spaß."

Rollenspiele ohne Krankenschwester: Obgleich ein wesentliches Kennzeichen der ursprünglichen Projektidee war, eine Schwester in das Spiel einzubeziehen, hat die Praxis gezeigt, daß die Dramatisierung des Alltags im Krankenzimmer auch ohne die Mitwirkung einer Schwester möglich ist – dann vor allem, wenn andere Projekte der Einheit diesem Rollenspiel vorausgegangen sind.
Ein erster Bericht: „Die Kinder spielten zu Beginn immer die gleiche Szene: Sie gaben sich an allen Stellen Spritzen. Sie konnten die Aufgabenbereiche von Arzt und Schwestern zunächst nicht einordnen. Die Spiele waren deshalb von kurzer Dauer und endeten mit Toben. Wir Erzieher versuchten dann, indem wir zunächst die Rollen von Arzt und Krankenschwestern übernahmen, deren Aufgabenbereiche zu verdeutlichen (spätere Rollenspiele der Kinder zeigten, daß uns das gelunden war). Dies wiederholten wir zweimal, da eine große Nachfrage danach bestand."
Ein zweiter Bericht, der besonders auf ein Kind, Jochen, eingeht: „Am Spiel 'Tageslauf im Krankenzimmer' waren sieben Kinder beteiligt: ein Arzt (Jochen, er war vor zwei Monaten wegen Mandeloperation im Krankenhaus), zwei Schwestern (ein Junge und ein Mädchen), drei Patienten (dabei ein Mädchen, das vor zwei Jahren im Krankenhaus war), ein Besucher. Das Spiel fand zunächst in einem dafür hergerichteten Raum statt. Als Hilfsmittel nahmen wir drei Betten, dann Decken und Kissen, Kittel und Schürzen, Kopftücher (Häubchen), Instrumente (Stethoskop, Spritzen, Binden, Pflaster, Creme, Holzstäbchen).
Anfangs versuchten wir, durch Fragen zur Situation hinzuführen, da sich die Kinder nicht an Einzelheiten erinnern konnten (und zum Teil auch noch keinen Krankenhausaufenthalt erlebt hatten). Danach spielten die Kinder sehr konzentriert: Spritzen geben, Mandel- und Blinddarmoperation, Nahrungsmittel-Vergiftung behandeln, Schnittwunden verbinden, Abhören. Fieber wurde nicht gemessen, weil kein Fieberthermometer da war.
Jochen, der Arzt, hatte fast ständig das Stethoskop zur Verfügung, er hörte die Patienten ab, ohne weiter zu überlegen, ob das Abhören jeweils angebracht war. Spritzen wurden von Jochen nur als Einschlafspritzen gegeben, vermutlich hatte Jochen nur derartige Erfahrungen mit Spritzen gemacht. Er bestimmte auch die übrigen Behandlungsabläufe und wurde als Arzt anerkannt, weil er die meisten Krankenhauserfahrungen hatte und entsprechende Informationen ständig an seine Mitspieler weitervermitteln konnte. Jochen zitterten während des ganzen Spiels die Hände, er war anschließend stark verschwitzt. (Könnte dieses Spiel die für ihn angstbesetzte Situation aktualisiert haben?)
Folgende Konflikte traten für Jochen (aber auch für die anderen

mitspielenden Kinder) besonders in Erscheinung: die Regelung der Besuchszeit; der Versuch von Kindern, vom Bett aufzustehen; Versuche, dann zu essen, wenn man Hunger spürt. Jochen entschied als Arzt hier zunächst nach den Vorschriften des Krankenhauses. Auf unsere Fragen hin begründete er seine Entscheidungen folgendermaßen: Besuche würde er nicht hereinlassen; seine Eltern hätten damals im Krankenhaus hinter der Glaswand bleiben müssen – 'sonst wäre ich doch mitgegangen'. Die Kinder sollten nicht aufstehen; sie wüßten – im Spiel – nicht, daß sie gar nicht aufstehen könnten, weil da nämlich ein Gitter vor dem Bett sei. Essen gebe es nur, wenn es die Schwester zu den Essenszeiten bringe. Im übrigen müßten die

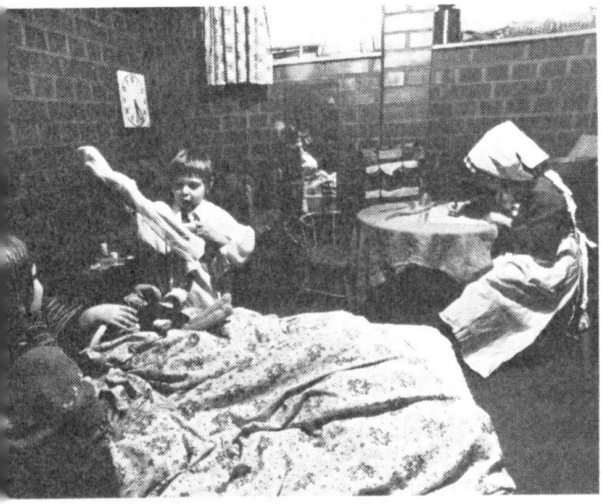

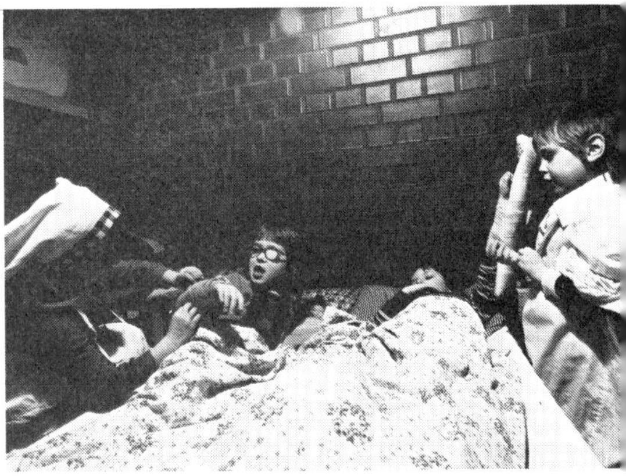

Kinder spielen Krankenhaus.
Aus Fotoposters zur didaktischen Einheit „Kinder im Krankenhaus". Foto: Schulz-Dornburg

Kinder lange im Krankenhaus bleiben – 'ich war ja auch so lange im Krankenhaus'. Später wurde Jochen unsicher: Seine Patienten durften Besuch haben, essen oder aufstehen, wenn sie wollten. Gegen Ende des Spiels erinnerten wir an die Krankenhausregeln, da nun alle Kinder sehr viel freundlichere Regeln (die Bedürfnisse der Patienten wurden sofort erfüllt) setzten.
Der fünfjährige Junge, der die Besucherrolle spielen sollte, da die Kinder für ihn sonst keine Rolle gefunden hatten, war unbeholfen

und mußte von uns unterstützt werden. Er wurde von den anderen zu Anfang nicht in das Spiel einbezogen, weil sie – unter dem Einfluß Jochens – keine Besuchszeit in den Tageslauf eingeplant hatten. Zwischen einer der Krankenschwestern (dem Jungen) und Jochen gab es öfter Kompetenzkonflikte; sie wurden meist von ihnen selbst gelöst. Der Junge tauschte nach einiger Zeit mit einer dreijährigen Patientin die Rolle. Das Spiel dauerte ungefähr eine Stunde. Ein Junge ging etwas früher aus dem Zimmer. Im Gruppenraum wurde das Spiel dann gleich wieder aufgenommen, nachdem die Puppenecke ausgeräumt und das Krankenzimmer dort erneut eingerichtet worden war. Die Gruppe hatte jetzt eine etwas andere Zusammensetzung, jedoch behielt Jochen seine Arztrolle bei. Hier, in der ehemaligen Puppenecke, trat ein weiterer Konflikt zutage: Jochen klärte eine Patientin nicht über ihre Krankheit auf. Jochen sagte uns, der Arzt im Krankenhaus habe das seinerzeit auch nicht getan. Auf unsere Frage, warum er den Arzt denn nicht gefragt habe, gab er zur Antwort, der Arzt habe ja nie mit ihm gesprochen. In der Ecke des Gruppenraums waren die Kinder unbeobachtet und zunehmend sich selbst überlassen. Jochen wurde ruhiger. Er setzte sich während seiner Visite an das Bett des Patienten, redete mit ihm und ließ ihn selbst mit Hilfe des Stethoskops die Herztöne hören.
Während einer ganzen Woche noch spielten die Kinder täglich Krankenhaus. Das Spiel war mit der Zeit aber nicht mehr so konzentriert; die Rollen wurden häufig gewechselt. Handlungsabläufe und Spielfolgen wurden nicht eingehalten. Nach dieser Woche wurde nur noch gelegentlich nach dem 'Arztspielzeug' gefragt."

Dramatisierung mit Puppen: Gelegentlich wurde die Dramatisierung des Tageslaufs mit Puppen (mit Biegepüppchen, mit Puppen in der Puppenstube) wiederaufgenommen und weitergespielt: „Ein Kind spielt mit der Puppenstube 'Krankenhaus'. Es hat die Puppenstube (zwei übereinander gestellte Stuben) zum Krankenhaus umgebaut. Unten ist die Krankenhausküche, oben die Kinder-, Männer- und Frauenstation. Eine größere Puppe ist die Stationsschwester: 'Sie redet mit dem Stationsarzt über das Essen.' Kleinere Puppen liegen als kranke Kinder in den Betten: 'Die Kinder haben Essen mit Fleisch drin. Das Essen wird mit dem Aufzug gebracht.' Frage: 'Welche Krankheiten haben die Kinder? ' Antwort: 'Eins hat Lungenentzündung wie meine Oma voriges Jahr. Das andere Kind hat Mandelentzündung. Gleich müssen die Kinder schlafen.'"

Immer dort, wo solche Erfahrungen mitgeteilt werden, zeigt sich, daß eine Projektidee oft nur auf dem Papier gültig ist. Kaum, daß aus ihr Praxis wird, gibt es deutliche Unterschiede und Brüche zwischen der dann geschaffenen Projektwirklichkeit und der ursprünglichen Vorstellung. Die Wirklichkeit, die man bei der Durchführung von Projekten vorfindet oder selbst erzeugt, kann sich zwar auf die im Curriculum mitgeteilten Erfahrungen berufen, sie wird diesen Erfahrungen aber nicht wie ein Ei dem anderen gleichen.

5.2.4 Didaktische Schleifen

Wenn sich aufgrund von Situationsanalysen ergibt, daß für Kinder bestimmte instrumentelle Fertigkeiten und Kenntnisse wichtig sind, wenn bei der Planung oder Durchführung von Projekten Kompetenzmängel in Erscheinung treten, dann kann das zum Anlaß werden, solche Kenntnisse und Fertigkeiten zu vermitteln. Stützkurse oder – wie wir sie nennen – didaktische Schleifen sollten dabei immer auf die sozialen Umstände und Bedingungen bezogen bleiben, in denen Sachverstand benötigt wird (vgl. auch Arbeitsgruppe Vorschulerziehung 1975, S. 121; Zimmer 1973b, S. 51; Bambach/Gerstacker 1973, S. 185–192, 202–204). Didaktische Schleifen sollten sich damit nicht verselbständigen und aus dem jeweiligen sozialen Zusammenhang lösen. Wer Kompetenzen erwirbt, sollte im Akt des Erwerbs begreifen, in welchem sozial sinnvollen Zusammenhang er über sie verfügen kann: Soziales und instrumentelles Lernen sollen verbunden bleiben, die Prinzipien von Autonomie und Kompetenz als miteinander verschränkte verstanden werden.
Dieser Absicht stellten sich eine Reihe von Schwierigkeiten didaktischer und methodischer Art entgegen. (Diese Schwierigkeiten tauchen auch in vielen anderen Curriculumprojekten auf, weshalb wir hier – den praktisch interessierten Leser um Geduld bittend – kurz darauf eingehen wollen.)

Didaktische Schleifen enthalten oft Elemente, die größeren sachlogischen Zusammenhängen (von Wissenschaftsdisziplinen) entstammen. Eine komplexere Fertigkeit (die Beherrschung eines mathematischen Verfahrens) kann notwendig auf einfacheren Fertigkeiten (elementarmathematischen Kenntnissen) aufbauen.[3] Nun hat es hier die vorschulische Curriculumentwicklung noch vergleichsweise leicht. In ihr kann bei der Planung didaktischer Schleifen eine von Wissenschaftsdisziplinen her diktierte Logik weitgehend vernachlässigt werden, da es sich in jedem Fall um ganz elementare Inhalte handeln wird.

(3) Mit didaktischen Schleifen kann man damit in einen Widerspruch geraten – in den Widerspruch zwischen Situationslogik (gemeint ist damit eine in Situationen angemessene Handlungsstrategie) und Sachlogik. Am Beispiel: Ein Kind, das mit Wechselgeld umgehen lernt, kommt mit elementarer Mathematik zwar in Berührung, aber doch auf eine (von der Mathematik her gesehen) eher unsystematische Weise. Kann es – bezieht man die Schulzeit ein – durch andere „mathematikhaltige" Situationen allmählich die Struktur dieser Disziplin, ihre Theorien und Verfahren erschließen? Ist dies wünschenswert, oder sollte auf die Logik von Wissenschaftsdisziplinen (die ja weder naturgegeben noch eindeutig ist) verzichtet werden zugunsten strikter Instrumentalisierung wissenschaftlicher Aussagen? Vgl. zu diesen Fragen auch Auernheimer/Krösche 1973; Damerow, Peter u. a.: Elementarmathematik: Lernen für die Praxis? Versuch zur Bestimmung fachüberschreitender Curriculumziele, Stuttgart 1974.

Didaktische Schleifen sind in der Praxis vorschulischer Erziehung so etwas wie Brücken zu Lernbereichen und Fächern der Grundschule. Durch sie bezieht der Situationsansatz disziplin- und lernbereichsorientierte Ansätze mit ein, indem er entsprechende Bildungsinhalte in den Dienst der Situationsaufklärung und -bewältigung stellt. Wenn man, was wir für wünschenswert erachten, die inhaltliche Kontinuität zwischen dem Elementar- und dem Primarbereich dadurch fördert, daß man stärker situationsbezogene Curricula auch für die Grundschule entwickelt, dann wird man sich mit dem bisher nicht zureichend untersuchten Verhältnis zwischen dem Situationsansatz und dem in der Schule dominierenden wissenschaftsorientierten Ansatz zu befassen haben.

Bei der Entwicklung didaktischer Einheiten stellte sich die bisher nicht gelöste Frage, wie Kompetenzmängel bestimmt werden können. Ergeben sie sich gleichsam von selbst aus Projektverläufen, und sind sie damit induktiv bestimmbar? Oder lassen sich Anforderungen an Fertigkeiten und Sachkenntnisse aus Situationsanalysen ableiten? Sicher ist beides möglich. Die Gefahr im ersten Fall ist, daß wichtige Kompetenzanforderungen übersehen werden oder daß auf sie in einer didaktisch und methodisch nur oberflächlichen Weise eingegangen wird. Der zweite Fall enthält das Risiko, daß abgeleitete Qualifikationsanforderungen leicht in isolierte und damit situationsabgehobene Übungen übersetzt werden – dies in dem Bestreben, unabhängig von „passenden" Situationen, identifizierten Anforderungen gerecht zu werden.

Die Darstellung von Formen und Inhalten des Kompetenzerwerbs geschieht im Curriculum „Soziales Lernen" auf unterschiedliche Weise. In vielen didaktischen Einheiten werden Inhalte des Kompetenzerwerbs im Rahmen von Projektschilderungen behandelt. Instrumentelles Lernen wird hier nicht gesondert ausgewiesen, es wird als ein notwendiger Bestandteil sozialen Handelns in Projekten beschrieben. Der Vorteil dieser Darstellungsform ist, daß damit die Verschränkung von sozialem und instrumentellem Lernen auch analytisch nicht aufgehoben wird. Der Nachteil daran kann sein, daß die Bestimmung von Kompetenzmängeln den Projektrahmen nicht überschreitet und systematischere Beschreibungen von Defiziten fehlen. Hinzu kommt, daß hier auf Fragen der didaktischen Reduktion, d. h. der für Kinder verständlichen Elementarisierung komplexerer Informationen, kaum eingegangen wird.

deutsche Kinder lernen fremde Sprachen

In anderen didaktischen Einheiten des Curriculum „Soziales Lernen" werden mögliche didaktische Schleifen gesondert ausgewiesen (in dem Abschnitt „Didaktische Schleifen" [dS] des Texthefts „Pädagogische Anregungen"). Diese Darstellungsform erlaubt genauer, die sachlogische Struktur und die Elementarisierung wünschenswerter Inhalte zu bestimmen und methodische Folgerungen daraus abzuleiten. Der Nachteil dieser Darstellung ist ihre analytische Abgelöstheit von der Beschreibung sozialen Handelns. Gesondert ausgewiesene didaktische Schleifen verleiten zu isolierten Kursen – eine Gefahr, die jeder Erzieher bedenken sollte, der sich an der „Eindeutigkeit" didaktischer Schleifen zunächst erfreuen mag.

Die folgenden Beispiele entnehmen wir der Einheit „Gastarbeiterkinder". Dort wird vorgeschlagen, innerhalb der Projekte und Spiele Sprachhilfen (nicht: Sprachkurse) zu geben – nicht nur für ausländische, sondern auch für deutsche Kinder.

♦ Die deutschen Kinder sollten nach Möglichkeit sensibler werden für die Sprachschwierigkeiten der ausländischen. Sie sollten Gelegenheiten ergreifen können, um Gastarbeiterkinder bei der Überwindung von Sprachschwierigkeiten zu helfen. Sie können das unter anderem dann, wenn ein bißchen von dem verwirklicht wird, was Marilu (in einem Projekt „Erkundungen über die Herkunft von Gastarbeiterkindern") fordert: „Dann sollen die deutschen Kinder eben spanisch lernen."
Den ausländischen Kindern sollten Sprachbrücken gebaut werden: einerseits dadurch, daß sie möglichst bald über Schlüsselbegriffe verfügen können, mit deren Hilfe sich im großen und ganzen ein Tag bewältigen läßt; andererseits, indem sie in der Gruppe auf eine Atmosphäre treffen, die es ihnen erleichtert, Fragen zu stellen („wie heißt denn das?"), Übersetzungshilfe anzufordern oder sich auch mit Gesten verständlich zu machen.
Möglichkeiten einer Sensibilisierung deutscher Kinder für die Sprache der anderen werden in den verschiedenen Spielen und Projekten der Einheit angesprochen: So geht es beim „Kofferpacken auf italienisch" (vgl. Kap. 3) unter anderem um den Versuch, deutschen Kindern zu vermitteln, wie man sich mühen muß, um mit Sprachschwierigkeiten fertig zu werden.
Da fast jedes Projekt eine eigene fremdsprachliche Begrifflichkeit enthält, liegt es nahe, deutschen Kindern diese Begriffe (gleichsam „nebenher") zu vermitteln und sie damit ein kleines Stück weit an einer fremden Sprache teilnehmen zu lassen: Dies gilt für ein Projekt „Internationales Kochen" (mit „Spaghetti", „olio", „mangiare", „paella", „bota") genauso wie etwa für ein „Fest im Kindergarten" oder für „Giovannis Geburtstag".
Sprachhilfen für neue ausländische Kinder in der Gruppe: Wenn man sich vorstellt, mit welchem notwendigen Sprachschatz man selbst versehen sein müßte, um – sagen wir – in Helsinki eine Woche nur mit Finnisch zu überstehen, dann liegt es auf der Hand, ausländische Kinder am Anfang schon mit Schlüsselbegriffen und -wendungen auszu-

rüsten. Man kann bei der Bestimmung solcher Begriffe und Wendungen von der Frage ausgehen, was ein sprachunkundiges Kind braucht (und was es selbst für wichtig hält), um einigermaßen den Alltag im Kindergarten mitvollziehen zu können: Dies mag von „Frühstück" über „mitspielen", „haben", „ja", „nein", „Hunger", „Durst", „ich", „du", „mein" bis hin zu „Klo" reichen. (In einigen Ländern Lateinamerikas lernen nach einem ähnlichen Verfahren erwachsene Analphabeten das Lesen: Sie bestimmen die für sie wichtigsten Wörter – etwa: „Dorfbrunnen", „Milch", „Kanalisation" –, diskutieren darüber, weshalb sie von großer Bedeutung für ihr eigenes Leben sind, und lernen sie bewußter und auch motivierter zu lesen, als wenn sie belanglose Texte aus Fibeln buchstabieren müßten.) Die Vermittlung von Schlüsselbegriffen sollte bei Kindern sicher nicht in eigens anberaumten Gruppendiskussionen oder in einer „Einzelnachhilfe" erfolgen; Schlüsselbegriffe können mit Sinn im Rahmen entsprechender Handlungen benannt und verfügbar gemacht werden. Schön wäre es, wenn ein Erzieher seinerseits über einige Begriffe in der Landessprache seiner ausländischen Kinder verfügen würde, wobei es – zugegeben – leichter ist, sich an ein „guten Morgen" auf italienisch als an eines auf türkisch zu erinnern.

In der Einheit „Kochen, Ausflug, Kinderfeste" beschreibt eine Erzieherin, wie sich Kinder beim Backen Techniken des Messens aneignen.

♦ „Die Kinder hatten sich beim Waffelbacken angewöhnt, in kleinen Gruppen immer Teig für sechs Waffeln anzurühren. Sie verwendeten zum Abmessen von Milch, Mehl und Zucker immer dieselben Gefäße: eine Tasse für die Milch, einen Plastikbecher für das Mehl und einen Eßlöffel für den Zucker. Bevor ich einmal vorschlug, einen Kuchen zu backen, räumte ich die bisher zum Abmessen benutzten Gefäße weg. Zunächst suchten die Kinder die gewohnten Meßgeräte. Dann wollten sie die normale Küchenwaage benutzen, kamen aber nicht zurecht. Ich schlug vor, das Abmessen einmal mit dem Meßbecher zu versuchen und begründete den Vorschlag mit Verlorengehen oder Zerbrechen der bisher benutzten Gefäße. Ich zeigte ihnen dann den Meßbecher und die verschiedenen Skalierungen für flüssige und trockene Lebensmittel. Als die Kinder trotzdem lieber ihre gewohnten Gefäße benutzen wollten, stellte ich ihnen die Aufgabe, andere als die gewohnten Mengen abzumessen. Dabei erkannten die Kinder den Vorteil eines auf eine bestimmte Maßeinheit (Gramm und Liter) geeichten Meßinstruments. Nach vielem Probieren mit Zucker und Milch hatten sie auch verstanden, daß sie zweimal oder dreimal eine bestimmte Menge abmessen konnten."

Bei „Verlaufen in der Stadt" gehörte das Telefonieren zu den Fertigkeiten, die einem Kind das Zurückfinden erleichtern können.

♦ Erste Schritte hierzu: Einige Kindergärten haben sich vom Postamt alte ausrangierte Telefonapparate und Telefonbücher geben lassen. Mit diesen Telefonen konnten die Kinder telefonieren üben. Sie sind besser als die Spieltelefone, weil sie robuster sind und der Wählvorgang den gebräuchlichen Telefonen entspricht. Allerdings sind Kinder – so die Erfahrungen – kaum in der Lage, die schwere Wählscheibe richtig bis zum Anschlag durchzudrehen. Dies müßte mit modernen Telefonen geübt werden. Die Telefonspiele waren überall sehr intensiv, Kinder fragten und antworteten, nach einiger Zeit konnten sie in einem Kindergarten kürzere (dreistellige) Nummernkombinationen nach Vorlage wählen. Jedes Kind ließ sich von der Erzieherin einen Zettel mit einer Nummer aufschreiben, unter der es angerufen werden wollte.

Eine Kindergruppe wollte ausprobieren, ob es einzelnen von ihnen gelingen würde, in der Innenstadt fremde Erwachsene anzusprechen, um zwei Telefongroschen und Hilfe beim Telefonieren zu erhalten. Ein Junge ist bereit, es einmal zu versuchen. Seine Erzieherin spricht noch einmal kurz mit ihm. Die anderen Kinder beobachten die Vorgänge aus der Ferne.
Der Junge sucht sich einen Erwachsenen aus, den er ansprechen möchte.
Diese Frau reagiert auf seine Frage und hört ihm gut zu.
Sie sucht in ihrer Handtasche nach Kleingeld.
Schließlich wählt sie für den Jungen die Telefonnummer, die er ihr angegeben hat. Er ist noch zu klein, um an die Wählscheibe heranzukommen.
Aus Fotoposters zur didaktischen Einheit „Verlaufen in der Stadt". Foto: Tüllmann

Auf Spaziergängen brachten die Kinder hin und wieder den Vorschlag, man könne doch von einem Telefonhäuschen aus im Kindergarten anrufen. Sie suchten dann eine Zelle, baten die Erzieherin zu wählen – erfuhren dabei, daß man bei öffentlichen Telefonen zwei Zehnpfennigstücke braucht – und redeten mit einer Erzieherin im Kindergarten. So lernten sie die andersartige Einrichtung des öffentlichen Telefons kennen. Sie erfuhren auch, daß die Verständigung – anders als im Telefonspiel im Kindergarten – nur klappt, wenn sie deutlich sprechen.

Die didaktischen Schleifen der Einheit „Kinder im Krankenhaus" enthalten Informationen, die man heranziehen kann, wenn man wissen will, wie z. B. Fieber entsteht oder welche Untersuchungsmethoden besonders oft zur Anwendung kommen (die didaktischen Schleifen beziehen sich auf das Verhältnis von Körper und Krankheit, auf häufige Krankheiten und Verletzungen, auf Untersuchungs- und Behandlungsmethoden). Die folgende, auf Wunsch eines Teils der Erzieher ausgearbeitete didaktische Schleife befaßt sich mit „Blut".

◆ *Informationen für die Erzieherin:* Wesentliche Bestandteile des Blutes: rote und weiße Blutkörperchen, Blutplättchen, Blutplasma. Rote Blutkörperchen sind flache, eingedellte Scheibchen. Ihre Aufgabe ist der Transport von Sauerstoff aus der Lunge in alle Teile des Körpers, wobei der Sauerstoff an der Oberfläche der Blutkörperchen gelagert wird. Die Lebensdauer der roten Blutkörperchen beträgt etwa 100 bis 120 Tage. Wenn sie abgestorben sind, werden sie zur Leber und Milz transportiert, wo sie abgebaut werden. Ort der Entstehung der roten Blutkörperchen beim Kind ist das Knochenmark.
Weiße Blutkörperchen sind Körperchen, die ihre Form verändern und Scheinfüßchen vorstrecken können, wodurch sie sich selbständig fortbewegen können. Ihre Aufgabe ist die Vernichtung von Krankheitserregern, sie können Bakterien buchstäblich auffressen, indem sie sie mit ihrem Zelleib umschließen und auflösen. Dabei geht ein Teil von ihnen zugrunde und bildet mit geschädigten Gewebeteilchen und Bakterienresten eine gelbliche Flüssigkeit: Eiter. Bei Krankheit vermehren sich die weißen Blutkörperchen sehr rasch. Orte ihrer Entstehung sind Milz und Mandeln.
Blutplättchen bewirken die Blutgerinnung, wenn durch eine Verletzung eine Blutung entstanden ist. Bei der Gerinnung wird farblose Flüssigkeit aus dem Blut gepreßt, der Rest wird fest und verschließt die Wunde. Blutplasma ist die mit Salzen angereicherte Flüssigkeit des Blutes. Durch das Blutplasma werden lebenswichtige Nährstoffe in alle Gewebe transportiert.
Blutmenge: Die Blutmenge beträgt etwa 7,7 Prozent des Körpergewichts. Beim Erwachsenen sind das fünf bis sechs Liter, bei Kindern zwischen drei und sechs Jahren etwa 1,5 Liter.
Blutkreislauf: Aufgabe des Herzens ist, das Blut durch die Blutgefäße zu pumpen und auf diese Weise alle Organe mit lebensnotwendigen Stoffen zu versorgen. Das Herz ist eine Saug-Druck-Pumpe. In der Lunge nimmt das Blut (rote Blutkörperchen) den an die Feuchtigkeit der Lunge gebundenen Sauerstoff auf und transportiert ihn in

alle Teile des Körpers. Aus dem Dünndarm nimmt das Blut die Nährstoffe (Eiweiß – Aufbau, Kohlenhydrate und Fette – Energie). Diese Stoffe werden teilweise zu den Muskelfasern gebracht und durch Verbindung mit Sauerstoff verbrannt, teilweise werden sie gespeichert. Auf dem Rückweg von den Gewebeteilen und Organen nimmt das Blut Abfallprodukte auf und befördert sie zu den Stellen, wo sie abgebaut werden können (Leber, Milz usw.).
Die Bluttemperatur bei normaler Bewegung beträgt 37°C. Bei Anstrengung werden mehr Nährstoffe verbrannt, und es entsteht größere Wärme (Schwitzen).

Situative Anlässe: Alle Situationen, in denen Kinder Angst vor Blutungen und Blutverlust zeigen; Verletzungen eines Kindes im Kindergarten; Fragen der Kinder innerhalb von Projekten („Besuch eines Arztes im Kindergarten", „Aufgaben von Sanitätern", „Besuche im Krankenhaus"); Beobachtung eines Unfalls.

Qualifikationen der Kinder: Generell eine Verminderung der Angst vor Verletzung, Blutung, Blutverlust; Kennenlernen der bei Blutungen notwendigen Heilungsmaßnahmen. Speziell sollte den Kindern klar werden, daß alle Menschen Blut haben, wieviel sie etwa haben, warum bei Verletzungen Blutungen entstehen können, warum das Blut eine wichtige Funktion bei der Diagnose und Heilung von Krankheiten hat. Dafür ist vermutlich das Wissen über die Bestandteile des Blutes und seine Form im Körper notwendig. Die Kinder sollten außerdem erste Regeln über das Verhalten bei kleineren Verletzungen kennenlernen.

Spielideen: In vielen Kindergärten wurde – in der Regel mit älteren Kindern – über Blutkreislauf, Aufgaben und Bestandteile des Blutes und über Verletzungen gesprochen. Als Anschauungsmaterial zeichnete eine Erzieherin den Umriß eines Menschen auf eine große Papierrolle: Ein Kind legte sich auf das Papier, und die Erzieherin markierte seinen Körperumriß. Dann malte sie rote und blaue Adern hinein. Die Kinder hielten die roten Adern zunächst für Blut und die blauen für Knochen. Sie stellten fest, daß die Adern am Herzen („es sieht aus wie eine Kartoffel, ein Stein") sehr dick sind und immer dünner werden, je weiter sie davon weggehen („es sieht aus wie eine Wurzel"). Wie das Blut durch den Körper fließt, konnten sich die Kinder nicht erklären; sie meinten, daß es von oben nach unten flösse, und waren ratlos, wie es wieder nach oben gelangen könnte. Einige wußten, daß das Herz sich bewegt: „Wenn man Cola trinkt, schlägt das Herz schneller." Die Erzieherin erklärte ihnen, daß das Herz wie eine Pumpe funktioniert, die in rhythmischen Abständen arbeitet. Zur Veranschaulichung ließ sie die Kinder ihren Puls fühlen und brachte eine Schallplatte mit, auf der Herztöne aufgenommen waren.
Nach einem Gespräch – „Was geschieht bei einer Verletzung" – haben Kinder einer anderen Gruppe ein Spiel daraus gemacht. Die roten Blutkörperchen (zwölf Kinder) erhielten ein rotes Stirnband, die weißen (sechs Kinder) ein weißes, die Blutplättchen (drei Kinder) bekamen ein blaues Band und die Bakterien (zwei Kinder) ein gelbes. Tische wurden in einem Kreis aufgestellt, unter denen das „Blut durchfloß". Der Herzschlag wurde im Rhythmus auf einem Tamburin geschlagen. Eine Verletzung geschah: ein Tisch wurde weggenommen. Es flossen nun so lange rote und weiße Blutkörperchen aus der Wunde, bis die Blutplättchen kamen und die Wunde verschlossen. Nun versuchten die Bakterien einzudringen. Es fand eine Balgerei statt, die Bakterien

wurden herausgedrängt. Blutkörperchen, Blutplättchen und Bakterien legten sich als „Kruste" vor die Wunde. Da der ganze Vorgang vorher gut besprochen und den Kindern weitgehend klar geworden war, haben sie das Spiel sehr genossen. Bei einem späteren Besuch in einer Schwesternschule wurde wieder über das Blut gesprochen. Daran beteiligten sich die Kinder sehr rege.
Während des Besuches eines Arztes im Kindergarten hatte eine Kindergruppe die Gelegenheit, Blut unter dem Mikroskop anzusehen. Die Kinder konnten die verschiedenen Blutkörperchen gut erkennen. Sie haben ausführlich über Blut, Verletzung, Bakterien usw. gesprochen. Den Kindern konnte klargemacht werden, daß – wie im Blut – auch in anderen Flüssigkeiten winzige Körperchen sein können, die man mit bloßem Auge nicht sehen kann. In einer anderen Kindergruppe wurde versucht, mit dem dort vorhandenen Mikroskop Blut zu untersuchen. Leider war dieses sehr simple Gerät nicht geeignet: Einige Linien und Pünktchen waren zwar zu sehen, die Erzieherin vermutete allerdings, daß es sich um Staub handelte. Man braucht also ein gutes Mikroskop, so wie es vom Arzt tatsächlich benutzt wird, damit die einzelnen Blutbestandteile erkennbar sind.
Nach Vorklärungen über Zusammensetzung und Aufgaben des Blutes haben die Erzieherinnen in einem Kindergarten den Vorgang der Verletzung einer Blutbahn auf großes Papier gemalt und anhand der Zeichnung mit den Kindern noch einmal besprochen. Die Erzieherin erzählte von einem vierjährigen Jungen: „Er war bei den ganzen Gesprächen sehr still und erzählte gar nichts. Aber – das sagten mir dann die Eltern – zu Hause ist er in Abständen auf das Thema zu sprechen gekommen und erklärte z. B. beim Essen seinen Eltern, was er über das Blut wußte. Diese Sache hat mir gezeigt, daß die Kinder ganz unterschiedlich viel Zeit brauchen, um eine solche Erfahrung zu verarbeiten. Er hat im Kindergarten nie etwas erzählt. Erst später hat er sich vor unsere Zeichnungen an die Wand gestellt und hat sich selbst die besprochenen Vorgänge immer wieder vorerzählt."
In anderen Kindergärten haben in diesem Zusammenhang die Kinder gelernt, wie man Pflaster auf kleine Wunden klebt und kleinere Verbände wickelt. Auch die Puppen wurden ärztlich versorgt und bekamen Kopfverbände und Heftpflaster.

Es bleibt festzuhalten, daß die systematischere und zugleich kindgemäße Bestimmung notwendigen Sachwissens und notwendiger instrumenteller Fertigkeiten zu den Aufgaben einer künftigen wünschenswerten Ergänzung des Curriculum gehören wird. In den vorliegenden didaktischen Einheiten ist dies erst in Ansätzen geleistet worden. Curriculumkonstrukteure, die dem Vorrang sozialen Lernens folgen, sind immer in Versuchung, die Förderung instrumentellen Lernens an fachdidaktische Curriculumentwicklungen zu delegieren. Dies kann aber nicht schon als Einlösung des Ziels gesehen werden, eine Didaktik fortzuentwickeln, die beide Lernformen systematisch aufeinander bezieht.

5.2.5 Eltern und andere Erwachsene

Eltern können (dies sollten die bisher angeführten Beispiele schon verdeutlichen) nicht nur bei der Verständigung über Ziele didaktischer Einheiten mitwirken, sondern auch bei deren pädagogischer Umsetzung. Der Diskurs mit Eltern vollzieht sich dann nicht nur *über* ein Curriculum, sondern im wesentlichen *im* Curriculum. Dies gilt im Prinzip auch für die Beteiligung anderer Erwachsener. In diesem Abschnitt soll das, was an anderer Stelle theoretisch entwickelt wurde, durch praktische Beispiele ergänzt werden (vgl. Arbeitsgruppe Vorschulerziehung 1975, Kap. 2.6; Haberkorn/Hagemann/Walther 1973). Wir wollen zeigen, welche Erfahrungen über die Mitwirkung von Eltern und anderen Erwachsenen gesammelt wurden und in welchen verschiedenen Formen sich diese Mitwirkung vollziehen kann. (In den didaktischen Einheiten entspricht das Textheft „Über die Mitwirkung von Eltern und anderen Erwachsenen" diesem Abschnitt.)

Vorweg ein uns wichtig erscheinendes Ergebnis: Mit dem Situationsansatz dürfte es leichter als mit disziplin- oder lernbereichsorientierten Curricula gelingen, Elterngruppen einzubeziehen, die sich aufgrund ihrer sozialen und kulturellen Herkunft traditionellen Bildungsprozessen gegenüber entfremdet zeigen. Sie – und gerade sie – werden hier als Sachverständige angesprochen. In den Projekten, in denen sie mitwirken, ist soziales und kompetentes Handeln vielfach entscheidender als kluges Reden. Ihre Mitarbeit wird durch den Kindergarten erleichtert, je mehr er zu einer Instanz für Gemeinwesenarbeit wird, je mehr die Erzieher – zuständig geworden für Lebensprobleme, wie sie jedermann haben kann – sich auch als Gemeinwesenarbeiter verstehen. Für Erzieher bedeutet das eine oft unkonventionelle Praxis. Es kann auf sie zukommen, daß sie in einzelnen Fällen hinzugezogen werden, wo mit Rat und Tat geholfen werden kann: in einer familiären Auseinandersetzung, bei dem für ausländische Eltern beschwerlichen Ausfüllen eines Antrags, bei der Beratung eines Lehrers über ein verhaltensgestörtes Kind aus dem Kindergarten.

Informelle Kontakte

Kontakte zu Eltern und anderen Erwachsenen vollziehen sich oft nebenher, zwischen Tür und Angel, dann, wenn man sich beim Einkaufen trifft, in der Kneipe um die

Besuch bei spanischen Eltern

Ecke oder vor dem Kino. Erzieherinnen haben berichtet, daß dies Eltern und auch ihnen oft leichter fällt als die Benutzung offiziöser Wege (schriftliche Informationen, Elternabende). Der Kindergarten selbst kann zur Basis vielfältiger informeller Kontakte werden: Je weniger ritualisiert er sich darstellt, je selbstverständlicher er sich öffnet, je leichter es damit Erwachsenen fällt, mal hinzugehen und mit Erziehern zu sprechen, desto weniger müssen Erzieher dafür werben, doch bitte möglichst zahlreich den Elternabend zu besuchen.

◆ Hinsichtlich der Elternarbeit innerhalb der Einheit „Gastarbeiterkinder" entschied eine Erzieherin sich für ein zweistufiges Vorgehen. Sie wollte zunächst mit den ausländischen (spanischen) Eltern ihrer Gruppe Kontakt aufnehmen, diese Eltern in ihrem Selbstbewußtsein gegenüber dem Kindergarten stärken und sie zur Mitarbeit gewinnen.
„Um die Eltern erst einmal kennenzulernen, lud ich sie zu einem Gespräch in den Kindergarten ein, bei dem ich ihnen mein Vorhaben schildern wollte. Mit Kaffee und Kuchen, spanischer Musik und Bildmaterial über Spanien gestaltete ich den äußeren Rahmen, um sie für mein Projekt zu gewinnen. Es kam an diesem Nachmittag von jedem Spanierkind ein Elternteil. Ich war mit dem Ergebnis sehr zufrieden. Die Eltern lernten sich untereinander besser kennen. Ich erfuhr etwas von ihrer Lebensgeschichte – wie lange sie schon in der Bundesrepublik sind, aus welcher Stadt sie kommen, welche Kontakte sie hier haben und vieles mehr. Sie schienen recht begeistert von meinem Vorhaben zu sein, was sich in der Zusage zur Mitarbeit zeigte."
Eine erste Basis für die künftige Zusammenarbeit war geschaffen. Verstärkt wurde sie durch zusätzliche, durchweg sympathisch aufgenommene Hausbesuche der Erzieherin. In einer Familie wurde sie zum Essen eingeladen und sehr herzlich aufgenommen. Besonders zu dieser Familie entwickelte sich eine enge Beziehung: Noch heute, nach Beendigung der didaktischen Einheit und nachdem die spanischen Kinder den Kindergarten verlassen haben, besteht ein guter freundschaftlicher Kontakt.
Die Erzieherin dazu: „Mir hat dieser anfängliche Erfolg großen Aufschwung gegeben. Ich spürte, wir waren uns sympathisch und würden zusammenarbeiten können. Vielleicht ist dies ein guter Rat: Eine Erzieherin tut gut daran, sich durch die freundschaftliche Beziehung zu einer ausländischen Familie den Rücken zu stärken, bevor sie versucht, andere, auch deutsche Eltern mit zu beteiligen."
Die deutschen Eltern beobachteten aufmerksam die Begegnungen zwischen der Erzieherin und den spanischen Eltern. Immer wenn die Kinder geholt oder gebracht wurden, gab es mit den spanischen Eltern etwas abzusprechen. Die deutschen Eltern bemerkten das wohl, sprachen die Erzieherin jedoch nicht an, sondern standen abseits und guckten. Die spanischen Eltern sind sich im Lauf der Zeit sehr viel nähergekommen, das haben auch die deutschen Eltern beobachten können.

Informelle Kontakte zu Eltern können auch durch Besuche zu Hause geknüpft werden, sofern entsprechende Einladungen vorliegen und darauf geachtet wird, daß dadurch keine Rivalitäten zwischen Eltern entstehen. Kontakte können auch über Kinder hergestellt werden, wie ein Beispiel aus der Einheit „Kochen, Ausflug, Kinderfeste" zeigt.

♦ In einem Kindergarten haben die Kinder ihre Mütter zum Essen eingeladen. Es gab Spaghetti mit Ketchup und Pudding mit Quark. Beim Essen erzählten die Kinder ihren Müttern ganz genau, wie sie alles vorbereitet und schließlich selbst gekocht hatten. Die Kinder und die Erzieherin hatten hier die Gelegenheit, mit den Müttern direkt ins Gespräch zu kommen. Auf einem späteren Treffen der Erwachsenen konnten diese Erfahrungen noch einmal aufgegriffen und zum häuslichen Alltag in Beziehung gesetzt werden.

Erzieherinnen bemühten sich verstärkt um informelle Kontakte zu Eltern, die auf schriftliche Einladung hin nicht zum Elternabend kamen. Sie wurden in Einzelgesprächen oft im Nachhinein von den Ergebnissen der Diskussion unterrichtet. Erzieherinnen sprachen Mütter an, wenn sie beispielsweise ihr Kind abholten; oder sie gaben anderen Kindern, die in der Nähe wohnten, Nachrichten mit, in denen Eltern gebeten wurden, doch einmal für ein kurzes Gespräch im Kindergarten vorbeizuschauen.

♦ Eine Erzieherin über den Vorteil eines solchen Vorgehens: „Es ging bei uns nicht nur darum, uninteressierte Eltern einzubeziehen. Wir wußten von einigen, daß sie schon Interesse haben, aber auf Elternabenden viel zu scheu sind, etwas zu sagen. Deshalb kamen sie oft nicht, sie fühlten sich von den anderen 'totgeredet'. Diese Eltern haben wir gelegentlich direkt um Mithilfe gebeten, z. B. gefragt, ob sie bei Besuchen der Kinder da sein und sie einlassen könnten. Bei einzelnen klappte das nicht. Andere konnten auf diese Weise – ohne Teilnahme am Elternabend – in Projekte einbezogen werden. Sie wurden dadurch sicherer und legten nach und nach ihre Scheu vor dem Gespräch mit anderen ab."

Bei der Herstellung solcher Kontakte – nicht übrigens nur zu Eltern, sondern darüber hinaus auch zum Gemeinwesen – kann der (Gruppen-)Elternbeirat helfen und vermitteln.

Schriftliche Informationen

Kontakte zu Erwachsenen können durch schriftliche Informationen ergänzt und unterstützt werden. Solche Informationen wurden von den Erzieherinnen beispielsweise verfaßt, wenn sie Eltern mit Inhalten didaktischer Einheiten vertraut machen oder über laufende Projekte informieren wollten. Im Rahmen der Einheit „Kinder im Kindergarten" entwickelten Erzieherinnen einen Fragebogen, dessen Beantwortung ihnen Anhaltspunkte für die Verbesserung einer Zusammenarbeit zwischen Kindergarten und Elternhaus geben sollte. Hier ein Beispiel für eine Zwischeninformation über den Verlauf der Einheit „Kinder allein zu Hause":

♦ „Liebe Eltern!
In diesem Brief möchten wir Sie über das Geschehen in der Gruppe informieren. Am letzten Elternabend wurde berichtet, was im Zusammenhang mit der didaktischen Einheit 'Kinder allein zu Hause' in der Gruppe durchgeführt wurde. Vier Spielaktionen im Museum brachten uns in der Gruppe bis zu Familiendunkelspielen. Mit Verkleidungsstücken und Schminke verwandelten wir uns in andere Personen. Tonexperimente und damit verbundene Kasperlespiele, Licht- und Dunkelspiele, auch als Gespenst verkleidet, sollten den Kindern den Unterschied zwischen Realität und Phantasie aufzeigen. Vor allem wollten wir, daß die Kinder Spaß hatten. Gespräche mit den Kindern zeigten uns, wo Ängste sind. Auch Ängste, die anderen Personen zugedacht wurden, konnten die eigenen sein. Auf Wunsch der Kinder lesen wir 'Das kleine Gespenst'."

Als wichtig wird von Erzieherinnen eine kontinuierliche Information der Eltern deshalb empfunden, weil zwischen der Planung eines Vorhabens und seiner Durchführung oft eine längere Zeit verstreicht und weil Mitteilungen über Planungen es auch den Eltern, die am Projekt nicht unmittelbar beteiligt sind, erleichtern, den gesamten Vorgang mitzuvollziehen.

♦ „Hallo liebe Eltern!
Vor einiger Zeit haben wir gemeinsam mit Ihnen 'Verlaufen in der Stadt' geplant. Was bisher Theorie war, wird jetzt Praxis. Am Dienstag, den 19.3., wollen wir eine Museumsprobefahrt machen und am Donnerstag, den 21.3., unsere Aktion starten. Einige Mütter haben sich bereit erklärt, mit uns gemeinsam die Aktion durchzuführen: Zwei Mütter erwarten die Kinder im Museum. Eine Mutter nimmt sie am Eingang in Empfang und bringt sie zur anderen Mutter in die Terrariumabteilung. Fr. S. (Erzieherin) schickt die Kinder vom Kindergarten zur Bushaltestelle. Dort steigt eine Mutter unabhängig von den Kindern mit ein. An sie können sich die Kinder wenden, wenn sie nicht mehr weiterwissen. Als Erkennungszeichen trägt diese Mutter eine Zeitung in der Hand. An den Ampeln und an der Straße steht jeweils eine Mutter, auch mit Zeitung, zur Aufsicht und damit die Kinder sich an sie wenden können. Jedes Kind bekommt seinen eigenen Fahrschein, auf den es achten muß. Fr. S. fährt mit den letzten Kindern mit. Wir treffen uns dann alle im Museum und fahren gemeinsam zurück. Ich werde einige Kinder beobachten und einzelne Schritte fotografieren.
Diese Aktion soll ein Beitrag zur Selbständigkeit, Selbstsicherheit sein, damit die Kinder sich, falls sie in eine ähnliche Situation kämen, an unsere Sache erinnen und versuchen, ähnlich zu handeln.
Auf gutes Gelingen – Ihre J. S. und C. T."

Einige didaktische Einheiten enthalten kurze Texte, die als erste Informationen an Eltern und andere Erwachsene gegeben werden können.

♦ Informationsblatt zur didaktischen Einheit „Kochen, Ausflug, Kinderfeste":
Diese didaktische Einheit hat zum Ziel, Kindern Fähigkeiten zum selbständigen Handeln zu vermitteln und ihnen die Möglichkeit zu geben, ihre Phantasie zu entwickeln und eigene Ideen umzusetzen.
Es geht beim Kochen, Feiern und Wegfahren mit der Kindergruppe also nicht darum, daß – wie bisher üblich – die Erwachsenen für die Kinder eine schöne Sache vorbereiten, wobei die Kinder vielleicht ein bißchen helfen dürfen. Kinder sollen hier vielmehr die Gelegenheit erhalten, bei Planung, Entscheidung, Organisation und Durchführung eines solchen Vorhabens entscheidend mitzubestimmen und ihre Wünsche zu verwirklichen.
Andere didaktische Einheiten stellen Kinder meist vor die Aufgabe, schwierige und konfliktreiche Situationen zu bewältigen, wobei häufig vorausgesetzt wird, daß Kinder bereits in der Lage sind, Entscheidungen in der Gruppe zu finden und Meinungsverschiedenheiten auszutragen. In dieser didaktischen Einheit erhalten Kinder die Möglichkeit, solche Fähigkeiten zum selbstbestimmten Verhalten in Situationen zu erproben und zu üben, die relativ frei sind von Zwängen, Konflikten und alltäglichen Belastungen. Das Kochen im Kindergarten, das Feste-Feiern und die Ausflüge sind Situationen, die das Interesse der Kinder wecken und ihnen Spaß machen. Es sind Situationen, in denen die Erwachsenen den Kindern nach und nach den Freiraum geben können, den Kinder zur Entfaltung eigener Ideen und zur Befriedigung eigener Vorstellungen brauchen. Weiteres Ziel dieser didaktischen Einheit ist, Kinder auch zunehmend in alltäglichen Situationen im Kindergarten sowie innerhalb ihrer Familie an gemeinsamen Entscheidungen zu beteiligen, sie mitbestimmen zu lassen und ihnen größere Selbständigkeit zuzugestehen.
Man kann diese Ziele nur erfolgreich angehen, wenn die Eltern bereit sind, mit den Erziehern und den Kindern gemeinsam Möglichkeiten und Wege zu suchen, die in der Kindergruppe und innerhalb der Familien diesen Prozeß vorantreiben können.

Elterntreffen

Das Curriculum soll dazu beitragen, pädagogische Themen zum zentralen Kennzeichen von Elternversammlungen werden zu lassen. Möglich wird die Diskussion über geplante oder laufende didaktische Einheiten und über damit verbundene allgemeine und besondere pädagogische Zielsetzungen, die Absprache uber Projektvorhaben, die kritische Würdigung durchgeführter Unternehmungen, die Auseinandersetzung über das Verhalten einzelner Kinder oder Kindergruppen.

Wie kann es zu Absprachen über die Durchführung einer didaktischen Einheit kommen?

♦ Planungsdiskussionen zur didaktischen Einheit „Müll", von Erzieherinnen berichtet:
„Wir haben für jede Einheit, die wir den Eltern vorgeschlagen haben, vorher mit den Kindern ein Gespräch geführt. Das haben wir abends

den Eltern vorgespielt. Sie waren ganz begeistert zu hören, was ihre Kinder gesagt haben. Wir haben uns überlegt, welche Hinweise das Gespräch gibt, was wir den Kindern verdeutlichen müssen.
Die Eltern schlugen (für diese Einheit) vor, den Verwesungsprozeß zu verfolgen, zu erklären, daß das Laub im Wald immer weniger wird und in sich zusammenfällt, und dies auch im Garten zu zeigen, wo man einen Berg Laub zusammentragen kann. In der Diskussion kam von den Eltern auch der Vorschlag, mit den Kindern zum Flohmarkt, auf einen Autofriedhof, in die Müllverbrennungsanlage und in ein Museum zu gehen. Das kam eigentlich alles von den Eltern.

Oben: Auf dem Flohmarkt.
Unten: Auf dem Autofriedhof.

Aus Fotoposters zur didaktischen Einheit „Müll". Foto: Tüllmann

Wir haben das weitgehend auch so durchgeführt. Wenn eine der Unternehmungen bevorstand, wurden die Eltern wieder miteinbezogen. Ins Museum haben uns Mütter begleitet, die nicht berufstätig sind. Den Autofriedhof, den wir besuchen wollten, haben die Eltern mitausgesucht, und einige waren zur Unterstützung auch mit. Für die Besichtigung der Müllverbrennungsanlage hat sich ein Vater eingesetzt, er hat uns Telefonnummern gegeben, wo wir anrufen konnten. Vor dem Flohmarktbesuch haben wir noch einen Elternabend gehabt, wo wir alles verabredet haben, weil der Besuch ja an einem Samstag war. Die Eltern haben ausgemacht, wer zu Hause bleibt (entweder der Vater oder die Mutter) und welche Familie Kinder mitnimmt, deren Eltern beide nicht mitkommen können. Das haben die Eltern alles unter sich verabredet."

Auf eine ähnliche Weise regte eine Erzieherin Eltern an, sich mit der Situation von Kindern im Krankenhaus zu befassen.

♦ Sie spielte den Eltern Tonbandaufnahmen von Gesprächen vor, die sie mit ihrer Kindergruppe geführt hatte. Für viele Eltern waren die Aussagen ihrer Kinder neu, manche waren verblüfft über die Vorstellungen, die ihre Kinder äußerten (z. B.: „Ich geh' nie ins Krankenhaus, da kriegt man nichts zu essen"), und konnten sich nicht erklären, wie diese Vorstellungen entstanden wären.
Die Erzieherin meinte zu ihrer Methode: „Der Vorteil dabei war, daß sie nicht erst allgemein über das Krankenhaus sprachen mit all den Vorurteilen, verwaschenen Vorstellungen und Befürchtungen, die sie selbst haben, sondern sofort begriffen, daß es sich um eine höchst bedeutsame Situation für ihre Kinder handelte. Die Diskussion verlief dann auch so, daß wir bald zu konkreten Planungen für die Durchführung der ersten Projekte kamen. Unser Vorschlag, sich um einen Arzt zu bemühen, der den Kindern seine Instrumente zeigen und erklären und seine Untersuchungsmethoden vorführen sollte, wurde gerne angenommen. Sie waren sich auch darüber einig, daß ein Krankenhausbesuch sehr wichtig wäre, und erklärten sich zum Teil bereit mitzumachen."

Ein Beispiel aus der Einheit „Wochenende": Die Erzieherinnen ließen Eltern aus vorgegebenen Problemfeldern die ihrer Meinung nach wichtigsten auswählen.

♦ „Wir hatten uns überlegt, wie wir den Elternabend gestalten wollten, und hatten dann den Eltern eine Liste gegeben mit einigen uns wichtig scheinenden Situationen. Wir hatten von uns aus schon vier davon angekreuzt: 'Neue Kinder in der Gruppe', 'Wochenende', 'Abends allein zu Hause', 'Müll'. Diese vier waren also in der engeren Wahl und die Eltern sollten sich zwei davon aussuchen. Da waren dreizehn abgegebene Stimmen für 'Wochenende' und zwölf für 'Abends allein zu Hause'. Und somit haben wir uns entschlossen, 'Wochenende' zu machen. Wir haben an dem Elternabend zwei Gruppen gebildet. Die eine Gruppe hat sich mit 'Wochenende' beschäftigt und die andere Gruppe mit 'Abends allein zu Hause'. Ehepaare haben sich getrennt. Dann hatten wir so einen, ja man kann sagen, Fragenkatalog; aber wir haben einige Probleme rausgesucht, die wir für wichtig hielten für die Diskussion in der Gruppe. Wir haben die Eltern so gefragt: 'Warum ist das Wochenende eigentlich so schwierig?' Und dann kamen die Eltern selbst darauf, daß der Unterschied von Sonntag zu Werktag ziemlich groß wäre, daß das Erwachsenen schon Schwierigkeiten bringen würde und daß es bei den Kindern ähnlich schwer wäre. Und dann haben die Eltern diskutiert und haben erzählt, wie sie es zu Hause machen. Eine Mutter hat die Idee gehabt, daß man sich ruhig einmal am Wochenende treffen könnte, daß das vielleicht auch mal was Besonderes wäre, da die Familien sowieso immer so eingekapselt leben würden und jeder geschlossene Einschulung?

seinen eigenen Laden für sich machte. Von daher kam die Idee, daß sie sich mal treffen wollten, das ist also an diesem Elternabend schon entstanden."

Zu Elterntreffen können auch andere Erwachsene kommen, die durch Projekte mit dem Kindergarten in Kontakt geraten und vorübergehend mitarbeiten. Im folgenden Protokollauszug eines Elternabends mit Lehrern geht es um die strittige Frage, ob 23 Kindergartenkinder zusammen in eine von drei Anfangsklassen kommen oder gleichmäßig auf alle drei Klassen aufgeteilt werden sollen.

◆ EINE MUTTER: Finden Sie *(Rektorin)* nun eine geschlossene oder geteilte Einschulung besser?
REKTORIN: Seid nicht bös, was jetzt kommt. In der im Herbst 72 geschlossen eingeschulten Klasse, der 1 c, ist gar keine Disziplin . . . und laut. Wir wollen deshalb ab jetzt wieder mischen. Ist halt besser so.
Eine Mutter gibt eine Beschreibung einer Hospitation im Kindergarten, bei der ihr die Kinder, die sich in der Schule offenbar unangepaßt verhalten, als durchaus friedlich und normal erschienen.
REKTORIN: Bei interessanten Sachen sind sie ruhig.
LEHRERIN: Wenn die Kinder getrennt voneinander eingeschult werden, ist die Autorität des Lehrers schneller hergestellt.
EINE MUTTER: Wollen Sie *(Lehrerkollegium)* deswegen eine getrennte Einschulung, um mögliche Anpassungswiderstände leichter zu zersplittern?
EINE MUTTER: Wenn der Übergang in die Schule durch bessere Kooperation leichter geht, ist auch die geschlossene Klasse leichter zu unterrichten und man brauchte dann in der Schule nicht nur „Stoff hineinzupumpen" und . . . *(wird unterbrochen).*
LEHRERIN: Soziologische Gruppen sind das ja noch gar nicht *(Protest von seiten der Eltern).*
ANDERE LEHRERIN: Das Gruppenverhalten dieser Kindergartengruppen ist den Kindern noch übergestülpt *(vereinzelter Protest von Eltern, Erzieherinnen sind total konsterniert).*
EINE MUTTER: Wie werden die Gruppen denn getrennt? Nach Freundschaftsgruppen?
REKTORIN; Nur nach Wohngebieten, . . . in ganz besonderen Fällen könnte man mal sehen . . .
EINE MUTTER: Gute Freundschaften dürfen auf keinen Fall getrennt werden.
REKTORIN: Glauben Sie etwa, so etwas hält . . . verdammt noch mal, diese Exklusivität, die Sie da haben wollen.
EINE MUTTER: Also, warum sollte nun das Erreichen von bestimmten Zielen mit einer geschlossen eingeschulten Gruppe nicht möglich sein?
REKTORIN; Fragen Sie doch die Kolleginnen, wer so eine Klasse übernehmen will?
EINE MUTTER: Die Kindergartenkinder sind doch nicht an sich disziplinlos.
REKTORIN: Ja, aber sehr temperamentvoll.
LEHRERIN: Vom pädagogischen Standpunkt aus ist Gruppenarbeit erst ab viertem Schuljahr möglich *(Protest der Eltern gegen diese Behauptung).*

EIN VATER: Fassen Sie als Lehrer also das Modell einer gemeinsamen Einschulung als gescheitert auf?
LEHRERIN: Nein! Ich will aber jedes Kind lieber einzeln sehen.
ANDERE LEHRERIN: Die Kinder haben doch einen gemeinsamen Schulweg.
EIN VATER: Sind Ihnen denn Modelle gemeinsamer Einschulung unbekannt?
REKTORIN: Nein! Aber wir machen das Beste daraus. Ihre Kinder kommen in drei verschiedene Gruppen, und dann ist's gut.

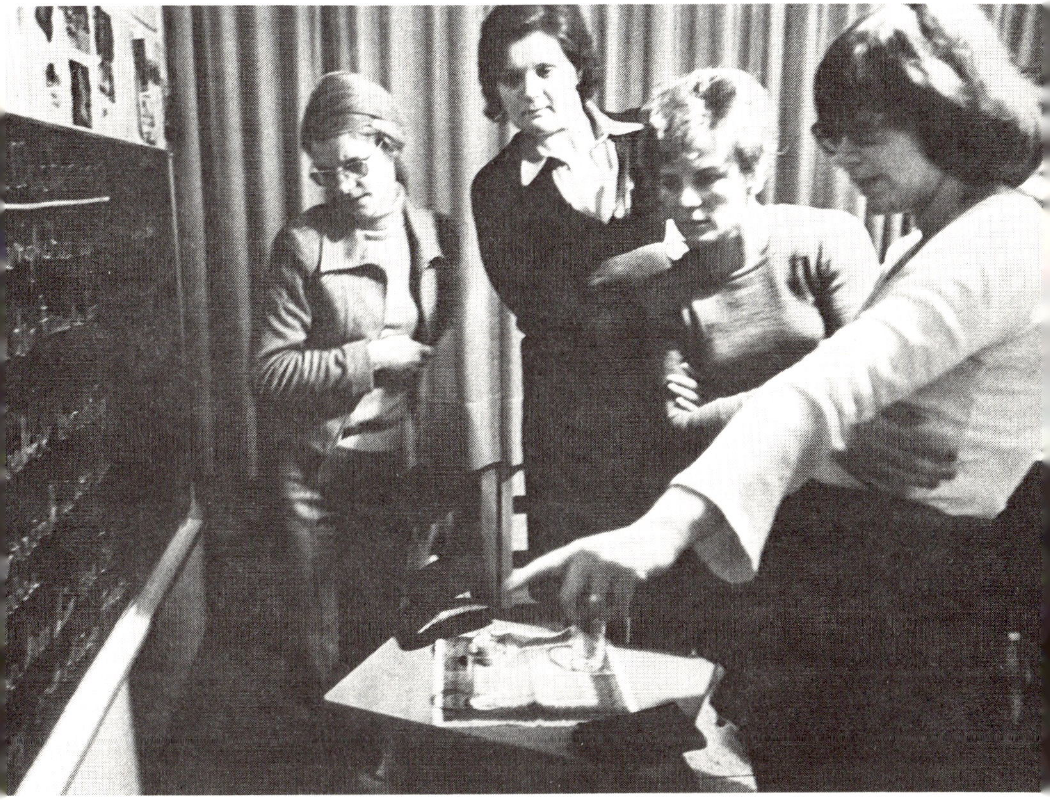

Die Eltern diskutieren über die pädagogische Zielsetzung der didaktischen Einheit „Wochenende".
Aus Fotoposters zur didaktischen Einheit „Wochenende". Foto: Tüllmann

EIN VATER: Warum wollen Sie es denn nicht noch einmal versuchen?
REKTORIN: Die Kinder sind ja zu temperamentvoll *(halblaute Unmutsäußerungen von Eltern).* Wenn Sie mich erpressen wollen, dann gehe ich jetzt heim!

Elterntreffen müssen nicht immer Diskussionsveranstaltungen sein: Spiele spielen und basteln kann man auch mit

Eltern, gemeinsame Collagen herstellen ebenfalls; ein Elterntreffen kann einmal als Elternfest angelegt werden. Erzieherinnen haben verschiedentlich versucht, mit Eltern aktuelle pädagogische Probleme in Rollenspielen deutlicher werden zu lassen. Im folgenden Fall wurde das Ziel verfolgt, durch das Medium Rollenspiel mit Eltern schwieriger („tyrannischer") Kinder zu kommunizieren, die einem direkten Gespräch zunächst abwehrend gegenüberstanden. Die Erzieherinnen hatten sich Rollenspiele zu Situationen ausgedacht, in denen Kinder tyrannisch und Eltern hilflos reagierten.

◆ „Eine dieser Situationen betraf das Alleinbleiben des Kindes, wenn die Eltern abends weggehen. Eine Erzieherin als Kind und ein Elternpaar sollten folgende Szene spielen: Ein Kind ist gewohnt, daß, wenn es allein ist und die Eltern auf den Elternabend gehen wollen, eine Nachbarin nach ihm schaut, nicht ständig, aber das Kind hat die Möglichkeit, die Nachbarin zu rufen. An einem Abend wollen die Eltern wieder auf einen Elternabend gehen, da beginnt das Kind ein entsetzliches Theater zu machen.
Zuerst entwickelten einige Eltern eine Abwehrhaltung gegen das Rollenspiel. Wir versuchen zu erklären, warum es vielen Erwachsenen schwer fällt, warum wir diesen Einstieg aber trotzdem für positiv halten. Ein Vater stand spontan auf und erklärte der Erzieherin: 'Also ich bin der Vater, und du bist das Kind', und stieg sofort in die Situation ein, was die Atmospähre sehr auflockerte. Es wurden viele praktische Vorschläge gemacht, und die Eltern konnten sehen, daß jeder an einem Punkt eine schwache Stelle hat und daß keiner frei von Problemen ist."

Elterntreffen können dazu führen, daß sich kleinere Gruppen von Eltern bilden, die sich konkreter mit der Thematik einer didaktischen Einheit befassen.

◆ Eine Erzieherin hat Eltern unmittelbar zu solchen Treffen eingeladen: „Das war wesentlich effektiver als ein formeller Elternabend. In der kleinen Gruppe konnten wir wirklich intensiv über die Fragen und Probleme sprechen. Danach war diese Gruppe sozusagen eine Expertengruppe, die ihre Erfahrungen in die große Elterngruppe auf dem Elternabend tragen konnte."

Unter ähnlicher Zielsetzung können Eltern als Gäste auch an Mitarbeiterbesprechungen teilnehmen. Da nicht wenige Eltern Schwierigkeiten mit ihren Kindern erleben, wenn sie sie allein lassen wollen, um zum Elternabend zu gehen, liegt es nahe, Kindern verständlicher zu machen, was ein Elternabend ist und wozu er dient.

◆ Eine Erzieherin: „Wir haben ein Mädchen in der Gruppe, die ohne weiteres allein zu Hause bleibt. Nur wenn ihre Eltern auf den Elternabend gehen wollen, läßt sie sie nicht weg. Ich glaube, das hängt damit zusammen, daß sie nicht weiß, was ein Elternabend ist und was die Eltern dort machen. Deshalb haben wir einmal den Gruppenraum so gelassen, wie er am Elternabend war. Die Kinder konnten dann am Morgen sehen, wie es am Abend vorher war und wo ihre Mutter gesessen hat. Wir planen, jetzt auch einmal Kinder mit am Elternabend teilnehmen zu lassen, damit sie ihr Mißtrauen verlieren."

Punktuelle Mitarbeit

In vielen Fällen konnten durch informelle Kontakte und Elternabende Eltern und andere Erwachsene dazu gewonnen werden, die pädagogische Arbeit im Kindergarten auf einer zunächst mehr organisatorischen Ebene zu unterstützen – etwa bei der Herstellung von Kontakten zu Dritten oder bei der Beschaffung von Materialien.

♦ Fälle aus der Einheit „Kinder im Krankenhaus":
Eine Mutter konnte für Rollenrequisiten sorgen, indem sie zu ihrem Hausarzt ging und ihn um einige Materialien bat. Eine andere Mutter hatte besonders gute Erfahrungen mit einem Zahnarzt gemacht und erbot sich, zwischen ihm und dem Kindergarten einen Kontakt herzustellen, um einen Besuch der Kinder in der Praxis zu ermöglichen.
Eine Mutter war früher selbst Krankenschwester und kannte noch eine im Krankenhaus tätige Schwester. Sie bat sie, einmal in den Kindergarten zu kommen, um mit den Kindern ein Rollenspiel („Dramatisierung eines Tageslaufs im Krankenhaus") durchzuführen.
Die Mutter eines anderen Kindes war Lehrschwester und konnte daher nicht nur für vielfältiges Rollenspielmaterial sorgen, sondern auch den Kontakt zu einer Kinderärztin herstellen, die dann in den Kindergarten kam und den Kindern ihre Instrumente und Untersuchungsmethoden vorführte.
Die Leiterin eines Kindergartens war Ordensschwester und hatte engen Kontakt zu einem Krankenhaus. Sie besorgte für die Kinder ein echtes Krankenhausgitterbettchen und sonstige Spielmaterialien, die sich vorzüglich für die Krankenhaus- und Arztspiele der Kinder eigneten. Sie knüpfte auch Kontakte zur Stationsschwester der Kinderstation, so daß die Kindergruppe mehrmals ins Krankenhaus gehen und alle Räume, auch einen Operationssaal, sehen konnte.
Der Vater eines Kindes, der sich bis dahin nie an der Arbeit im Kindergarten beteiligt und der pädagogischen Konzeption sogar ablehnend gegenübergestanden hatte, konnte dafür gewonnen werden, einen Augenspiegel für die Kinder zu basteln. Er war davon so fasziniert, daß er einen gut funktionierenden, komplizierten Apparat mit Lämpchen und Batterie herstellte und seine Einstellung zur Kindergartenarbeit gründlich veränderte.

Solche Beispiele zeigen, daß Eltern und andere Erwachsene durchaus bereit sind, ihre Verbindungen und Möglichkeiten für die Kindergartengruppe einzusetzen. Die Chance ist groß, daß solche ersten zaghaften Kontakte bei Eltern und anderen beteiligten Erwachsenen allmählich eine Motivation entstehen lassen, das Geschehen im Kindergarten weiter zu verfolgen und daran auch selbst aktiv teilzunehmen.

Mitwirkung in Projekten

Über die Mitwirkung in Projekten, der sicherlich wichtigsten Form der Beteiligung von Eltern und anderen Erwachsenen, ist schon (im Kap. 5.2.3) berichtet worden. An dieser Stelle wollen wir auf einige zusätzliche Aspekte eingehen: Eltern, die sich im Umgang mit kleineren oder größeren Kindergruppen unversehens in der Rolle von Pädagogen sehen, fällt dies anfangs sicher nicht leicht. Der Umgang mit den eigenen Kindern zu Hause unterscheidet sich erheblich vom Umgang mit einer Gruppe von Kindern, von denen man einige kaum kennt. Eltern müssen dabei lernen; und es macht gar nichts, wenn auf Anhieb nicht alles wie in einem Lehrbuch der Gruppenpädagogik klappt.

◆ Ein Bericht einer Erzieherin über Mühen und Zweifel, die mit dem Engagement eines Elternteils verbunden sein können:
„Wir hatten auf unserem ersten Elternabend mit den Eltern unseren Kindergarten besichtigt. Vom Werkraum waren die Väter am meisten angetan. Wir haben unsere Ungeschicklichkeit auf diesem Gebiet zugegeben, und da fühlten sich einige doch verpflichtet, mal in den Kindergarten zu kommen und mit den Kindern zu werken. Ein Vater hat seine Versprechung gehalten und sich einen Tag Urlaub genommen, um zu uns zu kommen. Der Vater fragte uns dann, was wir denn gerne haben wollten. Wir haben diese Frage an die Kinder weitergegeben, und die haben sich ein Vogelhaus gewünscht. Darüber hatten wir auch schon mal mit den Kindern gesprochen.
Mit dem Vater war verabredet, daß er am Mittwoch um halb zehn in den Kindergarten kommen und mit einer kleineren Untergruppe in den Werkraum gehen sollte. Der Mann war an diesem Tag schon um acht Uhr morgens da, er war ganz aufgeregt und meinte, das Vogelhaus könnte er nicht mit den Kindern zusammen arbeiten. Er hätte es am Abend zuvor mit seiner Tochter in seinem Bastelkeller ausprobiert und meinte jetzt, das wäre für die Kinder zu schwierig. Das Vogelhaus brachte er schon fast fertig mit; wir sollten nur noch ein paar Leisten dranmachen und es anmalen. Er war dann auch ziemlich entsetzt, als wir Wasserfarben dafür hernehmen wollten.
Er wollte mit den Kindern dann einen Lastwagen bauen; die Kinder sollten ihm dabei helfen – so hatten wir das jedenfalls verstanden. Es war dann aber so, daß die Kinder am Auto selbst wenig mitarbeiteten. Unsere Kinder waren nämlich zum erstenmal im Werkraum und wollten alles ausprobieren. Sie haben gehämmert, und der Vater hat sie dabei auch wirklich gut und mit unheimlicher Geduld angeleitet: Jedes Kind hat seinen Holzblock bekommen und drauf rumgeklopft; der Vater saß mittendrin und arbeitete an seinem Auto. Er hat den Kindern nur zwischendurch Anweisungen gegeben, sie sollten ihm dieses oder jenes Stück Holz geben oder besondere Nägel heraussuchen. Das Auto ist unheimlich akkurat geworden, und die Kinder waren begeistert davon. Sie haben mittags von sich aus den Vater gefragt, wann er wiederkommen würde. Auch dem Vater hat die Arbeit mit den Kindern gefallen."

Macht es etwas, wenn dieser Vater zunächst mehr auf sein Arbeitsziel achtete als darauf, die Kinder soweit wie möglich am Arbeitsprozeß zu beteiligen? Nein. Niemand kann von ihm in einer solchen Situation mehr verlangen, als er zu geben vermochte. Was man aber in anderen Fällen tun kann, ist, mit Eltern vorher über methodische Möglichkeiten zu sprechen, Kinder bei einem Vorhaben aktiv mitmachen zu lassen.

Ersterfahrungen wie die eben skizzierte wurden auch mit anderen Erwachsenen gemacht, die nicht oder nicht genügend mit ihrem vorübergehenden pädagogischen Metier vertraut gemacht worden waren: Man konnte dann den Arzt erleben, der mit seiner Sprache voller Fremdwörter zwar beeindruckend wirken mochte, sich aber nicht verständlich machen konnte. Es konnte die Lehrschwester anatomische Modelle vorführen, ohne hinreichend zu berücksichtigen, daß ein Kind nicht über die gleichen Voraussetzungen verfügt wie eine Schwesternschülerin. Es konnte der Rektor einer Grundschule den Besuch von Kindern als Gelegenheit deuten, ihnen erste disziplinarische Hinweise zu übermitteln. Erzieher zogen daraus zunehmend die Konsequenz, lieber die Anstrengung eines inhaltlichen und methodischen Vorgesprächs in Kauf zu nehmen, als eine mißglückte Begegnung zu riskieren. Oft zeigten sich die angesprochenen Erwachsenen solchen Planungsgesprächen gegenüber sehr aufgeschlossen; ihnen lag selbst daran, sich auf ihre Begegnung mit Kindern gut einstellen zu können.

♦ Gemeinsam mit dem Direktor eines kunsthistorischen Museums überlegten Erzieherinnen, was für den Besuch der Kinder geeignet sein würde. Er räumte den Kindern Sonderbedingungen ein und führte sie an einem Tag durch das Museum, an dem es geschlossen war. Er ging mit ihnen auch in die sonst nicht zugänglichen Räume des Archivs. Er war sehr bemüht, auf die Kinder einzugehen und sie nicht zu überfordern. Er wartete ab, wie die Kinder reagierten, wenn sie etwas ansahen – ob sie lachten oder erstaunt waren. Er gab ihnen dann entsprechende Erklärungen.

Die Beteiligung von Erwachsenen an einem Projekt hatte bisweilen konstruktive Nachwirkungen, die mit dem Projekt selbst zunächst gar nicht beabsichtigt waren. Dabei veränderten sich oft nicht nur die Einstellungen von Eltern, sondern auch ihre situationsbezogenen Handlungen.

♦ Zwei Mütter haben eine Kindergruppe beim Besuch im Krankenhaus begleitet. (Ähnliche Besuche wurden auch von anderen Kindergärten aus durchgeführt. Oft aber gelang es Erziehern trotz intensiver Bemühung nicht, vom Krankenhaus die Erlaubnis zu einem solchen

Besuch im Museum.
Aus Fotoposters zur didaktischen Einheit „Müll". Foto: Tüllmann

Besuch zu erhalten.) Erzieherinnen und Mütter waren vom Nutzen der gemeinsamen Unternehmung überzeugt.
Die Erzieherin: „Ich hatte den Eindruck, daß die beiden Frauen plötzlich gemerkt haben, welchen Wert der Besuch im Krankenhaus für ihre Kinder hatte, daß es nämlich wichtig ist, nicht nur zu reden oder Bilder anzuschauen, sondern den Kindern die wirkliche Situation vorzuführen."
Eine Mutter: „Sogar mir hat dieser Krankenhausbesuch viel gegeben. Ich hatte ja selbst noch nie eine Klinik so genau kennengelernt. Daß wir gemeinsam mit den Kindern gegangen sind, hat den enormen Vorteil, daß wir jetzt auch zu Hause mit den Kindern über das Krankenhaus reden können, selbst Bescheid wissen und sie viel besser auf einen Krankenhausaufenthalt vorbereiten können."
Eine andere Mutter im Gespräch mit der Erzieherin: „Wir haben auf Ihrer Arbeit aufgebaut. Wir sagten zu ihm (Markus, sechs Jahre), daß er ja schon einmal im Krankenhaus war, daß er die Verhältnisse kennt, daß wir ihn jeden Tag besuchen werden. Wir erklärten ihm genau, was auf ihn zukommen wird: daß er eine Narkose bekommt, daß er dann operiert wird, daß er, wenn er wieder aufwacht, noch im Krankenhaus sein wird. Wir sagten ihm, daß er von den Schwestern umsorgt und gepflegt wird, daß die Ärzte und Schwestern ihm helfen wollen und ihm nichts Böses widerfährt. Diese Hinweise gaben wir ihm, und er hat ganz verständig darauf reagiert, ohne daß er Angst hatte. Er ging ohne Widerstand und, so meine ich, relativ angstfrei ins Krankenhaus. Auch mit unseren Besuchen klappte es gut. Wir haben ihm versichert, daß wir täglich kommen, nur immer zu anderen Zeiten. Das hat ihn sehr beruhigt, zumal die Schwester das bestätigte. Es ging wunderbar, ich hatte es mir anders vorgestellt. Ich glaube, daß dies mit den Erfahrungen zusammenhängt, die er vorher im Kindergarten und bei dem Besuch im Krankenhaus machen konnte. Meiner Erfahrung nach hat ein Mensch immer dann besonders Angst, wenn etwas Unbekanntes auf ihn zukommt. Wenn er weiß, was ihn erwartet, ist die Angst viel geringer."

Durch die Mitwirkung an einzelnen Aktivitäten und Projekten kam es oft auch zur Verbesserung des Kontakts der Eltern untereinander.

♦ Eine Erzieherin: „Bei uns war der Kontakt zu den Eltern vor Durchführung der Einheit 'Verlaufen in der Stadt' auf wenige interessierte Mütter beschränkt. Als wir auf einem Elternabend um Mitarbeit bei der Herstellung unseres Stadtplans und bei Besuchen der Kinder in den Wohnungen baten – wir brauchten Elternbegleitung auf den Aussichtsturm, wollten in die Wohnungen der Kinder gerne einmal hinein –, haben erstmalig auch Mütter mitgemacht, die sich sonst eher ferngehalten haben. Durch diese ersten gemeinsamen Unternehmungen haben sich die Mütter untereinander auch kennengelernt, was viele von ihnen sehr begrüßten, da auf diese Weise ihr Kontakt sehr verbessert wurde."

Initiativen zur Veränderung von Situationen

Sich unter pädagogischen Gesichtspunkten mit einer Situation zu befassen, kann – je intensiver dies geschieht – bedeuten, sie ändern zu wollen. Pädagogisches Handeln gilt dann nicht nur der Qualifizierung des Kindes, es kann sich auch auf die Beeinflussung objektiver Situationsmerkmale richten. Wenn Merkmale der Fremdbestimmung in Situationen nicht nur gesehen, sondern in ihrer Unangemessenheit und Veränderbarkeit erkannt werden, wenn Eltern und andere Erwachsene Chancen sehen, auf solche Situationen aktiv einzuwirken, kann es zu entsprechenden Initiativen kommen.

Initiativen konnten sich, da es sich nicht nur um „große" – an Institutionen wie Schule oder Krankenhaus gebundene – Situationen handelt, im sozialen Mikrokosmos entwickeln, die „kleinen" Situationen, die man anders – und für die Kinder: besser – zu gestalten versuchte.

◆ Eine Erzieherin: „Ein Junge sagte zu mir: 'Ich hatte nie ein Licht, ich hab' erst eine Lampe gekriegt, wie ich aus dem Bett raus bin, und ich wußte nicht mehr, wo ich war, und hatte keine Lampe im Zimmer.' Und jetzt nach dem Gespräch mit den Eltern bekam er eine Lampe direkt ans Bett, damit er sich gleich Licht machen kann, wenn er sich nicht zurechtfindet."

In anderen Fällen konnte ein kooperatives Verhalten von Eltern situative Bedingungen in einer für Kinder und Erwachsene akzeptablen Weise verändern.

◆ In mehreren Kindergärten kam es, ausgelöst durch gemeinsame Projekterfahrungen, zu familienübergreifenden Kooperativen. Oft genügte dann ein kleiner Hinweis der Erzieherin, daß Eltern einer Straße oder eines Wohnblocks sich beispielsweise im Zubringerdienst abwechseln könnten. Über solche kleinen Aktionen können sich dann allmählich bei wechselseitiger Sympathie und etwas Zutrauen auch kleine gemeinsame Unternehmungen entwickeln: Eine Mutter fährt ihre Tochter und deren Freundin zum Gymnastikunterricht. Zwei Mütter verabreden sich, jeweils an einem Nachmittag abwechselnd die Kinder zu sich zu nehmen. Die Mütter stellen sich an diesen Tagen ganz auf die Kinder und auf kindbezogene Aktivitäten ein und haben wiederum auch Zeit, an den Tagen, wo es sie nicht „trifft", einmal etwas ohne Kinder zu unternehmen. Eine Erzieherin, die solche Initiativen anregte, berichtet:
„Bei uns im Kindergarten hat sich eine Absprache mit Müttern entwickelt. Da sind zunächst vier Mütter, die haben ihre Kinder eigentlich ganztags im Kindergarten. Diese Mütter haben sich abgesprochen und nehmen jetzt jede Woche einmal die anderen drei Kinder mit zu sich nach Hause. Dann können die Kinder dort in der Wohnung nachmittags spielen. Die anderen Mütter haben frei, und für ihre Kinder ist das doch etwas anderes als der ewige Kindergarten. Ich finde das sehr gut. Ich hab' das meinen Müttern vorgeschlagen, wenn sie manchmal jammern, daß sie nie allein sind: Sie sollen sich doch zusammentun. Ich meine, das ist schon verständlich, bei aller Liebe. Die wollen eben auch mal allein in die Stadt gehen und nicht immer jemanden

hinter sich herzerren. Und wenn sich da drei Mütter zusammentun, dann bringt jede in der Früh' ihr Kind. Eine erklärt sich dann verantwortlich, daß die Kinder abgeholt werden, und kocht dann für drei. Ob sie da für eins oder für drei Kinder kocht, ist doch gleich. Und die anderen Mütter sind abends ausgeruht und können ihre Kinder wieder mit nach Hause nehmen. Dann muß Muttersein auch nicht so anstrengend sein, wie es immer dargestellt wird. Und die Kinder, die haben auch ihren Spaß. Die hatten mal anderes Spielzeug, die waren mal in einem kleineren Kreis und brauchten nicht unbedingt nachmittags in den Kindergarten zu kommen. Ich finde, wir können vom Kindergarten aus den Eltern schon Anregungen geben."

Einige Elterngruppen drangen darauf, die Vereinzelung von Kindern in einer schwierigen Situation dadurch zu überwinden, daß mehrere miteinander bekannte Kinder eine solche Situation gemeinsam bestehen sollten.

◆ So versuchten Elterngruppen, eine gemeinsame Einschulung ihrer Kinder zu erreichen: „In unserem Kindergarten bildeten sich drei Gruppen von Eltern, die verschiedene Aufgaben übernahmen. Eine Gruppe entwarf und verteilte ein Informationsblatt, das sowohl für andere Eltern als auch für die Öffentlichkeit gedacht war. Vor allem wollte man all jene Eltern erreichen, deren Kinder zwar nicht im Kindergarten waren, aber in dieselbe Schule eingeschult werden sollten. Eine zweite Gruppe bereitete sich auf ein Gespräch mit dem Rektor vor. Dazu wurden alle wesentlichen Gesichtspunkte und Argumente zusammengetragen. Die dritte Gruppe schließlich ging zur Stadtverwaltung, um dort die Namen und Adressen aller Kinder zu erfahren, die eingeschult werden sollten. Um den Kreis der Eltern zu vergrößern, wurden auch die Eltern angesprochen, die ihr Kind erst im nächsten Jahr einschulten."
Die Eltern einer anderen Kindergruppe schlugen vor, daß sich diejenigen von ihnen, deren Kinder für eine Mandel- und Polypenoperation vorgemerkt waren, zusammenschließen sollten – mit dem Ziel, die Kinder gleichzeitig ins Krankenhaus zu bringen. Auf diese Weise, meinten sie, könnten ihre Kinder das Allein- und Fremdsein leichter überwinden. Dieses Vorhaben hat dann doch nicht geklappt, weil die Operationstermine der verschiedenen behandelnden Ärzte nicht zusammenzulegen waren.

Elterngruppen versuchten dabei in Fällen, in denen es mögliche Verbündete gab, sich ihrer Unterstützung zu versichern.

◆ Eine Frankfurter Elterngruppe wandte sich an eine Elterninitiative, die sich um die Verbesserung der Situation kranker Kinder in den Krankenhäusern ihrer Stadt bemüht. Sie wollte Namen der Kliniken erfahren, die tägliche Besuchszeiten gestatteten. Ihre Kinder, so forderten sie, sollten nicht mehr darunter leiden, daß sie keine oder nur seltene Besuche bekommen können. Zu einem Elternabend kamen zwei Vertreter dieser Organisation und besprachen mit den Eltern und Erziehern Fragen zum Thema Krankenhaus. Nach anfänglicher Scheu vor den unbekannten Besuchern kamen die Eltern mit ihnen gut ins Gespräch und erhielten neue Anregungen für die Vorbereitung eines Krankenhausaufenthaltes ihrer Kinder.

Menschen in der Umgebung des Kindergartens, die durch solche Aktivitäten in den pädagogischen Diskurs einbezogen wurden, trugen mit zu Veränderungen von Situationsmerkmalen bei.

◆ Hierzu Fälle aus „Kinder im Krankenhaus":
Nachdem ein Kindergarten intensive Kontakte zum benachbarten Krankenhaus aufgebaut hatte, mehrmals mit den Kindern dort zu Besuch gewesen und mit Ärzten und Schwestern ins Gespräch gekommen war, wandte sich das Krankenhaus mit der Bitte um Beratung an den Kindergarten, als es um die Ausstattung der Kinderstation mit Spielsachen ging. Die Erzieherinnen kamen dieser Aufforderung gerne nach.
Die Ärzte eines städtischen Krankenhauses, in das eine Kindergruppe zu Besuch gekommen war, haben diese Art der Vorbereitung der Kinder auf einen Krankenhausbesuch für gut befunden und die Projektidee an andere Kindergärten weitergegeben.
Eine Schwesternschule hatte von den Projekten gehört. Man kam überein, das Thema „Kinder im Krankenhaus", so wie es in der didaktischen Einheit dargestellt wird, in die Ausbildung von Schwestern einzubringen.
Ein Kinderarzt mit Belegbetten in einer chirurgischen Abteilung führte ein Besuchssystem für Mütter ein: Er verteilte rote und blaue Zettel mit Stempel und Unterschrift. Der rote Zettel bedeutete: Die Mutter darf ihr Kind tags und nachts im Krankenhaus besuchen. Der blaue Zettel bedeutete: Die Mutter darf ihr Kind tagsüber besuchen, wann und solange sie will. Der Arzt berichtete von guten Erfolgen: Die Kinder seien wesentlich ruhiger, die Genesung schreite rasch voran. Auch das Pflegepersonal sei nach anfänglichen Bedenken nun sehr einverstanden mit der Anwesenheit der Mütter.

Initiativen müssen nicht immer gelingen. Aber auch wenn sie zum Erliegen kommen oder scheitern, enthalten sie Lernchancen. Denn lernen kann man gerade bei fehlgeschlagenen Versuchen, an welchen Widerständen sie gescheitert sind und worauf diese Widerstände sich zurückführen lassen. Gespräche darüber können zu größerer Bewußtheit über die gesellschaftlichen Bedingungen, die Chancen und Behinderungen sozialen Handelns führen.

5.3 Didaktische Materialien

Projekte und Spiele beziehen nicht nur Menschen, sondern auch Gegenstände ein, die dann als didaktische Materialien in Erscheinung treten können (ob sie nun eigens dafür entwickelt wurden oder nicht). Didaktische Materialien im situationsorientierten Curriculum sind zunächst und vor allem Gegenstände, die in der thematisierten Situation eine Rolle spielen, die in ihr entdeckt und handhabbar werden. Insofern ist die vorgefundene dingliche Umwelt selbst die

Basis der Gewinnung didaktischer Materialien. Es verhält sich hier ähnlich wie bei dem Kind, das ein kleines Stöckchen zum Zwerg erklärt und ihn hin und her spazieren läßt. Ein Stock ist nicht immer ein Stock. Mal ist er ein Männchen, ein andermal eine Brücke, ein drittes Mal ist er ein Pfeil, mit dem man die zänkische Schwester piekst. Situationsorientierte didaktische Einheiten verhalten sich widerspenstig gegenüber Materialien, die Kinder (als „unsere lieben Kleinen") in künstlichen Welten halten und keinen Übergang zur Wirklichkeit zulassen. Dies meint nicht, daß das Curriculum in Widerspruch zu Phantasie und Traum stünde, wohl aber, daß in ihm Produkte der Spielzeugindustrie entbehrlich erscheinen können (sofern sie sich nicht – oft in anderem Sinn als dem von den Herstellern gemeinten – in den Zusammenhang didaktischer Einheiten bringen lassen; vgl. dazu Arbeitsgruppe Vorschulerziehung 1974a).

Wir unterscheiden im Curriculum Materialien, die man in der Situation gewinnen kann, von solchen, die in den didaktischen Einheiten mitgeliefert werden (auf diese zweite Kategorie bezieht sich Kapitel 5.3.1 bis 5.3.5). Die Planung von Projekten ging in der Regel einher mit der Suche nach Materialien, die zu Spiel- und Anschauungszwecken herangezogen werden konnten, nach *didaktischen Materialien, die man sich in der Situation beschaffen oder herstellen kann.* (In den didaktischen Einheiten sind entsprechende Vorschläge im Textheft „Zum Umgang mit didaktischen Materialien" enthalten; dort werden auch Hinweise zum Verständnis und zu Verwendungsmöglichkeiten mitgelieferter Materialien gegeben.) Erzieher und Eltern erwiesen sich dabei oft als sehr erfinderisch. Keller und Speicher wurden in Augenschein genommen, das Reisebüro um Materialien befragt, die öffentliche Bibliothek, die Landesbildstelle, der Hausarzt, der Supermarkt. Gastarbeitereltern sorgten für Schallplatten mit internationaler Folklore, für Kastagnetten und Tamburins. Großmütter brachten Fotoalben mit von früher. Erzieher bemühten sich um die Ausleihe von Filmen, um Dia-Serien, Bildbände oder Landkarten; sie prüften Bilder- und Vorlesebücher auf thematische Bezogenheit.

♦ Aus der didaktischen Einheit „Kochen, Ausflug, Kinderfeste": Viele Kindergärten sind nicht dafür eingerichtet, daß Kinder selbst kochen. Die vorhandene Küche, oft nur Tee- und Wärmeküche, eignet sich nicht. Was tun? Einige Erzieherinnen sprachen die Mütter an, baten um Kochgeschirr, Schüsseln, Elektroplatten, Arbeitsgeräte. Ausnahmslos gelang es, auf diese Weise genügend Material zu sammeln, so daß die Kinder im Gruppenraum erste Kocherfahrungen machen konnten. Ohne danach zu fragen, erhielt eine Gruppe ein wunderschönes Waffeleisen, das von den Kindern sehr häufig und mit der Zeit vollkommen selbständig benutzt wurde. Die Kinder wußten allmählich, wie sie den Teig für sechs Waffeln herstellen und das Waffeleisen bedienen mußten.

Aus „Kinder im Krankenhaus":
Eine Erzieherin bat die Stationsschwester der Kinderstation des nächsten Krankenhauses um Materialien – und erhielt ein Stethoskop und ein Fieberthermometer.
Eine andere Erzieherin wandte sich an eine pharmazeutische Firma: „Wenn man solch eine Firma anschreibt, bekommt man meist Kostproben" (etwa von Hautsalben oder Verbandsmaterial).
Eine dritte Erzieherin: „Diese Holzspachteln, die haben wir übers Gesundheitsamt ins Haus bekommen. Und ein Stethoskop, ich glaube, das müßte man in Sanitätseinrichtungsgeschäften bekommen."
Bei einem Besuch im Krankenhaus haben die Kinder, nachdem sie verschiedene Räume und medizinische Instrumente gesehen hatten, „hinterher verschiedene Dinge gesammelt: Creme, Binden, Spachtel, Thermometer, ein Stethoskop".
Eine Kindergruppe hat an die Eltern einen Sammelaufruf gerichtet. So erhielten sie ausgediente Leintücher, Verbandsmaterial und Windeln, die die Kinder in ihren Spielen als Mundschutz, Häubchen und Dreieckstücher für den Erste-Hilfe-Kurs verwenden konnten.
Ein anderer Kindergarten wandte sich an die Röntgenabteilung des Städtischen Krankenhauses und erhielt einige Röntgenbilder für die Demonstration von Knochenbrüchen.
Eine Kindergruppe fragte in einem älteren Krankenhaus an, ob dort vielleicht ein ausrangiertes Kinderbett zu bekommen sei. Die Kinder bekamen nicht nur ein richtiges kleines Gitterbettchen, sondern noch viele andere Materialien, die sie zum Spielen vorzüglich gebrauchen konnten.
Eine Kindergruppe, die mit Arzt und Schwester im Operationssaal eines Krankenhauses Rollenspiele gespielt hatte, durfte anschließend die Plastikhauben, -schürzen, -schuhe und -handschuhe, die sie für das Spiel bekommen hatte, mitnehmen.
Als Lehrschwester konnte die Mutter eines Kindes eine Menge von Spielmaterial besorgen.
Eine Erzieherin konnte von einem befreundeten Medizinstudenten ein Stethoskop bekommen. (Viele Medizinstudenten kaufen sich nach Beendigung ihres Studiums ein neues Stethoskop, sie dürften deshalb leichter bereit sein, ihr altes den Kindern zu schenken.)
Für eine besondere Attraktion konnte eine Erzieherin sorgen, deren Mann in einer Klinik arbeitet: Er brachte eines Tages eine Demonstrationspuppe – wie sie zur Ausbildung von Ärzten und Schwestern verwendet wird – in den Kindergarten und zeigte den Kindern daran, wie das Innere des Menschen aussieht. Die Kinder konnten selbst die einzelnen Organe herausnehmen, sie wieder einsetzen und dabei Fragen stellen.
Viele Erzieherinnen verwendeten Zeitungen und Illustrierte, auch Gesundheitsbroschüren und -zeitschriften, die sie vom Hausarzt oder aus der Apotheke holten. Sie schnitten Fotos von Ärzten, Schwestern, Krankenhaussituationen, Krankenwagen und Erste-Hilfe-Demonstrationen (z. B. des ADAC) aus; sie zeigten den Kindern Zeichnungen und Bilder des menschlichen Körpers.

Eine Mutter hatte noch von ihrer früheren Ausbildung zur Krankenschwester her ein Lehrbuch für Krankenpflege, in dem einfache grafische Darstellungen von medizinischen Instrumenten, typischen Krankenhausmöbeln (Medizinschrank, Tragbahre, Toilettenstuhl) und vom menschlichen Körperbau abgebildet waren. Sie berichtete, daß ihre Tochter, wenn sie vom Kindergarten nach Hause kam, oft nach diesem Buch verlangte und sie bat, ihr die Bilder zu erklären. Ohne dieses Buch, meinte sie, hätte ihr Töchterchen sicher nicht so viele Fragen gestellt.
Die Erzieherin eines Kindergartens, der direkt neben einer Grundschule liegt, besorgte sich dort ein Biologiebuch und eine Schautafel des menschlichen Skeletts, sie verwendete beides als Anschauungsmaterial. Sie berichtete, die Kinder wären sehr interessiert gewesen und hätten viele Fragen gestellt, die der Erzieherin wiederum deutlich machten, welche Vorstellungen die Kinder vom Bau des Körpers und welche Befürchtungen über Krankheiten sie hatten.
Vom Zahnarzt und vom Gesundheitsamt erhielt eine Kindergruppe Abbildungen von gesunden und kranken Zähnen. Ein zerlegbares Zahnmodell eines Schneidezahnes wurde ihnen zugesagt.

Aus der didaktischen Einheit „Müll":
In dieser Einheit nehmen die Materialien, die man selber herstellen oder sich beschaffen kann, eine andere Stellung ein als in den übrigen Einheiten. Sie sind hier nicht nur Hilfsmittel, mit denen bestimmte Handlungen unterstützt und Prozesse nachvollzogen werden können, sondern sie sind selber der Gegenstand dieser Einheit. Es lassen sich zwei Gruppen von Materialien unterscheiden. Mit Hilfe der ersten Materialgruppe bekommen die Kinder Einsicht in das, was Müll und Abfälle im engeren Sinne darstellen und welche Vorgänge bei der Entstehung und Vernichtung von Müll eine Rolle spielen:
An Hand der Abfälle, die in ihrer Umgebung entstehen, untersuchen die Kinder, was alles in die Mülltonne kommt: Haushaltsreste, Verpackungsmaterial, Dosen, Flaschen finden sie zu Hause im Abfall; Papierabfälle und Brotreste enthält der Papierkorb im Kindergarten; einen Kehrichthaufen untersuchen sie auf dem Hof.
In kleinen Versuchen beobachten die Kinder, wie sich die Dinge, die zu Abfall werden, verändern: Äpfel verfaulen, Milch wird sauer, Blumen verdorren, Orangenschalen schrumpfen und werden hart, Plastik und Flaschen verändern sich gar nicht.
Müllverbrennung kann demonstriert werden: Gemeinsam wird versucht, Holz, Pappe, Metall, Plastik und Papier zu verbrennen. Mit einem Magnet läßt sich Metall von den anderen Materialien trennen. Mit Wachs und Blei kann den Kindern deutlich gemacht werden, wie Metall flüssig wird und neu geformt werden kann.
Bei der zweiten Materialgruppe handelt es sich um Dinge, die nicht mehr in ihrer ursprünglichen Funktion gebraucht werden und allgemein als Abfall oder Sperrmüll angesehen werden. Sie werden unter der Fragestellung betrachtet, ob sie im Kindergarten noch Dienste erfüllen können. Solches „wertlose Material" spielt nicht nur beim Thema „Müll" eine Rolle; es wird auch in verschiedenen anderen Einheiten bei der Durchführung von Projekten eingesetzt und allgemein zur Erweiterung des Spielangebots herangezogen.
Basteln mit wertlosem Material: Aus Schachteln und Dosen können ein Stadtmodell oder die Umgebung des Kindergartens nachgebaut werden; die Überreste von handwerklichen Verarbeitungsprozessen

können zum Basteln verwandt werden: Leder, Wolle, Stoffe, Metall- und Holzabfälle.
Bei einem Indianerfest wurden Indianertrommeln aus Waschmitteldosen, Kopfschmuck aus Lederresten, Kleider aus alten Hemden und Messer aus Pappe hergestellt.
Große Kartons von Eisschränken und Waschmaschinen werden für Wohnspiele genommen.
Alte technische Geräte können untersucht und auseinandergenommen werden.
Eine Kostümkiste braucht alte Kleider, Hosen, Schuhe, Hüte, Schleier und Nachthemden, auch Requistiten wie Schirm, Tasche, Brille.
Die Kindergartenausstattung kann durch richtige Möbel und Einrichtungsgegenstände ergänzt werden: Teppich, Sofa, Fernseher, Haushaltsgegenstände, Geschirr, Matratzen.
Das Spielangebot kann erweitert werden: Ein Schrank wird zur Kasperlebühne umgebaut; mit Decken und Vorhängen lassen sich Hütten bauen; aus Gardinen und Decken werden Hängematten und Schaukeln.

Für manche Spiele und Projekte wurden Materialien benötigt, die Erzieher oder Eltern mit Kindern zusammen herstellen.

◆ Für das (in Kap. 5.2.3) schon genannte Stierkampfspiel bastelte eine Erzieherin mit Kindern fahrbare Stierattrappen. An vier Nachmittagen wurden zwei Stierköpfe hergestellt: einer aus Pappmaché geformt und mit Fell beklebt, der andere aus Schaumgummistückchen, die in einen vorher genähten Sack gestopft wurden, ebenfalls mit Fell beklebt. Die Erzieherin hatte den Kindern vorher Bilder von Stieren gezeigt, damit sie sich die Form des Stierkopfes vorstellen konnten. Bei der Herstellung von Pappmaché, dem Reißen des Schaumgummis und dem Bekleben mit Fellresten konnten die Kinder gut helfen.

Materialien aus der Umwelt sowie Werkzeuge zu ihrer Veränderung haben den Vorrang vor vorgefertigtem Spiel- und Lernmaterial. Die ausgediente Kelle eines Bahnhofsvorstehers ist attraktiver als eine verkleinerte Ausgabe, die man im Laden kaufen kann. Ein richtiges Waffeleisen, mit dem man umgehen gelernt hat, bringt mehr als eines aus Plastik mit nur fünf Zentimetern Durchmesser. Wohnspiele kann man mit Pappkartons entwickeln, andere Rollenspiele mit alten Kleidungsstücken aus Vaters und Mutters Schrank. Didaktische Funktionen können der Stadtplan, das Telefonhäuschen neben dem U-Bahn-Eingang, der Bahnhof (zur Abreisezeit von Gastarbeitern) erfüllen.

Die *didaktischen Materialien, die im Curriculum mitgeliefert werden*, richten sich an Kinder, Erzieher und Eltern. Es handelt sich um Fotos, Filme, Tonfeatures, grafische Darstellungen und um Geschichten. Es mag zunächst auffallen, daß keine Spielsachen im eigentlichen Sinn dabei sind. Dies hat pragmatische und prinzipielle Gründe. Zu den pragmatischen gehört, daß die Arbeitsgruppe Vorschulerziehung mit der verfügbaren Infrastruktur und den finanziellen Mitteln nicht in der Lage war, die Entwicklung von dreidimensionalen Spielmaterialien zu leisten, es sei denn, man hätte von Anfang an ein solches Unternehmen kommerzialisiert und mit Verlagen und Herstellern zusammengearbeitet. Den damit verbundenen Bedingungen wollten sich aber weder die Arbeitsgruppe noch die beteiligten Ministerien unterwerfen. Zu den prinzipiellen Gründen zählt der schon skizzierte Umstand, daß in einem situationsbezogenen Curriculum die Umwelt mit den in ihr enthaltenen Gegenständen selbst „bespielbar" wird und daß das Besorgen von Alltagsmaterialien, der Umgang mit ihnen und das Nachdenken über sie schon etwas mit der Erschließung von Situationen zu tun hat.

Die dem Curriculum mitgegebenen didaktischen Materialien lassen sich zunächst zwei Kategorien zuordnen: Ein Teil dient der Aufklärung und dem Verständnis jeweiliger Situationen. Diese Materialien sollen Kindern und Erwachsenen Situationsmerkmale und -zusammenhänge sichtbar und begreifbar machen. Sie können wichtige Aspekte von Wirklichkeit vorführen; sie können das Verständnis von Wirklichkeit dort erleichtern, wo sie für Kinder schwer durchdringbar, unanschaulich oder verwirrend erscheint: Nicht alle Situationen sind leicht „begehbar". Dabei muß Realität nicht immer nur abgebildet und verdichtet werden; auch phantastische Vorstellungen, Ängste und Wünsche, die von alltäglicher Wirklichkeit ihren Ausgang nehmen, lassen sich darstellen und damit artikulierbar machen. Ein anderer Teil didaktischer Materialien dokumentiert das, was in den Kindergärten praktisch getan worden ist. Dem liegt die Überlegung zugrunde, daß die Dokumentation von Erfahrungen, wie sie ja auch in den Textteilen didaktischer Einheiten erfolgt, auf Texte nicht beschränkt bleiben muß, sondern auch durch andere Medien – Foto, Ton – geleistet werden kann.

Damit übernehmen die didaktischen Materialien im Rahmen der Einheiten eine wichtige stützende Funktion. Ihre Herstellung orientiert sich an den Kriterien der Curriculumentwicklung: Sie thematisieren und problematisieren Lebenssituationen und wollen mit zu ihrer Bewältigung verhelfen. Entweder sind sie Anreiz, sich mit neu entstehenden Situationen auseinanderzusetzen, oder sie transportieren in anschaulicher Weise Erfahrungen aus solchen Situationen. Sie sind als mögliche, sich ergänzende Wege zur Annäherung an Wirklichkeit zu verstehen. Sie beanspruchen in ihrer Gesamtheit nicht, vollständig oder einzig gültig zu sein, sie sollen jeweils nur auf mögliche Aspekte und Probleme in Situationen verweisen. Dadurch, daß sie eher additiv und aspektierend als vollständig und geschlossen gemeint sind, sind sie auch offen für Ergänzungen.

Die Entwicklung dieser Materialien geschah in der Zusammenarbeit mit den (in Kap. 4) schon genannten Realisatoren: mit Fotografen, Grafikern, Filmemachern, Tonredakteuren und Autoren. Die Realisatoren wurden in stärkerem oder geringerem Maße in den Diskurs über das Curriculum und seine didaktischen Einheiten einbezogen. Sie standen vor der Aufgabe, die Theoriebildung über eine Situation mitzuvollziehen und auf ihre besondere Tätigkeit anzuwenden. Soweit ihre Arbeit vor Ort geschah – so etwa bei der Herstellung von Fotos, Filmen und Tonfeatures –, wurden ihre Produkte wesentlich mitbestimmt durch die Tätigkeiten und Aussagen der dort angetroffenen Menschen.

5.3.1 Foto

Zwei Arten von Fotos werden innerhalb didaktischer Einheiten verwandt: Situationsfotos und Dokumentationsfotos.

Situationsfotos sollen für Kinder wichtige Merkmale bildlich darstellen, sie sollen den Blick für das schärfen, was für ein Kind in einer Situation bedeutsam sein kann. (Im Materialteil verschiedener didaktischer Einheiten werden Situationsfotos in Form von – für Kinder handhabbaren – *Fotokarten* mitgegeben.) Im Bild soll sich nicht Beliebiges widerspiegeln; ein Fotograf kann vielmehr, wenn er auf der Basis ihm übermittelter Ergebnisse einer didaktischen Einheit arbeitet, zu begründeten Annahmen über bedeutsame Merkmale kommen und sich vorstellen, welche Anschauung Kindern von Nutzen sein kann. Ein Foto kann Türen öffnen und aus Erfahrungsfeldern berichten, die nicht ohne weiteres zugänglich sind. Es kann Wirklichkeit „unter der Oberfläche" sichtbar machen: Was ist dann am Krankenhaus bedeutsam – Bilder von der Außenfront, dem Heizungskeller, dem Gang? Oder sind es Fotos, die über ein Kind und die Stationen seines Krankenhausauf-

Situationsfoto zur didaktischen Einheit „Behinderte Kinder".
Foto: Tüllmann

Situationsfoto zur didaktischen Einheit „Behinderte Kinder".
Foto: Niggemeyer

enthaltes berichten, Fotos vom Leben im Krankenzimmer, Fotos, die zeigen, was es mit dem Röntgen auf sich hat, wie man auf eine Operation vorbereitet wird, wie Eltern zu Besuch kommen? Situationsfotos können Anreize sein, sich auf Fragen einzulassen: Wo und wie leben Kinder und Erwachsene in Ländern, aus denen Gastarbeiterkinder kommen? Wie leben alte Menschen? Wie sind die Lebensumstände behinderter Kinder? Wie verhält es sich mit einem Mädchen, das sich im Kaufhaus verlaufen hat?

Situationsfotos zur didaktischen Einheit „Kinder und alte Leute". Foto: Niggemeyer

Dokumentationsfotos geben Bildberichte über durchgeführte Projekte. Aus ihnen soll ablesbar sein, wie ein Projekt verlaufen ist, wer mitgemacht hat, in welcher Umgebung alles geschah, welchen Eindruck die Mitwirkenden dabei vermitteln. (Im Materialteil werden Dokumentationsfotos in Form von *Fotoposters* übermittelt. Die Posters

Rechts: Fotoposter „Bahnsteiggespräche" zur didaktischen Einheit „Gastarbeiterkinder", Dokumentationsfotos. Foto: Tüllmann

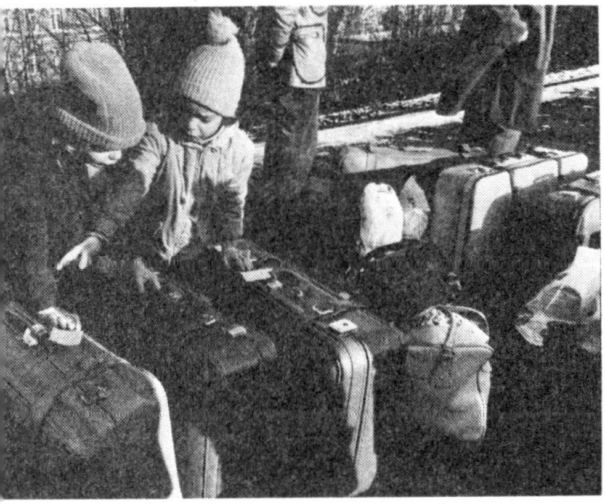

Bahnsteiggespräche

(1-2) Zur Vorweihnachtszeit, dann, wenn die Bundesbahn Sonderzüge in die Herkunftsländer von Gastarbeitern einsetzt, begeben sich eine Gruppe von Kindern, zwei Erzieherinnen und ein spanischer Vater zum Bahnhof. Sie haben sich zuvor erkundigt, wann ein Zug in jenes Land abfährt, aus dem der Vater stammt. Es ist früh am Morgen, nur wenige Menschen warten auf dem Bahnsteig. Die Kinder, anfangs noch schüchtern, stellen Fragen: „Wohin fährst du?" — „Wo ist denn das?" — „Hast du dort Kinder, die du besuchst, oder eine Tante und einen Onkel?" — „Kommst du wieder?" Der spanische Vater hilft, wo's nötig ist, beim Übersetzen.

(3-7) Ein Mann sagt, er führe noch weiter als Spanien, bis nach Marokko. Er habe dort Kinder und würde sich sehr auf sie freuen. Er hat viel Gepäck dabei. Die Kinder helfen ihm beim Tragen. Sie bleiben so lange stehen, bis der Zug abfährt. Sie rufen „gute Reise, gute Reise" und winken — bestimmt zehn Minuten lang.

enthalten zusätzlich kurze erklärende Texte.) Dokumentationsfotos richten sich in erster Linie an Eltern und Erzieher. Sie sollen beispielsweise sagen können: „So also hat die Gruppe in X das gemacht? Ganz gut, aber wir machen das anders." Dokumentationsfotos können auf Elternabenden Anreiz sein, eigene Projektpläne zu entwerfen, die den gezeigten Beispielen entsprechen können, aber nicht müssen. Um Dokumentationsfotos zu machen, haben Fotografen als Bildreporter eine Reihe von Projekten begleitet. Sie mußten flexibel arbeiten, um dort sein zu können, wo Projekte oft spontan eingeleitet und durchgeführt wurden. Kindergruppen sahen sich später solche Fotos an. Im einen oder anderen Fall leiteten sie eigene Projektideen ab, nachdem sie auf diese Weise von den Projekten anderer Kinder erfahren hatten.

5.3.2 Film

Spätestens seit der „Sesamstraße", dem „Feuerroten Spielmobil" oder der „Rappelkiste", seit also das Fernsehen vorschulische Programme ausstrahlt, ist deutlich geworden, daß das Medium Film im Rahmen vorschulischer Erziehung seinen Stellenwert haben kann. Der Situationsansatz verweist unmittelbar auf dieses Medium, weil es sehr gut Wirklichkeit dokumentieren und interpretieren kann. Fernsehanstalten produzieren Filme für Kinder oft unter Zeitdruck und einschränkenden Produktions- und Sendebedingungen. Dazu zählt etwa, daß solche Filme in Magazinform relativ beziehungslos nebeneinanderstehen, sich in ihrer Wirkung zum Teil gegenseitig behindern und einem Kind kaum Zeit lassen, sich mit ihnen auseinanderzusetzen; daß ihnen nur in Ausnahmefällen genauere Situationsrecherchen zugrunde liegen; daß sie dann gesendet werden, wenn die Fernsehanstalten dies wollen, und nicht notwendig dann, wenn Kinder sich in einer entsprechenden Situation befinden.

Für die Herstellung von Filmen im Rahmen des Curriculum lag nahe, durch unkonventionelle Formen der Zusammenarbeit zwischen Filmemachern, Adressatengruppen und Wissenschaftlern Alternativen (und nicht nur Ergänzungen) zu Angeboten des Fernsehens zu entwickeln und sie Kindern im Kindergarten auch in anderer Weise zugänglich zu machen als nur über den Bildschirm.[4] Wir gehen davon

(4) Dieser Absicht dient ein gesondertes Projekt zur Herstellung von Situationsfilmen, das im Zusammenhang mit der Curriculumentwicklung steht und

aus, daß die Methode des Filmemachens weitgehend mit dem Verfahren der Curriculumentwicklung korrespondieren soll: Damit ist gemeint, die Inhalte von Filmen nach Möglichkeit vor Ort, in konkreten Situationen und gemeinsam mit beteiligten Kindern und Erwachsenen zu entwerfen. Eine Voraussetzung dazu ist, daß ein Filmemacher, der solche *Situationsfilme* für Kinder plant und realisiert, die Theoriebildung über die gemeinte Situation ein (nämlich sein) Stück weit mitentwickelt. Er kann dies tun, indem er sich in vorliegende Entwürfe und Erfahrungsberichte didaktischer Einheiten einarbeitet, selbst Untersuchungen zur Situation anstellt und sich an diskursiven Prozessen beteiligt. Er muß – wie andere ja auch – davon ausgehen, daß sein Situationsverständnis anfangs von Alltagsbewußtsein geprägt sein kann. Die pädagogisch und filmisch wichtigen Merkmale solcher Situationen sind in der Regel weder unmittelbar in der wissenschaftlichen Literatur verzeichnet, noch – wie das gelegentlich Drehbuchautoren von „realistischen" Kinderfilmen versuchen – einfach aus dem „gesunden Menschenverstand" ableitbar. Konventionelle Verfahren der Verfilmung eines am Schreibtisch entstandenen Drehbuchs wären hier unangemessen. Was aber auch nicht geschehen sollte: daß sich – nun anstelle von Drehbuchautoren – Wissenschaftler oder Erzieher „Geschichten ausdenken" und per Auftragsvergabe deren Verfilmung erwarten. Da käme es dann leicht zu lehrbuchähnlicher

vom Bundesministerium für Bildung und Wissenschaft gefördert wird. Es wird durch eine Kooperative zwischen dem Institut für Film und Bild, dem Deutschen Jugendinstitut und verschiedenen Filmemachern getragen. Produziert werden kurze Filme, die sich didaktischen Einheiten zuordnen lassen und sich in erster Linie an Kinder, in zweiter Linie an Eltern und Erzieher wenden. Die Filme sollen über das Institut für Film und Bild auch außerhalb des Curriculum verbreitet werden. Insgesamt liegen 17 Filme vor: zur didaktischen Einheit „Kinder im Krankenhaus" der Film „Kinder im Krankenzimmer" von Heinrich Tichawsky und Alexeij Sagerer; zu „Kinder kommen in die Schule" der Film „Wenn man in die Schule kommt" von Juliane Schuhler; zu „Wochenende" der Film „Ein Wochenende" von Haro Senft; zu „Kochen, Ausflug, Kinderfeste" der Film „Wir planen ein Picknick" von Edgar Reitz; zu „Gastarbeiterkinder" der Film „Rosalbas Dorf" von Hans Rolf Strobel; zu „Große und kleine Kinder" die Filme „Meine kleine Schwester" und „Heike und Anette" von Haro Senft; zu „Wohnen" der Film „Wir gehen wohnen" von Edgar Reitz; zu „Kinder und alte Leute" der Film „Hinter dem Zaun" von Haro Senft; zu „Kinder allein zu Hause" der Film „Abends allein zu Hause" von Karl-Heinz Siber, Axel Block und Gaby Kubach; zu „Junge und Mädchen" der Film „Ein Junge und ein Mädchen" von Haro Senft; „ „zur didaktischen Einheit „Werbung" der Film „Karli Krauses Knusperkekse" von Carsten Krüger und Peter Wehage; zur didaktischen Einheit „Kinder werden abgelehnt" der Film „Keiner will mit mir spielen" von Werner Herzog; zur didaktischen Einheit „Fernsehen" der Film „Wenn ich fernsehe" von Juliane Schuhler; zur didaktischen Einheit „Behinderte Kinder" der Film „. . . behindert" von Carsten Krüger und Peter Wehage; zur didaktischen Einheit „Kinder aus unvollständigen Familien" der Film „Mondtag" von Haro Senft; zur didaktischen Einheit „Aufräumen, Essen, Einschlafen" der Film „Mensch ärgere dich nicht" von Haro Senft.

Langeweile und zu Filmen, die auf „soziale Pointen" hinausliefen, aber wenig Bezug zu realen Handlungschancen hätten. Hat ein Filmemacher die Möglichkeit des situationsbezogenen Diskurses gehabt und wahrgenommen, bleibt – im Sinne des Autorenfilms – seine Zuständigkeit für alle Phasen der Filmherstellung erhalten.

Situationsfilme können auf unterschiedlichen Ebenen Situationsaspekte erschließen. Dies soll an drei Filmgattungen – dem Dokumentarfilm, dem phantastischen Film und dem Realfilm – verdeutlicht werden.

Dokumentarfilm

Der Dokumentarfilm für Kinder scheint uns dann ein geeignetes Medium zu sein, wenn Situationen durch Projekte an Ort und Stelle nur schwer aufklärbar sind: Ins Krankenhaus und in die Schule kommt man als Kind, das nicht Patient beziehungsweise Schüler ist, nicht ohne weiteres hinein. Der Film kann hier – wie das Situationsfoto – stellvertretend die institutionellen Barrieren vernachlässigen und so etwas wie Licht in eine Dunkelzone bringen. Der Dokumentarfilm erscheint dann noch wichtiger, wenn er Erfahrungsvorsprünge innersituativ Beteiligter einfangen und verfügbar machen kann.

Beide Aspekte verfolgt der Film zu „Kinder im Krankenhaus" von Heinrich Tichawsky und Alexeij Sagerer, aus dem ein Protokollauszug wiedergegeben werden soll. Der Film berichtet von sozialen Problemen der Kinder im Krankenzimmer, von Versuchen ihrer emotionalen Selbstbehauptung. Tichawsky und Sagerer haben, um diesen Film planen zu können, zunächst Beobachtungen auf Kinderstationen angestellt. Sie sind dann mit der Kamera für mehrere Tage in ein Krankenzimmer gegangen. Sie haben versucht, dabei möglichst „unsichtbar" zu werden und die Kinder (mit denen das Vorhaben besprochen war) sich selbst zu überlassen. Im Film ist nichts gestellt oder inszeniert. Geschildert werden Stationen des alltäglichen Lebens im Kinderkrankenzimmer – die Zeit vor der Besuchszeit, die Besuchszeit, die Einlieferung eines Kindes ins Krankenzimmer, die Zeit vor dem Schlafengehen, die Nachtruhe, das morgendliche Wekken und das Frühstück, Untersuchung, Blutentnahme und Visite, die Spanne zwischen Visite und Mittagessen, die erneute Besuchszeit. Tichawsky und Sagerer konnten und wollten nichts anderes dokumentieren als das, was sich zur Zeit ihrer Anwesenheit vor der Kamera vollzog: Szenen, die in ihren Besonderheiten von Drehbuchautoren nie hätten erfunden werden können. Hier eine Passage über die Besuchszeit:

Die Besuchszeit schließt unmittelbar an die Mittagsruhe an, in der die Kinder sich selbst überlassen sind. Die Eltern der Kinder kommen nacheinander an, manche Kinder werden gar nicht besucht.

[13] *Kamera halbnah: Johannes' Vater betritt das Krankenzimmer und nähert sich dem Bett von Johannes.*

[14] *Nah: Johannes sitzt im Bett. Sein Vater, der den Mantel noch an hat, beugt sich zu ihm herunter. Der Vater redet leise mit Johannes, er zeigt ihm, was er mitgebracht hat. Johannes ist aufmerksam, beinahe andächtig.*

VATER: Jetzt schaun wir mal! Keksli! Magst?
JOHANNES: Ja.
VATER: Schau's dir mal an. Bilder haben wir noch. Ja. Tun wir's da hinein.
JOHANNES: Ja.
VATER: Das sind Wörter, lauter einzelne, schau. Mußt da raustun, aus dem Papier raustun, gell, dann kann man's kauen. Soll'n wir die auch noch reintun?
JOHANNES: Ja.
VATER: Was ist mit dem Joghurt? Hast keinen gegessen?
JOHANNES: (unverständlich)
VATER: Dann schmeißen wir's weg. Ja, und was hast sonst noch? Wart, ich zieh' bloß mein' Mantel aus, nicht? *(klopft aufs Kissen)* Was ist denn das da?
JOHANNES: Das weißt doch: vóm Kamillentee.
VATER: Ja. Ich glaub', du kriegst noch einen andern wieder. Den muß man waschen. Zeig einmal dem Papa deine Goschen. Is' ja ganz verschmiert! Ah, geh weiter! Was ist denn das?

[15] *Halbnah: Heike sitzt in ihrem Bett. Ihre Mutter, die ihren Mantel bereits ausgezogen hat, tritt ans Bett und setzt sich auf einen Stuhl.*

MUTTER: Geht's dir schon gut? Geht der Aufsitz nicht? *(unverständlich)* Wie haben sie denn das gemacht, daß du da reingekommen bist?
HEIKE: *(unverständlich)*
MUTTER: In der Nacht selber reingeschlupft? Grad so Sachen machst du! Was hast denn da oben? Oh je, ist das gepudert worden? Hat es die Schwester gepudert, oder Salbe drauf?
HEIKE: Ja.
MUTTER: Weil du soviel rumgerennt bist, gell, des hat g'schwitzt!

[16] *Nah: Andreas hat keinen Besuch bekommen. Er sitzt angezogen auf seinem Stuhl und liest ein Mickymausheft.*

[17] *Halbtotal: Johannes und sein Vater haben die Köpfe zusammengesteckt und unterhalten sich leise. Im Hintergrund spricht Ingrid mit ihrer Mutter. Die Schwester kommt mit dem Abendessen direkt auf Johannes' Bett zu. Der Vater steht auf und tritt zur Seite, während die Schwester das Nachttischchen von Johannes auszieht und deckt. Das alles geschieht sehr rasch und routinemäßig. Das vertraute Gespräch zwischen Johannes und seinem Vater ist damit abgebrochen. Der Vater beginnt Johannes zu füttern.*

[18] *Halbtotal: Während Ingrid noch ißt, verabschiedet sich ihre Mutter von ihr. Ingrid scheint keinen Abschiedsschmerz zu haben, denn sie wirkt gelassen und spricht weiterhin ganz normal mit ihrer Mutter.*

[19] *Nah: Der Vater hat sich zu Johannes heruntergebeugt und will sich verabschieden. Johannes beginnt zu weinen. Der Vater versucht ihn mit einem Autokatalog abzulenken, was auch zunächst gelingt.*

Er zeigt ihm ein Auto daraus, das er ihm am nächsten Tag mitbringen will. Johannes beginnt wieder zu weinen. Der Vater streichelt und küßt Johannes und geht dann schnell weg.

[20] *Halbtotal: Johannes liegt weinend im Bett und schaut den Autokatalog an. Im Hintergrund sitzt Ingrid in ihrem Bett und ißt ruhig weiter.*

[21] *Nah: Johannes, der einen Schnuller im Mund hat, weint, während er den Katalog anschaut. Langsam hört er auf zu weinen.*

Phantastischer Film

Didaktische Materialien – und damit auch Filme – müssen nicht auf Fiktion verzichten, nur weil sie für reale Situationen ausrüsten wollen. Ängste, Hoffnungen, Träume, Imaginationen lassen sich mit den Mitteln des phantastischen Films darstellen und damit ansprechbar machen. Im phantastischen Film können über den „Umweg" realutopischer Vorstellungen Einfälle darüber mitgeteilt werden, wie sich auch unter gegebenen Umständen Besseres aus einer Situation machen ließe. Möglicherweise können konkrete Utopien Anlaß zu Rollenspielen sein, in denen gegenwärtige Wirklichkeit auf Künftiges und Wünschbares hin befragt wird. Dies setzt voraus, daß auch der phantastische Film den Übergang zur Realität zuläßt, daß er ein Kind nicht an die Fiktion bindet, von der er ausgeht.

◆ Im Film „Wir gehen wohnen" von Edgar Reitz zieht eine Gruppe von Kindern mit allerlei Gerät zum Bauen und Wohnen in einen Wald, sucht sich einen Platz am Rande eines Gewässers und beginnt mit Hilfe einiger Erwachsener, die die Rolle des „treuen Dieners" übernehmen, sich den Ort als Wohnort einzurichten. Hütten entstehen, Ausgucke, eine Brücke. Decken und Kissen polstern die Innenräume. Soziales Leben entwickelt sich. „Wir gehen wohnen" ist der Versuch von Kindern, Wohnformen ein Stück weit hinter sich zu lassen, die zu Hause von Erwachsenen vorgegeben werden. Im Exposé zum Film heißt es: „Was hier stattfindet, ist eine Verpflanzung der wichtigsten Bedürfnisse an einen Ort der Phantasie, losgelöst von Anpassungszwängen, denen 'Wohnen' in jeder anderen Dimension unterworfen ist. Das Irreale an der Situation gibt Gelegenheit, auf die realen Bedürfnisse zurückzukommen. Hier heißt es nicht: 'Du mußt dies und das', sondern 'du darfst dies und das'." Und das z. B. darf man: „Allein sein wollen, mit den anderen zusammen sein wollen, zu zweit sein wollen, mit anderen aus verschiedenen Altersgruppen zusammen sein wollen, mit Gleichaltrigen zusammen sein wollen, sich in Innenräume abschließen nach außen, sich im Außenraum ausdehnen. Neuland erobern, Versorgung mit Essen, Trinken, Gebrauchsgegenständen, Liebe suchen, etwas Sinnvolles für andere machen, etwas Sinnloses machen. Nachbarschaft, nahe Beziehungen, ferne Beziehungen, sich gegenseitig besuchen, ein Fest feiern und schlafen gehen."

Dreharbeiten zum Film „Wir gehen wohnen" von Edgar Reitz

Standfoto zum Film „Wir gehen wohnen" von Edgar Reitz

Hier ist der Filmemacher Impulsgeber, der das Szenarium bereitstellt und Kinder ermutigt, sich dessen zu bedienen. Das, was die Kinder daraus entwickeln, ist Ausdruck ihrer Vorstellungswelt, die der Film festzuhalten versucht.

Realfilm

Der Realfilm schließlich, der eine Geschichte erzählt, kann Erfahrungen, die im Zusammenhang mit den Projekten einer didaktischen Einheit gewonnen wurden, ebenso nutzen wie Erfahrungen, die während der Dreharbeiten selbst provoziert werden. Eine Voraussetzung dazu ist, daß ein starkes improvisatorisches Moment beim Filmemachen erhalten bleibt. Der sich mit seiner Geschichte auf eine Situation beziehende Realfilm kann wohl kaum mit fertigem Drehbuch hergestellt werden; der Filmemacher braucht am Drehort die Mitgestaltung der vor der Kamera handelnden Kinder und Erwachsenen – gleichgültig, ob es sich um Laien oder um im Brechtschen Sinne bewußte Schauspieler handelt. Während der Dreharbeiten können die Akteure Handlungsstrategien entwickeln, die der Situation durchaus angemessen sein mögen, im vorhinein aber nicht hätten erfaßt noch vorgeschrieben werden können.

Als Beispiel soll hier das vollständige Filmprotokoll des Films „Hinter dem Zaun" von Haro Senft stehen, ein Film, der der Einheit „Kinder und alte Leute" zugehört. Er beschreibt die sich anbahnende Kooperative zwischen einigen Kindern und einem alten Uhrmacher, ein Verhältnis, das durch einen hinzukommenden zweiten Alten aus der Balance zu geraten droht.

◆ *Personen: Der Alte, der zweite Alte, Andreas, Bernd, Jassar, Kerstin.*

Szene: Acker inmitten einer Vorstadtsiedlung.
[1] *Musik bis 16. Totale: Hochhaussiedlung, Vorstadt. Die Kamera kommt näher, schwenkt und öffnet den Blick auf einen Acker, der von Wohnhochhäusern umgeben ist. Darüber: Titelvorspann. Auf dem Acker stehen vier Kinder, drei Jungen und ein Mädchen, mit einem Spielflugzeug.*
ANDREAS: Die großen Flieger fliegen zweitausend Meter schnell . . .
KERSTIN: Wo willst denn du den hinfliegen lassen?
BERND: Um die ganze Welt!
KERSTIN: Ja des gibt's doch gar net, der hat doch gar net so viel Benzin!

[2] *Nah: Andreas hält den Flieger in der Hand und zieht ihn am Propeller auf. Dahinter das Gesicht von Kerstin. Schwenk auf Andreas.*

ANDREAS: Über den Pazifik!
KERSTIN: Nach Afrika und nach Merika!

[3] *Groß: Kerstins Gesicht.*
ANDREAS: Zu – äh – nach Finnland!

[4] *Halbnah: Andreas startet das Flugzeug.*
BERND: Los!
ANDREAS: Ha!

Standfoto zum Film „Hinter dem Zaun" von Haro Senft

[5] *Nah: Jassar sieht dem Flieger nach.*

[6] *Totale: Kamera schwenkt mit dem fliegenden Flugzeug mit, das hochzieht (in den Himmel über dem Häuserrand).*

[7] *Nah: Bernd und Kerstin (angeschnitten) schauen dem Flugzeug nach.*

[8] *Totale: Flieger zieht noch mal hoch, schwenkt nach rechts und senkt sich auf den Acker zurück.*
ANDREAS: Da hinten is er.

[9] *Totale bis Halbnah: Die Kinder laufen (auf die Kamera zu). Bernd hebt das Flugzeug auf und zieht es neu auf.*
KERSTIN: Ui, ai, is ganz langsam geflogen, und dann is er runtergeflogen.

[10] *Nah: Schwenk von Jassar auf Bernd.*
ANDREAS: Komm, dreh ein bißchen schneller.
BERND: Ej!
ANDREAS: Na, wann hörst du denn auf?
BERND: Hehe, irgendwann.

[11] *Nah bis Halbnah: Andreas, Jassar und Kerstin schauen ungeduldig auf Bernd.*
BERND: Ach was?

[12] *Nah: Bernd startet den Flieger erneut und schaut ihm nach.*
ANDREAS: Jetzt laß ihn los.

[13] *Totale: Flieger von hinten, nimmt diesmal eine andere Richtung.*
ANDREAS: Oooohh – ganz hoch!

[14] *Nah: Bernd, Andreas und Jassar schauen dem Flieger nach, Bernd klatscht in die Hände.*

[15] *Totale: Der Flieger zieht plötzlich hoch und nimmt Kurs auf eine Baumgruppe.*
JASSAR: Ui, der geht in Garten!

[16] *Totale: Schwenk mit den Kindern, die auf einen Gartenzaun zulaufen. Sie schauen durch die Ritzen des Lattenzauns, um den Flieger zu entdecken.*

[17] *Groß: Kerstin schaut zwischen zwei Latten durch in den Garten.*

[18] *Nah: Andreas und Bernd gehen suchend am Zaun entlang.*
JASSAR: Der is im Kamin gelandet.
ANDREAS: Jetzt steig' ich in Garten – also warte.

[19] *Groß: Jassar schaut zwischen zwei Zaunlatten durch.*
BERND: Bist du in d' Scheiße g'stieg'n?

[20] *Halbnah: Bernd macht Andreas die „Räuberleiter" und hilft ihm, den Zaun zu erklettern. Andreas klettert mit viel Anstrengung und Stöhnen den Zaun hinauf.*
ANDREAS: Ne – weiter rauf –, ich bin nicht in d'Scheiße g'stieg'n.

[21] *Groß: Jassar schaut zu und lacht.*

Szene: Im Garten.
[22] *Halbtotale: Andreas springt in den Garten, zwängt sich durch Büsche und durchquert den Garten. Im Hintergrund ein kleines Siedlungshaus inmitten von Bäumen. Musik: Gitarre bis 25.*

[23] *Halbnah: Ein alter Mann (der Alte) lackiert ein altes Möbel-*

stück, das an die Hauswand gelehnt ist. Durch das Rascheln der Büsche wird er aufmerksam und unterbricht seine Arbeit.

[24] *Halbtotale: Andreas hat einen Gartenweg erreicht und geht zögernd auf das Haus zu.*

[25] *Groß: Der alte Mann sieht abwartend und skeptisch dem ankommenden Andreas entgegen.*

Standfoto zum Film „Hinter dem Zaun" von Haro Senft

[26] *Halbtotale bis Halbnah: Andreas geht zögernd auf den Alten zu, der Alte kommt ihm entgegen.*
DER ALTE: Ja was ist denn mit dir los, wo kommst du denn her?
ANDREAS: Ich komme doch von da drüben her, u. . . uns is der Flieger in den Gla. . . Garten geflogen.

[27] *Halbnah: Der alte Mann ist etwas mürrisch.*
DER ALTE: Wer ist reingefallen, was ist reingefallen?
ANDREAS: Der Flieger.
DER ALTE: Flieger ist reingefalln, – ja dann such ihn halt, wo er ist . . .

Standfotos zum Film „Hinter dem Zaun" von Haro Senft

ANDREAS: Ja.
Der Alte wendet sich ab und geht wieder an seine Arbeit. Musik: Gitarre bis 32.

[28] *Halbnah: Die Kamera wandert mit dem suchenden Andreas durch den Garten.*

[29] *Halbnah: Kerstin, Jassar und Bernd stehen außerhalb des Zauns und beobachten Andreas.*

[30] *Groß: Der Alte lackiert weiter und schaut hin und wieder prüfend zu Andreas hin.*

[31] *Halbnah: Fortsetzung von 28. Andreas sucht die Baumwipfel ab.*

[32] *Halbtotale bis Nah: Schwenk durch die Bäume. Im Geäst eines Apfelbaumes hängt der Flieger.*

[33] *Halbtotale: Andreas geht wieder zum Alten zurück.*
ANDREAS: Du – ich krieg' den Flieger nicht runter . . .
DER ALTE: Ja bist scho wieder da, – ja was ist denn jetzt los?
ANDREAS: Ich krieg' den Flieger nicht runter!
DER ALTE: Den Flieger kriegst nicht – wo ist denn der?
ANDREAS: Auf dem Baum.
DER ALTE: Auf dem Baum, da mußt halt naufsteigen – oder soll ich vielleicht die Feuerwehr holen?
ANDREAS: Neee – ich kann nämlich nicht raufsteigen.
DER ALTE: Du kannst nicht rauf? – Soll ich das probieren? – Na ja, werden wir schaun.
Der Alte legt den Pinsel weg und geht mit Andreas mit.
DER ALTE: Wo ist er denn?
ANDREAS: Da.
DER ALTE: Ja da droben ist er ja – ja werd'n wir gleich haben – werden wir gleich haben . . .
Der Alte nimmt eine Stange, die an der Hauswand lehnt und geht auf den Baum zu. Er fummelt den Flieger vom Baum. Der Flieger fällt runter.
DER ALTE: Oh, jetzt schau – jetzt is er hi, jetzt is er kaputt.
Andreas nimmt den Flieger, der in zwei Teile zerfallen ist, auf und guckt ihn enttäuscht an. Der Alte nimmt ihm den Flieger aus der Hand.
DER ALTE: Tja was mach' mer denn da – da muß ich den noch reparieren a (auch).
ANDREAS: Ja.
DER ALTE: Is dir das recht, wenn ich den reparier'? – Ja?
ANDREAS: Ja.
DER ALTE: Ja dann komm mal mit – komm mit – werd'n wir gleich haben.
Der Alte geht voran dem Haus zu und in die Tür. Andreas folgt ihm.
DER ALTE: So, jetzt komm rein.

Szene: Im Haus. Die beiden betreten einen kleinen Raum mit sparsamer Einrichtung. Durch die Fenster sieht man nach zwei Seiten in den Garten.
[34] *Halbnah: Der Alte legt den Flieger auf den Tisch unter dem Fenster. Andreas guckt ihm zu.*

DER ALTE: Schaun wir mal, was wir machen können. – Daß der kaputt ist. – Oh je, je, je, des schaut aber wehleidig aus. – Magst derweil ein' Apfel essen?
ANDREAS: Nein.
DER ALTE: Magst kein Apfel, ne? – Ja dann werd'n wir schaun. – Werden wir's Werkzeug raustun. – Ob wir das haben.
Der Alte öffnet die Schublade eines alten Uhrmacherschränkchens und sucht nach geeignetem Werkzeug. Andreas kommt neugierig hinzu. Kamera schwenkt auf die Hände des Alten.
DER ALTE: Was brauchen wir denn dann noch? – Ein Schraubenzieher. Da is ja schon einer. Ja, ja, der ist recht.
Der Alte geht zum Tisch zurück und setzt sich hin. Andreas stellt sich dazu.
DER ALTE: Also, jetzt schau einmal her, was wir da machen müssen. Vor allen Dingen müssen wir das, das Loch in der Tragfläche zusammen – ich hol' mal was.
Der Alte steht auf und geht aus dem Bild in den Nebenraum. Andreas guckt sich im Zimmer um und geht zielstrebig auf das Schränkchen mit dem Werkzeug zu. Musik: Gitarre. Er öffnet die Schublade und nimmt einen Schraubenzieher heraus. Schaut ihn interessiert an. Der Alte kommt zurück.
DER ALTE: Das ist alles Präzisionswerkzeug, das ist ganz feines Werkzeug – das ist teures – so paß auf, daß dir nicht weh tust!
ANDREAS: Was ist das?
DER ALTE: So – magst da auch reinschauen?
Der Alte öffnet einige Schubladen des Schränkchens und zeigt Andreas den Inhalt.
DER ALTE: Da sind Schräubchen drin – Gläser – weißt, ich war früher mal Uhrmacher – da sind die Gläser drin für so eine Uhr.
Er nimmt eine Armbanduhr vom Bord und hält sie Andreas vor die Nase.
DER ALTE: Kennst du schon die Uhr?
ANDREAS: Ja.
DER ALTE: Ja? Wie spät is denn da drauf?
ANDREAS: Weiß ich nicht so genau!
DER ALTE: Das weißt du nicht so genau! – Ja das kann man auch noch nicht verlangen – so . . .
Der Alte macht die Schublade wieder zu und geht zum Tisch zurück, setzt sich hin und beginnt zu reparieren.
DER ALTE: Ja jetzt schau mal her – wie wir das machen, damit der Flieger wieder fliegt, he!
ANDREAS: Hm.
DER ALTE: Du willst ja wieder spielen damit, nicht? – Ja – mit einem kaputten Flieger kann man nicht spielen – das weißt du selber, ne?
ANDREAS: Hm.
Musik: Ende

Szene: Vor dem Zaun.
[35] *Halbnah: Bernd, Jassar und Kerstin schauen ungeduldig durch den Zaun in den Garten.*
BERND: Siehst du ihn?
JASSAR: Ne.

Szene: Im Haus.
[36] *Nah: Andreas und der Alte sind über das Flugzeug gebeugt.*

Der Alte setzt mit einer Zange die abgebrochene Tragfläche wieder ein.
DER ALTE: Jetzt schau mal zu, wie ein Flugkonstrukteur – ein Flugzeugbauer arbeiten muß – Flugzeugkonstrukteur – so . . .
ANDREAS: Ah!
DER ALTE: Siehst du, jetzt ist er wieder in Ordnung, was sagst du nun?
Der Alte schiebt den Flieger auf dem Tisch hin und her, und Andreas fängt zugleich an, den Propeller aufzudrehen.
ANDREAS: Gut!

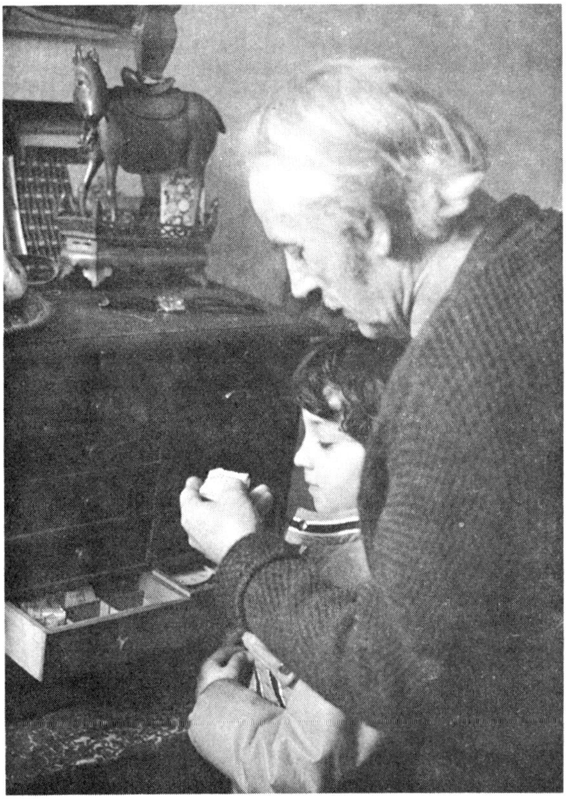

Standfoto zum Film „Hinter dem Zaun" von Haro Senft

DER ALTE: Zieh ihn mal auf, zieh ihn mal auf – das macht aber fünf Mark . . .
ANDREAS: Ich hab' kein Geld.
DER ALTE: Hast keine fünf Mark? – Na sagen wir mal, es macht zehn Mark.
ANDREAS: Zehn Mark – hm – ich hab' aber . . .
DER ALTE: Das ist doch nicht zu teuer, für eine Flugzeugreparatur.
ANDREAS: Hab' nur verrostetes Geld . . .
DER ALTE: Was sagst du?
ANDREAS: Nur verrostetes Geld!

DER ALTE: Verrostetes Geld – ja das gibt's doch gar nicht – Geld rostet doch nicht – Papiergeld überhaupt nicht – also jetzt laß mal probieren . . .
Der Alte schubst das aufgezogene Flugzeug über den Tisch. Das Flugzeug fällt auf den Boden. Andreas hebt es auf und dreht es durch die Luft.
DER ALTE: Beinah – na ja, er dreht sich schon wieder – paß auf mein Hut auf.

Szene: Vor dem Zaun.
[37] *Musik: Gitarre. Nah: Bernd, Kerstin und Jassar gucken unruhig durch den Zaun. Musik: Ende.*

Szene: Im Haus.
[38] *Halbnah: Andreas hält dem Alten den Flieger noch einmal hin und zeigt auf das reparierte Loch in der Tragfläche.*
ANDREAS: Schau, schau, schau, schau mal, dieses kleine . . .
DER ALTE: So? – So das ist dir noch nicht gut genug? – Ja das haben wir gleich . . .
Während der Alte ein neues Stück Klebeband abschneidet, wendet sich Andreas einer Schale mit Nüssen zu und nimmt den Nußknacker in die Hand.
ANDREAS: Hmmm Nüsseknacker . . .
DER ALTE: Zwick dir nicht den Finger ein!
ANDREAS: Nein.
Andreas versucht eine Nuß zu knacken, die ihm aus dem Nußknacker zurück in die Schale springt.
ANDREAS: Jooh.
DER ALTE: Aha!
ANDREAS: Geht nicht.
DER ALTE: Das ist eine Springnuß – nicht?
ANDREAS: Würd' ich auch sagen.
Andreas nimmt eine neue Nuß und versucht sie mit großer Anstrengung vergeblich zu knacken.
DER ALTE: Hast z'wenig Schmalz, hast z'wenig Schmalz, magst a Nuß? Dann . . .
ANDREAS: Ja.
DER ALTE: Dann mach' ich dir's auf.
Der Alte nimmt Andreas den Nußknacker aus der Hand und versucht selbst vergeblich die Nuß zu knacken.
DER ALTE: Das kann ich auch nicht aufmachen, das ist eine harte Nuß, weißt, des gibt's auch.
ANDREAS: Das da?
Andreas reicht dem Alten eine andere Nuß.
DER ALTE: Die da – ja – probier'n wir die, die ist vielleicht besser. – Die ist vielleicht nicht so hart.
Der Alte drückt mit voller Kraft zu und zertrümmert die Nuß.
DER ALTE: Da schau her – vollständig zerquetscht . . .

Szene: Vor dem Zaun.
[39] *Musik: Gitarre. Halbnah: Kerstin erklimmt mit Hilfe von Bernd jetzt den Zaun.*

[40] *Nah: Auf der anderen Seite des Ackers wird ein anderer alter Mann auf die über den Zaun steigenden Kinder aufmerksam. Er bleibt stehen und nimmt dann Richtung auf die Kinder. Musik: Ende.*

Szene: Im Haus.
[41] *Nah: Die Hände des Alten biegen noch einmal die Tragflächen des Fliegers zurecht. Die Reparatur ist beendet.*
DER ALTE: Wenn's wieder kaputt ist, kannst vielleicht selber machen.
ANDREAS: Jaha . . .
[42] *Nah: Andreas schaut erwartungsvoll auf den Flieger.*
DER ALTE: Da müssen wir das da unten – und da müssen wir das mit der Zange . . .
ANDREAS: Aber ich hab' ja kein – kein Klebpflatz – kein Klebpflaster.
DER ALTE: Ja da muß man eins besorgen, nicht?

Szene: Auf dem Acker.
[43] *Musik bis 44. Halbtotale: Der andere alte Mann stapft zielstrebig auf den Garten zu.*

Szene: Im Haus.
[44] *Nah: Der Alte sieht durch das Fenster Bernd, Kerstin und Jassar durch den Garten laufen.*
DER ALTE: Ja, was ist denn da draußen los? Kennst du die?
ANDREAS: Ja!
DER ALTE: Die schleichen ja rum wie die Indianer! Sind das deine Freunde?
ANDREAS: Ja!
DER ALTE: Vom Kindergarten?
ANDREAS: Mhm.
DER ALTE: Ja – was machen denn die da?
ANDREAS: Ja – die sind halt im Garten!
DER ALTE: Die sind im Garten – die suchen den Flieger, was?
ANDREAS: Mhm.
DER ALTE: Ja dann hol sie doch mal rein und sag, daß wir den Flieger da herinn' haben.
Andreas springt zur Tür und läuft zu seinen Freunden hinaus.

[45] *Nah: Der Alte schaut ihm nach.*
ANDREAS: Wir haben den Flieger gefunden.
[46] *Halbnah: Die ganze Kindermannschaft spaziert grinsend zur Tür herein und plaziert sich auf dem Sofa.*
DER ALTE: Ja wo kommt ihr denn her?
BERND: Hi, hi, hi . . .
DER ALTE: Wo seid ihr denn hergekommen?

[47] *Nah bis Halbnah: Schwenk vom Alten auf die Kinder auf dem Sofa.*
ANDREAS: Ja aus dem Kindergarten!
DER ALTE: Aus dem Kindergarten. Weiß denn eure Mutti, wo ihr seid?
ANDREAS: Ja, ja, ja.
DER ALTE: Seid ihr über den Zaun gestiegen?
ANDREAS: Nein . . . wir . . . sind so gekommen, nämlich, das ist so . . .
DER ALTE: Da war die Tür auf, was?
ANDREAS: Nein, ja, unsere Mutti hat uns abgeholt, und dann hat der . . .
BERND: Pah, der spinnt!

[48] *Nah: Der Alte geht zur Kommode und nimmt ein Fotoalbum heraus.*
ANDREAS: Du spinnst doch, das ist doch . . .
DER ALTE: Ich glaube, du schwindelst mich an!
KERSTIN: Nein! Uns hat nicht unsere Mutti abgeholt!
DER ALTE: Da hab' ich feine Sachen für euch!

[49] *Groß: Andreas sieht den Alten erwartungsvoll an.*
KERSTIN: Zeig amal!

Standfoto zum Film „Hinter dem Zaun" von Haro Senft

Szene: Am Zaun.
[50] *Musik. Halbnah: Der zweite Alte nähert sich eilig der Gartenpforte, betritt den Garten und schaut sich suchend nach den Kindern um. Musik: Ende.*

Szene: Im Haus.
[51] *Halbnah bis Nah: Der Alte sitzt inzwischen mit den Kindern auf dem Sofa. Er blättert zusammen mit Kerstin im Fotoalbum.*
DER ALTE: Siehst du, das ist meine Oma!
JASSAR: Das ist dein Papa!
KERSTIN: Dein Opa ist das!
DER ALTE: Ja siehst du, siehst, ich hab' meine Brille nicht auf . . .

[52] *Nah: Bernd betrachtet neugierig einen Glaskasten an der Wand, in dem eine ausgestopfte Eule und eine Elster sitzen.*
DER ALTE: Da kann man das schlecht sehn . . .

[53] *Groß: Schwenk von Jassar auf den Alten und zurück.*
JASSAR: Wie alt bist du denn?
DER ALTE: Ich bin 75, und wie alt bist du?
JASSAR: Fünf!
DER ALTE: Fünf, da bin ich ja sieben Jahre älter wie du – fünf bist du – ja?
JASSAR: Ja! Fünf!

[54] *Nah: Kerstin besieht sich intensiv mehrere Bilder, die der Alte ihr reicht.*
DER ALTE: Du hast doch auch schon eine Menge Fotos von dir!
KERSTIN: Nee, von mir hab' ich keine Fotos!
DER ALTE: Freilich . . . das weißt du bloß nicht!
KERSTIN: Nee, da hab' ich keine!

[55] *Halbnah: Der Alte sieht amüsiert auf die Kleinen.*
ANDREAS: Hab' von meinem Onkel Heini ein Segelschiff gekriegt.

[56] *Halbtotale: Der Alte und die Kinder auf dem Sofa.*
DER ALTE: Ein Segelschiff hast gekriegt, vom Onkel Heini?
KERSTIN: Ein kleines zum Spielen!
DER ALTE: Das ist ein . . .
Es klopft. Die Kamera schwenkt vom Sofa auf die Tür, durch die der zweite Alte eintritt.
DER ALTE: Ja? Ja der Heinz! Grüß Gott!
DER ZWEITE ALTE: Ja!
DER ALTE: Was gibt's?
DER ZWEITE ALTE: Ach, da sind ja die drei Kinder!
DER ALTE: Ja, ja . . . da schaugst, in was für einer G'sellschaft, das ich bin!
DER ZWEITE ALTE: Ja . . . ich hab' sie grad über'n Zaun steigen sehn!

[57] *Groß: Jassar.*
DER ALTE: Seid's ihr über'n Zaun g'stieg'n?
ANDREAS: Ja.
Jassar schüttelt etwas verlegen den Kopf.

[58] *Nah bis Halbnah: Die Kamera schwenkt vom zweiten Alten auf die Kinder.*
DER ALTE: Ist gar nicht wahr, ne?
DER ZWEITE ALTE: Ha, er gibt's wenigstens zu!
ANDREAS: Die Alten jagen uns immer raus, wenn wir spielen wollen.

[59] *Nah: Der zweite Alte sieht etwas unsicher zu den Kindern herunter. Er steht immer noch im Mantel an der Tür.*

[60] *Halbnah: Der Alte auf dem Sofa, Kerstin ist aufgestanden.*
DER ALTE: Wir müssen das jetzt wieder . . . Zieh dich aus, setz dich dahin!
DER ZWEITE ALTE: Ja.
DER ALTE: Wir müssen jetzt die Bilder wieder einräumen!

Standfotos zum Film „Hinter dem Zaun" von Haro Senft

[61] *Halbnah: Der zweite Alte setzt sich an den Tisch am Fenster, auf dem noch der Flieger liegt. Er fängt unvermittelt an, die Kinder anzublaffen.*
DER ZWEITE ALTE: Ja, jetzt schaut's gell, jetzt seid's baff.
ANDREAS: Du bist selber baff!

[62] *Halbtotale: Andreas, Bernd und Jassar haben sich's auf dem Sofa bequem gemacht, während Kerstin mit dem Alten die Fotos einräumt.*
DER ZWEITE ALTE: Frecher Bankert bist!
ANDREAS: Bist selbst ein Bankert!
Der Alte lacht herzlich.
BERND: Der ist selbst ein frecher Bankert . . . du bist ein frecher Fritz!
DER ZWEITE ALTE: Was machst denn da immer?
ANDREAS: Nasenbohren, das siehst du doch!

[63] *Nah: Der zweite Alte imitiert den nasenbohrenden Andreas.*
DER ZWEITE ALTE: So, das ist schön, das ist schön! Du schämst dich gar nicht, was?

[64] *Halbnah: Andreas wendet sich abrupt Bernd zu und beginnt lebhaft zu gestikulieren.*
ANDREAS: Sei mal still . . . du . . . am Pippi hat er ein' Propeller . . . so: bsss.
Bernd springt auf, nimmt das Flugzeug vom Tisch und hält es sich wie einen Penis vor den Bauch.
BERND: Uh, ja! So'n langen Pippi, so'n langen Pippi!
Andreas tut jetzt dasselbe wie Bernd.
ANDREAS: Nein, das ist aus seinem Pippi rausgewachsen, schau, der hat gar keine Füße.

[65] *Nah bis Halbnah: Der zweite Alte ist bestürzt und wütend.*
ANDREAS: Schau, aus dem Popo kommen deine Füße raus, und aus dei'm Pippi kommen deine . . . raus . . .
DER ZWEITE ALTE: Sei nicht so frech! Du Lauser du!
Kamera schwenkt auf die herumalbernden Kinder.
DER ZWEITE ALTE: Ja, das ist schon wahr! Du brauchst nicht so lachen!
ANDREAS: Brauchst du selber auch nicht lachen . . . du mußt du . . . du kannst . . .

[66] *Nah: Der zweite Alte ist böse und irritiert.*
DER ZWEITE ALTE: Nur langsam! Nur langsam! Tu dich nicht über . . . tu nicht überschnappen!
ANDREAS: Ja, ja dir langst auch am Arsch!
DER ZWEITE ALTE: Mit deinem Mundwerk, deinem frechen!
DER ALTE: Laß sie doch einmal – kümmer dich nicht drum! – Jetzt könnt ihr wieder rausgehen – aber nicht über'n Zaun steigen!

[67] *Nah bis Halbtotale: Der Alte komplimentiert die Kinder raus.*
DER ALTE: . . . durch's Türle gehen.
ANDREAS: Das darf man schon!
DER ALTE: Andreas – so kommt bald wieder!
ANDREAS: Tschüß – ja ich komm' bald wieder!
DER ALTE: B'hüt euch . . .

Die Kinder laufen ins Freie. Der Alte drückt hinter ihnen die Tür ins Schloß und wendet sich seinem Bekannten zu. Musik bis Schluß.
DER ALTE: Des is a Plag' . . .

[68] *Halbnah: Der zweite Alte sitzt überrumpelt und hilflos lächelnd in einem Sessel.*
DER ALTE: So is, wenn man Kinder hat, net!

[69] *Nah: Der Alte, etwas erschöpft dreinblickend.*
DER ALTE: Das is ja ganz schön, wenn mal ein bißchen so ein junges Gemüse da reinkommt . . . aber man kann's nicht derkraften – ne.

Szene: Am Zaun.
[70] *Halbnah bis Totale: Die Kinder laufen lärmend mit ihrem Flieger durch die Gartenpforte auf den Acker zurück. Abblende.*

Wir haben Haro Senft zu der bei diesem Film angewandten Inszenierungsweise befragt. Das folgende Interview soll einen Eindruck davon vermitteln, wie sich bei der Herstellung von Situationsfilmen Vorüberlegungen zur Situation mit dem Diskurs am Drehort verknüpfen können und wie die Erfindung eines solchen Films nicht allein im Kopf eines Filmemachers geschieht, sondern durch die am Drehort ermöglichten Gespräche und Handlungen zwischen mitwirkenden Kindern und Erwachsenen.

FRAGE: Wie hat sich das Team der Thematik des Films genähert?
ANTWORT: Wir wollten wissen, was eine nähere Begegnung zwischen einem Kind und einem älteren Menschen bedeuten kann. Wir meinten nicht den Glücksfall, wenn Großeltern noch in die Familie einbezogen sind und der Umgang mit älteren Menschen eine Selbstverständlichkeit ist. Sondern wir meinten unverhoffte Begegnungen oder Konfrontationen. Wir mußten deshalb lediglich eine Idee haben, wie eine solche Konfrontation entstehen kann. Und wir mußten diese Konfrontation vollziehen, ohne wirklich zu wissen, was sie ergibt. Im Nachhinein kann man sagen, daß es bei den beteiligten beiden Alten wie bei den Kindern nicht viel anders war als vermutet: Eine Begegnung verläuft nach anfänglicher Skepsis erfreulich, wenn sich ein Verständnis füreinander langsam herausstellen kann; sie verläuft unerfreulich, wenn mit besetzten Meinungen über den anderen eine Konfrontation erfolgt, die nichts weiter erbringt als das sich gegenseitige Aufrechnen dieser falschen Besetzung. Für die alten Leute wie für die Kinder war die Begegnung eine tatsächliche Überraschung. Die Alten haben verblüfft festgestellt, wie Fünfjährige heute sein können, wie schnell sie durch diese Kinder erschöpft werden können, weil sie den Umgang mit ihnen nicht gewohnt sind. Die Kinder haben festgestellt, daß es solche und solche alten Leute gibt.
FRAGE: Haben sich die Kinder und die alten Leute vorher gekannt?
ANTWORT: Nein. Sie sind sich zum ersten Mal begegnet.
FRAGE: Wie geschah die Auswahl der Mitspieler?
ANTWORT: Wir haben ungefähr zwölf alte Leute angesprochen, Männer, die mindestens 70 Jahre alt waren. Wir hörten ihre Meinung zum Thema und ein bißchen über ihre Lebensumstände. Sie teilten

uns ihre Einschätzung über die Möglichkeit oder Unmöglichkeit solcher Begegnungen mit. Wir suchten nach alten Leuten, die wirklich abgeschnitten waren von der jüngsten Generation und eine Konfrontation als neu und unmittelbar erleben konnten.
FRAGE: Und wie war es mit den Kindern?
ANTWORT: Es waren keine besonders ausgewählten Kinder, sondern solche, die wir in einem der vielen Kindergärten antrafen. Wir versuchten in diesem Fall, einfach die Kinder zu nehmen, von denen wir spürten oder wußten, daß sie im Augenblick die größte Lust hatten, so etwas mitzumachen.
FRAGE: Wie groß war bei „Hinter dem Zaun" der Anteil an Inszenierung gegenüber dem Anteil an Improvisation (im Sinne einer dokumentarischen Aufzeichnung spontan sich entwickelnder Aktionen)?
ANTWORT: Das ist in diesem Film – wie in anderen Situationsfilmen auch – ein Balanceakt. Gehen wir mal den Film in seinen Hauptstadien durch: Am Anfang spielen Kinder mit einem Modellflugzeug auf einem Acker inmitten von Hochhäusern. Das ist selbstverständlich – wenn Kinder so ein Flugzeug haben, daß sie es fliegen lassen. Das braucht man nicht zu inszenieren. Brücken, die wir geschaffen haben, führten zur Begenung mit den beiden Alten. Die erste Brücke war, daß der Flieger irgendwann über den Zaun flog und die Kinder ihn wiederhaben wollten. Also haben wir veranlaßt, daß er einmal über den Zaun flog. Hinten war der alte Mann in seinem Garten zwar in Bereitschaft, und er wußte auch, daß Kinder zu ihm einsteigen würden. Aber mehr wußte er nicht.
FRAGE: Wußten die Kinder davon?
ANTWORT: Die Kinder wußten, wie sie über den Zaun steigen könnten, nicht, was ihnen dann begegnen würde. Das konnte alles mögliche sein; wir haben ihnen nur Mut gemacht, in den Garten einzusteigen. Sie hatten ihre Bedenken, aber sie hatten auch größte Lust dazu. Wir haben also ihre Lust unterstützt, den Flieger wieder zu suchen. Alles, was sich dann ergab, war eine Abfolge des wirklichen Geschehens. Selbstverständlich haben wir den zweiten Mann ins Haus geschickt, und der erste alte Mann wußte auch, daß jetzt sein Freund zu ihm kommen würde. Aber wir wußten nicht, was sich daraus ergeben würde. Wir vermuteten nur, daß der zweite alte Herr ärgerlich darüber sein könnte, wenn er Kinder über den Zaun steigen sähe.
FRAGE: Der war darüber nicht informiert?
ANTWORT: Er wußte dann: Er würde sie verpetzen und seinem Freund sagen, daß Kinder eingestiegen wären. Er war nicht darüber informiert, was ihm blühte, wenn er in dieses Zimmer eintreten würde. Die Kinder sahen ihn zum ersten Mal, als er das Zimmer betrat. Alles, was sich dann ereignete, einschließlich der ehrlichen Entrüstung des zweiten Alten, ist echtes Erlebnis.
FRAGE: Die beiden Alten waren in Wirklichkeit befreundet?
ANTWORT: Sie waren von Haus aus nicht befreundet, sie hatten sich vorher kurz kennengelernt.
FRAGE: Gibt es Anhaltspunkte dafür, daß den Kindern während der Dreharbeiten etwas über ihre Beziehung zu alten Menschen klarer geworden ist, als es ihnen vorher war?
ANTWORT: Andreas, die Hauptfigur, hat sich während dieser Zeit sehr aufmerksam umgesehen und sich mit seinem Erlebnis beschäftigt. Wie er haben auch die anderen Kinder die Andersartigkeit der Alten verstanden, eine Andersartigkeit, die ein Stück weit aufgehoben war, wenn eine Verständigung mit Verständnis vor sich ging und sich eine Art emotionaler Wärme entwickeln konnte – vor allem im

Kontakt mit dem ersten Alten und bei allem Abstand, der von beiden Seiten immer gewahrt blieb.
FRAGE: Bei einem solchen Verfahren der Filmherstellung ist der Filmemacher nicht mehr der Lehrmeister, der Kindern bestimmte Erkenntnisse zuteilt?
ANTWORT: Die normale Art, einen solchen Film zu machen, wäre: Man hat ein Thema und ein Konzept, wählt eine Dreh- und Handlungsform und versucht, damit einen pädagogischen Effekt zu erzielen. Unsere Art und Auffassung des Filmemachens mit Kindern ist fast entgegengesetzt. Wir befinden uns ständig in einer Dialektik zwischen dem, was geschieht, gelebt oder erlebt wird, und dem, was wir möglicherweise wissen oder beabsichtigen. Der Film entsteht als Konzept und als Produkt tatsächlich erst in dem Moment, wenn alle Beteiligten vor und hinter der Kamera an einem Schauplatz sind und dort gemeinsam etwas erleben wollen.
FRAGE: Läßt sich das Verfahren der Entwicklung und Durchführung didaktischer Einheiten mit dem des Filmemachens vergleichen?
ANTWORT: Man kann Teile davon adaptieren. Der Ansatz situationsbezogener Curriculumentwicklung bietet, auf das Filmemachen übertragen, einen größeren Handlungsspielraum als andere Arten des Filmemachens. Das drückt sich formal zunächst darin aus, daß wir in Durchführung, zeitlicher Länge und Besetzung in jedem Augenblick von einem vielleicht vorgefaßten Plan abweichen können. Der Filmemacher erfährt die Notwendigkeit und Chance, sich in seinem Medium freier zu bewegen. Ich habe dabei Arbeits- und Drehtechniken gelernt, die ich in keiner zukünftigen Filmarbeit mehr missen möchte.
FRAGE: Um welche Techniken geht es dabei?
ANTWORT: Es geht darum, daß man einen Film zwar planen und organisieren, zugleich aber akzeptieren muß, daß die wesentlichen Inhalte nicht vorgegeben sein, sondern erst während der Dreharbeiten entstehen können. Es sind die spontanen und unverhofften Augenblicke und Erlebnisse einzubeziehen, die sich aufgrund der gemeinsamen Arbeit am Ort entwickeln.
FRAGE: Gibt es dabei so etwas wie einen konzeptuellen Fahrplan?
ANTWORT: Wir machen ein Angebot – Schauplatz, Requisiten, Gegenstände – und schaffen damit Anreize, diesen oder jenen Weg zu beschreiten. Wir drehen den Film kontinuierlich, und nicht wie sonst in separaten, über den Handlungsablauf verstreuten Teilen. Wir haben einen möglichen Beginn, und an diesen Beginn schließt sich alles Weitere so an, wie die Akteure es bestimmen, aber nicht, wie ein Autor oder Regisseur sich das möglicherweise vorstellen würde. Daß in der von uns gestellten Szenerie und der Ausgangsidee eine Art Initialzündung enthalten ist, liegt auf der Hand. Wir würden aber jederzeit auch von diesem Beginn abweichen, wenn wir sähen, daß er nicht angenommen wird. Wir bauen dann Phase um Phase des Films weiter auf, eigentlich mehr den Reaktionen der Akteure folgend als irgendeiner pädagogischen Zwecksetzung. Es zeigt sich, daß so ein Vorgehen nicht des didaktischen Werts ermangeln muß, im Gegenteil, Kinder bringen Ideen und Erkenntnisse ein, die ein Erwachsener nicht beisteuern könnte.
FRAGE: Verzichtet diese Art des Filmemachens auf den vom Autor gespannten dramaturgischen Bogen, auf Pointen, auf die vorgegebene dramaturgische Form?
ANTWORT: Die Dramaturgie, die der fertige Film aufzeigt, ist eine nachträgliche. Es ist eher die Dramaturgie einer redaktionellen Ar-

beit, eher die zum Teil langwierige Herausarbeitung der wesentlichen Details innerhalb des gesamten Filmmaterials. Wir bemühen uns hier, den Kern des Materials zu finden, dem wirklichen Handlungsvollzug treu zu bleiben, nicht durch Kürzung oder abrundende Gestaltung zu manipulieren, sondern zu konzentrieren.

Was tun mit Situationsfilmen? Anzustreben wäre, daß jeder Kindergarten, der mit den didaktischen Einheiten umgehen wollte, die Filme ständig zur Verfügung hätte. Situationsfilme sind Filme für Situationen; damit wird die Aktualität dieser Filme bestimmt durch Erlebnisse von Kindern der Gruppe. Es sollte möglich sein, daß Kinder oder Erzieher einen solchen Film dann heranziehen, wenn er „paßt", d. h., wenn er zum Verständnis einer Situation beisteuern kann. (Das einem Film mitgegebene *Filmposter*, auf dem in Form von Standfotos Schlüsselszenen des Films zu sehen sind, soll Kindern die optische Wiedererinnerung des Films erleichtern, so daß sie ihn benennen können, wenn sie ihn sehen wollen.) Dies wird notwendigerweise erschwert, wenn Filme bei Landesbildstellen ausgeliehen werden müssen und im Kindergarten möglicherweise erst dann verfügbar sind, wenn eine Situation nicht mehr aktuell ist (die Filme sollen trotzdem auch auf diesem Weg erhältlich sein, um ihre Verwendung nicht an möglichen finanziellen Gründen scheitern zu lassen).

Kinder sollten mit solchen Filmen umgehen können wie mit Bilderbüchern, die man immer wieder betrachten und denen man neue Seiten abgewinnen kann. Situationsfilme wirken ja nicht wie einfache Lehrstücke, sondern mittelbarer: Zwischen ihren Bildern und Mitteilungen und den Gedanken und Handlungen von Kindern können sich Beziehungen ergeben, die nicht in Worte gekleidet und nicht zerredet werden müssen. Erzieher sollten Kindern den Umgang mit „ihren" Filmen ermöglichen und sie unterstützen, von diesen Filmen Gebrauch zu machen.

Manchmal wird es dazu kommen, daß sich die durch den Film vermittelte Anschauung unmittelbar in Handlungen überführen läßt, ein Film kann dann zum Rahmen von Spielen und Projekten gehören. (Dieser Zusammenhang wird in einem dem Film jeweils mitgegebenen *Begleitheft* herzustellen versucht.) Die Regel aber wird sein, daß der Umgang mit Filmen Kinder und Erwachsene nicht verpflichten sollte, Handlungen daraus abzuleiten. In der Gruppe oder auf einem Elternabend gezeigt, kann er Anlaß sein, sich mit der Situation zu befassen. Die Empfehlung, was unmittelbar zu tun sei, wird er nicht enthalten.

5.3.3 Tonträger

Wenn Eltern und Erzieher ein Projekt mitgemacht haben, können sie was erzählen – Herr S. kann es Frau M. erzählen, Frau T. der Frau R. Sie können sich Begebenheiten am Rande berichten, Dinge, die schief gelaufen sind oder Spaß gemacht haben. Dies alles wird schwieriger, wenn Frau M. oder Frau R. ganz woanders wohnen.

Wenn Eltern und Erzieher eines Kindergartens mündliche Mitteilungen an die eines – ihnen unbekannten – anderen Kindergartens machen wollen, wie soll das geschehen? Kann das Curriculum hier die Rolle eines Tonträgers übernehmen? Nur in einem ganz eingeschränkten Sinn: Man kann solche Mitteilungen auf Band sprechen lassen und sie anderen Menschen zugänglich machen. Aber es ist ein einliniger Vorgang, der auch nur einen kleinen Ausschnitt wünschenswerter Informationen transportieren kann. (Was in unserem Fall einstweilen nicht möglich ist, sind rückgekoppelte Informationsübermittlungen, wie sie beispielsweise in der australischen Provinz Queensland praktiziert werden: Dort vollzieht sich vorschulische Erziehung täglich über eine Distanz von Tausenden von Kilometern über Funk, Tonkassetten – per Flugzeug – und Briefpost zwischen Erziehern, die in einer Stadt fern von den Kindern ihrer „Gruppe" leben, und weit verstreut wohnenden Farmer-Familien. In einem solchen System empfängt man nicht nur Informationen, man übermittelt auch welche.)

Die Tonbandaufzeichnungen, die anläßlich der Durchführung didaktischer Einheiten entstanden sind, leisten nur einen ersten Schritt. In ihnen kommen Kinder, Eltern und Erzieher zu Wort – mit Stellungnahmen und Berichten zu Projekten einer Einheit, mit Äußerungen zur thematisierten Situation. Um diese Aufnahmen herzustellen, haben Interviewer (Tonredakteure) in den Kindergärten mit Beteiligten gesprochen. Die Aussagen werden in Form von Tonfeatures (Kommentar und Originalton im Wechsel) dokumentiert. (Eine entsprechende *Tonkassette* wird im Materialteil der didaktischen Einheiten mitgeliefert. Die Tonkassetten werden in Kooperation zwischen dem Institut für Film und Bild, dem Deutschen Jugendinstitut und Tonredakteuren produziert.) Als Beispiel steht hier das Protokoll des Tonfeatures zur Einheit „Kochen, Ausflug, Kinderfeste".

♦ ERZIEHERIN: Was braucht man denn alles zum Pudding?
KIND: Milch.
KIND: Puddingpulver.
KIND: Ein Liter Milch.
ERZIEHERIN: Was brauchen wir denn zum Kuchen? Ihr habt doch auch schon mal Kuchen gebacken?
KIND: Da brauchen wir Käse, nee, Quark und Eier, Quark und Milch, dann backen wir erst. Und vielleicht backen wir auch manchmal Kekse und so.
ERZIEHERIN: Aber wie machen wir denn den Teig beim Kuchen? Es muß doch ein Teig sein. Woraus besteht der denn?
KIND: Also, da tun wir erst die Milch rein, und dann lassen wir die erst aufkochen, und dann, dann tun wir da irgendwas rein, und dann steht das eine Minute, und da machen wir das andere zwischendurch schon mal.
ERZIEHERIN: Wißt ihr, woraus ein Teig besteht? Da fehlte noch was.
KIND: Da muß man das, wo man den Teig reintut, erst einschmieren, mit Butter muß man das erst einschmieren.
ERZIEHERIN: Das Backblech meinst du?
KIND: Mhm. Und dann wird der Teig, dann wird er erst so gerollt, und dann wird er reingelegt.
ERZIEHERIN: Ja. Aber wie machen wir den Teig? Was ist denn außer Milch noch da drin?
KIND: Mehl.
ERZIEHERIN: Richtig, Mehl.
KIND: Und Zucker.
ERZIEHERIN: Mhm. und manchmal?
KIND: Eier.
SPRECHERIN: Diese Kinder und Erzieherinnen haben die Absicht, etwas gemeinsam zu unternehmen. Nämlich im Kindergarten einen Pudding zu kochen und einen Kuchen zu backen. Bevor sie mit der Arbeit beginnen, beratschlagen sie, was sie dazu alles brauchen und wie sie es machen wollen. Aber hören wir zunächst, was zwei Mütter über die Mitarbeit ihrer Kinder im Haushalt berichten.
ERSTE MUTTER: Also die Kleine, die macht eben den Pudding und verteilt den dann in die Schüsseln, weil sie die erste ist, die zu Hause ist mittags. Beim Mittagessen hilft sie sonst eigentlich wenig, weil ich meistens schon fertig bin, wenn sie nach Hause kommt. Beim Abendbrot, da kann sie sehr gut Eier aufmachen oder Limonade einschütten, und Schnittlauch schneidet sie auch. Der wird zwar ziemlich grob, aber schmeckt dann trotzdem allen. Das ist eigentlich alles, was die Kleine bis jetzt machen kann.
ZWEITE MUTTER: Beim Kochen an sich hilft sie wenig. Sie hilft bei den Vorbereitungen, sie holt mir das Gemüse. Beim Kuchenbacken, da helfen Kinder natürlich mit Begeisterung. Da wird das Mehl eingeschüttet und abgewogen, das machen sie selber und rühren und kneten. Und vor allen Dingen stechen sie mit den Förmchen aus, das ist das Hübscheste und macht ihnen allen Freude, gerade bei der Weihnachtsbäckerei. Aber sonst im Haushalt, da hilft sie mir eigentlich nur beim Geschirrspülen: ich spüle, und sie trocknet ab und räumt weg. Tischdecken kann sie auch; aber selber kochen, das geht noch nicht.
SPRECHERIN: Tischdecken, Limo einschenken oder Abtrocknen, das sind Tätigkeiten, die eine Selbständigkeit der Kinder erfordern, von den Eltern aber meist als Pflichterfüllung erwartet werden. Kin-

der sollen aber die Chance bekommen, ihren Lebensbereich selbständig zu gestalten, denn das macht ihnen Spaß. Beispiele für eine solche Selbständigkeit der Kinder sind: Feste vorbereiten, Ausflüge machen oder im Kindergarten ein Essen kochen. Die Kinder überlegen gemeinsam, welches Gericht sie gerne kochen wollen, was sie dazu alles brauchen und wie sie es zubereiten wollen. In einem Kindergarten beschlossen die Kinder, Nudeln und Sauce zu kochen. Vom gemeinsamen Einkaufen berichtet eine Erzieherin:

ERZIEHERIN: Wir zogen morgens los und gingen zuerst in den Supermarkt. Die Kinder rannten natürlich gleich zu den Einkaufswagen hin, holten sich einen und rasten damit durch das ganze Geschäft. Auf die Lebensmittel achteten sie überhaupt nicht; sie wußten eigentlich gar nicht, daß sie jetzt die Eier, die Nudeln und alles andere holen sollten. Ich habe ihnen dann erklärt, daß wir zu einem bestimmten Zweck hier wären, daß wir ja schließlich etwas einkaufen sollten. Sie gingen dann auch los und fanden die Nudeln und die Sauce – es war nicht schwierig, denn sie lagen direkt nebeneinander. Auch die Eier entdeckten sie gleich, und ich meinte: Jetzt können wir ja zahlen. Aber ehe ich mich's versah, lag noch eine Flasche Apfelsaft in dem Wagen, und sie sagten: Das braucht man eben dazu, beim Kochen bekommt man Durst. Wir hatten genug Geld, und da habe ich dann zugestimmt.

SPRECHERIN: Kinder aus einem anderen Kindergarten hatten sich entschlossen, einen Kuchen zu backen. Nach dem gemeinsamen Einkauf zeichneten die Erzieherinnen den Backvorgang auf Karten auf und verteilten sie an die Kinder.

ERSTE ERZIEHERIN: Auf der ersten Karte gab es eine Schüssel und Kochlöffel und was man so braucht. Im nächsten Kästchen waren die Margarine und der Topf, in den hinein sie kommen sollte. Dann waren noch Zucker und Mehl zusammen mit einem Meßbecher gemalt, und schließlich der Vanillezucker und das Ei. Alles war so eingeteilt, daß jedes Kind zwei bis drei Sachen an den Teig tun mußte, und das letzte Kind brauchte nur noch zu rühren. Dabei haben wir uns allerdings abgewechselt, weil es so anstrengend ist.

ZWEITE ERZIEHERIN: Wir haben auf einen Meßbecher zwei verschiedenfarbige Striche gemalt, und die Kinder wußten: Wenn ich ihn bis zu diesem Strich fülle, dann ist es die Menge, die ich für den Teig brauche. Ein Kind sollte z. B. Mehl abwiegen. Es hatte eine grüne Karte, und auf dem Meßbecher war – auf der Skala Mehl – auch ein grüner Strich, an dem es sich orientieren konnte.

ERSTE ERZIEHERIN: Da konnte also gar nichts schiefgehen. Das Kind, das den Zucker zum Teig tun sollte, hatte eine Karte, die mit rotem Filzstift bemalt war. Es wußte, daß es beim Abmessen nur auf die rote Farbskala zu schauen brauchte. Dort war der Strich, der zeigte, wieviel Zucker es sein sollte. Danach haben wir dann ähnliche Dinge gemacht, z. B. Wasser und Milch gekocht, um den Unterschied festzustellen. Die Kinder konnten spüren, daß es tatsächlich heiß wird und man sich daran verbrennen kann, und sie bemerkten den Unterschied: daß Milch hochsteigt beim Kochen und überlaufen kann, Wasser aber nicht.

ZWEITE ERZIEHERIN: Sie haben auch gesehen, daß Milch anbrennen kann, daß es dann stinkt und daß man sie schwer wieder wegkratzen kann vom Herd und aus dem Topf.

ERSTE ERZIEHERIN: Wir haben besprochen, woran man sieht, daß etwas kocht, wann das Wasser dampft und wann es richtig brodelt. Dabei haben wir aber darauf geachtet, daß das nicht zu einer

Art von Physikunterricht und zu bloßem Herumexperimentieren führte. Zwischendurch wurden immer mal wieder kleine Sachen, z. B. Reis, gekocht.

ZWEITE ERZIEHERIN: Anschließend an die kleinen Experimente konnten die Kinder immer etwas kochen, wobei sie die neuen Erfahrungen nutzen konnten, die Erfahrungen mit dem heißen Herd, mit Wasser oder Milch.
SPRECHERIN: Bei der Zubereitung eines Salates erlebten die Kinder und die Erzieherinnen eine Überraschung, denn der Salat schmeckte plötzlich anders als vorgesehen.
ERSTE ERZIEHERIN: Ich sah gerade noch rechtzeitig, wie der Joachim anfing, einen ganzen Eßlöffel Pfeffer in den Salat zu schütten, und konnte den Löffel ein wenig abbiegen.
ZWEITE ERZIEHERIN: Gerade bei diesem Kind konnte man sehen, wie gerne es noch ein bißchen weitergepanscht hätte, anstatt jetzt nach einer Vorschrift zu kochen und sich einzuschränken. Manche Kinder sind eben noch so begeistert beim Panschen, aber wir wollten das ganz bewußt einschränken, damit sie nicht denken, das ginge immer so. Joachim konnte also gerade noch etwas gebremst werden, aber der Salat war – wie das meiste – am Ende doch sehr stark gewürzt und schmeckte ein wenig bitter. Als die Kinder nachher im Gruppenraum saßen und aßen, schüttelten sich einige. Auf unsere Fragen, was gut und was weniger gut schmeckte, kamen verschiedene Antworten: „Das ist ja so bitter!" und „Das ist ja so sauer!" und auch ein Angriff auf Joachim: „Du hast da ja viel zu viel Pfeffer drangemacht!" Also, einige haben schon gemerkt, daß man sich einschränken und genau an die Vorschriften halten muß, damit es klappt und gut schmeckt.
SPRECHERIN: Im Kindergarten kochen und backen nicht nur die Mädchen, sondern auch die Jungen. Für einige Eltern war das ungewöhnlich, als Erzieherinnen ihnen auf einem Elternabend davon berichteten:
ERZIEHERIN: Es waren auch einige dabei, die dann gefragt haben: „Dürfen denn da die Jungen auch mitmachen? " Eine Mutter hat gefragt: „Lassen Sie die Jungens da auch mitmachen? " Wir haben dann gemeint, warum die Jungen nicht auch kochen sollten, die kochten genauso gern, vielleicht sogar noch lieber als die Mädchen.
SPRECHERIN: Für das Kochen sind gemeinsames Planen und Einkaufen nötig. Auch wenn man ein Picknick machen will, muß man ähnliche Vorbereitungen treffen.
ERZIEHERIN: Die Eltern haben Vorschläge gemacht: Bei so einem Ausflug wäre Schokolade gut, da könnte man doch hart gekochte Eier mitnehmen – es kamen die tollsten Vorschläge. Wir haben gesagt, daß wir das gerne mit den Kindern besprechen und sie entscheiden lassen wollten. Sie sollten sagen, was sie haben wollten, und wir könnten uns dann auf einige Dinge einigen. Ich weiß nun nicht, inwieweit die Eltern dann ihre Kinder manipuliert haben: Ein paar Tage später haben wir mit den Kindern besprochen, was wir für das Picknick mitnehmen könnten, und da kam dann nur: Brötchen oder Brot. Wir haben dann halt abstimmen müssen, und die meisten wollten Brötchen, nur Brötchen. An Wurstsorten wurden Leberwurst und Fleischwurst genannt und an Getränken schließlich Limo und Tee.
ERZIEHERIN: Aber unmögliche Vorschläge, wie Schlagsahne oder Eis, die wurden nie gemacht.
ERZIEHERIN: Nein. Eigentlich nicht. Eis ja, aber das wollten sie

dann dort irgendwo essen. Eis, das konnten sie nicht mitnehmen, das haben sie eingesehen. Wir haben gedacht, Süßigkeiten kämen zuallererst; das hätten sie aber ganz vergessen, wenn wir sie nicht daran erinnert hätten. Sie waren irgendwie so vernünftig, und da kamen wirklich ganz andere Sachen; zum Trinken natürlich Limo oder so etwas. Wir haben gesagt, für den Durst wäre Tee am besten, und da waren sie auch gleich begeistert. Dann mußten wir noch zwei Sorten Tee aussuchen, weil die einen Tee mit Zitrone wollten und die anderen Früchtetee.

SPRECHERIN: Nachdem man sich auf ein Ziel geeinigt, gemeinsam die Fahrtroute überlegt und den Einkauf getätigt hat, kann es losgehen. Man kann z. B. in einen nahegelegenen Wald gehen oder an einen See oder auf eine Ritterburg. Dabei kann man Spiele machen, eine Burg aus Ästen oder Laub bauen, auf einem Bauernhof Pony reiten oder an einer geeigneten Stelle ein Feuer machen und Würstchen braten. Das Essen selbst aber steht dann beim Picknick meist nicht mehr so sehr im Mittelpunkt.

ERZIEHERIN: Ja, da unten auf dem Bauernhof haben wir dann auch Picknick gemacht, wir haben uns Strohballen geholt und uns darauf gesetzt. Die Kinder haben fast alle Wurst an die Hunde verfüttert, und sie selber haben nur Brot gegessen.

ERZIEHERIN: Sie haben unwahrscheinliche Aktivitäten entwickelt. Man hat richtig gemerkt, daß das Stadtkinder sind. Sie haben da rumgewühlt, als wenn's um ihr Leben ginge. Einen riesigen Berg von Ästen haben sie zusammengeschleppt und wollten dann Hammer und Nägel haben, das hatten wir natürlich nicht mitgenommen. Das war dann die erste Erfahrung: Beim nächstenmal nehmen wir Hammer und Nägel mit und bauen uns ein Häuschen. Dann haben sie alles aufeinander gestapelt und diesen Haufen dann mindestens drei- oder viermal woanders hingetragen: „Hier stört er uns, jetzt kommt er da hinten hin." Sie haben wirklich sehr intensiv gespielt – das war die Hauptsache bei dem Picknick.

SPRECHERIN: Neben Picknick und Ausflug kann man auch Feste veranstalten, so z. B. ein Autofest. Man fährt auf einen Schrottplatz und malt Autos an, oder man macht ein Baumfest, bei dem man im Hof die Bäume mit Papiervögeln und bunten Bändern schmückt. Bei all diesen Festen planen die Kinder selbständig, wie das Fest verlaufen soll. Was aber sagen nun Eltern zu den Aktivitäten im Kindergarten?

MUTTER: Erstens die Selbständigkeit: Sie können einmal ganz alleine z. B. eine Quarkspeise machen, und Vater und Mutter essen diese Quarkspeise mit auf, die das Kind gemacht hat. Das stärkt doch sein Selbstbewußtsein, und andererseits kriegt es auch ein kleines bißchen ein Gefühl für die Arbeit der Mutter. Es sieht: Man muß Geschirr wieder saubermachen, man kann an einer Quarkspeise, die man für mehrere Menschen macht, nicht mit einem Löffel ewig schlecken, sondern muß einen Probierlöffel haben. Also, das Kind macht es richtig, wie es eben ein Erwachsener auch machen muß, und das hat schon einen Wert, finde ich.

MUTTER: Außerdem bringt das unheimlich viel Spaß, das Kochen, das Schneiden, das Selbstzubereiten, das ist ja keine Arbeit, das ist ja Spiel. Sie fühlen sich auf einmal erwachsen. Und die Kinder erkennen so etwas ja auch nicht als didaktische Einheit oder irgendeine Lehrform. Und das ist gut, denn es wirkt nicht wie Schule, im Gegenteil, sie sind beschäftigt, sie langweilen sich nicht, und sie machen das gerne.

MUTTER: Sie fühlen wohl selber, daß sie etwas fertiggebracht haben. Vater und Mutter sitzen jetzt sonntags und essen das, genauso, als hätte es die Mutter gemacht. Und das ist, glaube ich, was sehr Gutes.
SPRECHERIN: Kinder müssen nicht unbedingt das essen, was auf den Tisch kommt. Kinder brauchen eine Chance, ihre Wünsche und Bedürfnisse zu äußern und einzubringen; denn ein Kind soll ja als Mitglied einer Familie mitbestimmen, mitentscheiden und mitmachen können. Eine Mutter ist da folgender Ansicht:
MUTTER: Ich sehe in den Kindern auch Lebewesen, die den Erwachsenen einigermaßen gleichberechtigt sind. Ich sehe nicht ein, daß die Eltern immer befehlen. Manchmal geht es nicht anders, und sie müssen doch hören, was die Eltern sagen. Ich verlange nichts Unmögliches von ihnen. Und wenn ich manchmal richtig ärgerlich bin, weil sie trotzdem nicht gehorchen, dann sage ich mir immer, es ist doch richtig, daß sie ihren Kopf zeigen, daß sie ihn durchsetzen. Denn genau wie die Erwachsenen sollen sie ja auch nichts herunterschlucken, sie sollen sich ja zur Wehr setzen und ihre Aggressionen abbauen. Diese Überlegung erleichtert es mir dann immer ein bißchen, mich über meinen Ärger hinwegzusetzen. Und die Erwachsenen verlangen manchmal wirklich die unmöglichsten Sachen von Kindern, nur aus einer Laune heraus, weil sie sagen, ich bin eine Respektsperson, und ich muß meine Autorität zeigen – man erlebt das immer wieder.

Tonfeatures richten sich an Erwachsene. Sie können eingesetzt werden, um auf einem Elternabend das Gespräch über eine didaktische Einheit anzuregen. Sie richten sich an Erzieher, die sich allein oder im Team mit Vorerfahrungen zu einer Einheit vertraut machen wollen. Wir halten Tonfeatures zu diesem Zweck für besonders geeignet, weil die in ihnen gespeicherten Aussagen bloßen Texten an Anschaulichkeit überlegen sind.

5.3.4 Grafik

Grafische Darstellungen verweisen auf Situationsaspekte, die mit fotografischen Mitteln nicht oder nur mit unverhältnismäßig großem Aufwand wiedergegeben werden könnten. So läßt sich ein Querschnitt durch ein Krankenhaus, in dessen Räumen eine Vielzahl möglicher sozialer Situationen gezeigt werden soll, überhaupt nur grafisch darstellen. Ein Kinderspielplatz, auf dem eine Häufung von Konfliktsituationen zwischen großen und kleinen Kindern zu sehen sein soll, ließe sich zwar theoretisch fotografieren, der damit verbundene Aufwand stünde aber in keinem Verhältnis zum Ergebnis. Das gilt besonders für Darstellungen phantastischer Art, wie z. B. Wohnvorstellungen und -wünsche oder „Freßphantasien" der Kinder. Grafische Darstellungen richten sich an die Kinder: Hier können sie erlebte Situationen wiederentdecken und ihnen neue, vielleicht bedeutsame Aspekte abgewinnen. Grafische Darstellungen sollen insofern Kinder in der Artikulation ihrer Fragen unterstützen. (Zu den didaktischen Materialien verschiedener Einheiten gehören grafische Darstellungen in Form von *Bildkarten* – für Kinder handhabbar – und *Bildposters.*)

5.3.5 Geschichten

Dann, wenn es nicht um einfache Dokumentation von Wirklichkeit geht, sondern darum, sie zu verdichten, auf besondere Begebenheiten aufmerksam zu machen oder zu zeigen, wie Phantasie und Realität aufeinander bezogen sein können, kann eine Geschichte dem dokumentarischen Foto oder Film überlegen sein. Eine Lebenssituation kann so komplex sein, daß ihre einfache Abbildung wenig über sie aussagen würde. Autoren, die in Kenntnis von Realität schreiben, haben die Chance, sie „auf den Begriff" zu bringen, zu zentralen Merkmalen vorzustoßen und dabei eine literarische Form anzuwenden, die der Komplexität von Realität entspricht (was nicht mit „realistischem Schreiben" gleichgesetzt werden muß).

Wir haben Autoren gebeten, in Kenntnis didaktischer Einheiten situationsbezogene Geschichten für Kinder zu schreiben. (*Kindergeschichten* sind im Materialteil didaktischer Einheiten enthalten.) Zwei Beispiele sollen im folgenden unterschiedliche Formen solcher Geschichten vorstellen. Die erste – „Traurigkeit, Schere und Krankenhaus" – stammt aus einer Serie von Geschichten von Antoinette Becker zu „Kinder im Krankenhaus". Sie greift einen Vorfall auf, wie er in dieser oder ähnlicher Art in Krankenhäusern zum Alltag gehören mag.

◆ Florian liegt seit drei Wochen im Krankenhaus. Sein Bein liegt im Gips. Florian ist von der Leiter gefallen. Drei Wochen, das ist ganz schön lang!
Florians Bruder hat gesagt, daß es einundzwanzig Tage sind. Zehn Tage, noch mal zehn Tage und ein Tag. Florian muß noch mal solange im Krankenhaus bleiben. Das hat auch der Bruder gesagt. Mama war sehr böse, daß er das gesagt hat.
„Ich will aber nicht."
Mama hat ihm erklärt, warum er noch bleiben muß. Sie hat immer wieder gesagt: „Damit das Bein schön heilt." Es heilt doch auch zu Hause. Mama hat Florian heute seine Schere aus dem Kindergarten gebracht, damit er Muster in buntes Papier und Männchen zum Aufkleben ausschneiden kann. Die Schere ist rot, da, wo man die Finger hereinsteckt, und unten ist sie rund, nicht spitz.
Heute abend, als die Schwester kam, um die Betten der Kinder zu machen und die Kinder für die Nacht zu richten, hat Florian die Schere einfach versteckt. Zuerst hat er sie unter den Arm geklemmt in die Achselhöhle, dann aber hat er sie in den Gips gesteckt. Jawohl,

oben am Bein, wo der Gips ein bißchen weg ist, kann man den Finger reinstecken. Dahin hat er die Schere gestopft. Die Schwester hat nichts gemerkt.
„Ich will nicht mehr hierbleiben", sagt Florian, aber keiner hört es. Es hat ihm auch heute nicht geschmeckt. Er hatte keinen Hunger.
„Ich will zur Mama."
Florian findet, daß Mama immer zu kurz bleibt. „Ich will auch mit Papa spielen. Papa kommt fast nie. Papa soll mich im Auto mitnehmen, Papa soll mit mir ein Feuer machen und Würstchen braten, mit mir ganz allein."
„Du schaust aber finster drein", sagt die Schwester. „Gut' Nacht." Florian murmelt etwas. In dem Bett neben ihm liegt heute ein „Neuer". Der sagt nichts.
„Ich will zur Mama." Draußen ist es Sommer und noch hell. Die Schwester hat den Laden halb offengelassen, damit mehr Luft hereinkommt. Florian sieht durch das halboffene Fenster. Es sieht aus wie ein helles Bild an einer dunklen Wand. Florian sieht einen Baum, einen Ast. Manchmal fliegt eine Schwalbe vorbei. Florian wartet, bis wieder eine vorbeifliegt. Er hört Leute im Garten vom Krankenhaus, sie reden und lachen.
„Ich will zur Mama."
Da holt Florian seine Schere aus dem Gips heraus. Sie ist ein bißchen zu weit hereingerutscht, und er schwitzt, bis er sie draußen hat. Er hält sie gegen den Abendhimmel, er kann ganz gut sehen in der Halbdunkelheit des Zimmers. Er macht die Schere auf und zu. Wie ein Fisch schaut sie aus, nein, wie eine Schlange.
„Mit dieser Schere kann ich alles abschneiden. Alle Haare von allen Schwestern. Und in ihre Hauben schneide ich Löcher."
Florian zupft an dem Überzug seiner Bettdecke. Er macht einen spitzen Berg. Einen spitzen, weißen Schneeberg. Er läßt ihn wieder zusammenfallen. Noch mal. Und dann schneidet er einfach die Spitze ab. Das geht ganz leicht. Der Berg fällt zusammen. Florian sucht das Loch mit dem Finger und steckt ihn rein.
„Daneben mach' ich ein Muster, wie im Kindergarten mit Papier."
Das geht nicht so gut.
„Und jetzt schneide ich einen Weg vom Krankenhaus nach Hause."
Und Florian schneidet die Decke auf von einem Loch zum anderen.
„Auf diesem Weg laufe ich nach Hause, nach Hause, nach Hau . . ."

„Was ist denn das", sagt eine sehr laute Stimme. Florian wacht auf. Der Laden ist auf, die Sonne scheint. Die Schwester steht vor ihm.
„Sag mal, Florian, was hast du denn da gemacht? " Sehr freundlich klingt die Stimme nicht. Florian schaut auf seinen Bettbezug. Bei Tag ist das gar nicht so hübsch.
„Nun, was ist das? "
„Ein Weg nach Hause."
„Was für ein Weg nach Hause? "
„Ich will zur Mama."
„Was hat das mit den Löchern zu tun? Du weißt, daß man das nicht darf. Dieser Bezug gehört dem Krankenhaus . . ."
„Aber ich will zur Mama."
„Die wird sich nicht freuen; das muß sie bezahlen!"
Florian versteht nichts. Sein Bett wird frisch bezogen. Am Tag schauen die Berge wirklich nicht schön aus, und der Weg ist gar kein Weg.
„Gib mal die Schere her!"
„Nein! Bitte! Nein!"

„Gib die Schere her, Florian, sonst machst du es noch mal!"
„Nein! Bitte! Nein!"
Florian klammert sich an die Schere. Die Mama kommt nie wieder, wenn er die Schere hergibt.
Schließlich bekommt die Schwester die Schere zu greifen, und Florian läßt los. Florian frühstückt kaum. Da sagt der Junge, der neben ihm liegt, der Neue: „Hab' ich auch schon gemacht." Florian schaut ein bißchen zu ihm hinüber. „Als meine Mama beim Einkaufen war, war sie so lang fort, da habe ich meine Jeans aufgeschnitten, von oben bis unten."
Florian muß lachen. „Kommt deine Mama heute? " fragt er.
„Weiß ich nicht."
„Wie heißt du? "
„Tommy."
Am Nachmittag kommen Florians Mutter und Tommys Vater.

Die zweite Geschichte hat Roman Ritter zur Einheit „Kinder allein zu Hause" geschrieben: „Durchs wilde Tumanien". In ihr wird mitgeteilt, daß die Vorstellungen und Phantasien, die ein Kind überkommen mögen, wenn seine Eltern es abends allein lassen, ihr Gutes haben können – wie sonst käme Danny ins wilde Tumanien?

♦ Danny weiß, daß die Reise durch Tumanien bald losgehen kann. Der Vater von Danny hat schon den Mantel an, und die Mutter steckt den Hausschlüssel in die Handtasche. Danny liegt im Bett, wie jeden Abend um diese Zeit, aber er ist gar nicht müde. Er hat Reisefieber. Die Eltern haben vorhin gesagt: „Danny, heut abend besuchen wir die Familie Neumann. Die Telefonnummer von Neumanns schreiben wir dir auf, dann kannst du anrufen, wenn was ist. Du bist ja schon ein großer Junge! Schlaf schön."
So ein großer Junge ist Danny aber noch gar nicht. Er ist ja erst sechs Jahre alt. Danny hat gesagt: „Ich bin aber nicht gern allein zu Haus! Mama, stell mir noch ein Glas Milch und ein paar Kekse ans Bett. Dann kann ich etwas essen gegen das Alleinsein."
Das hat Danny aber nur gesagt, weil er die Kekse braucht für die Reise durchs große, wilde Tumanien. Dort ist die Nacht viel länger als der Tag. Der Mond ist beinahe so groß wie eine Apfelsine, wenn man sie dicht vor die Nase hält. In Tumanien gibt es riesige Berge, die bis über die Wolken hinaus in den Nachthimmel reichen und einen Stern auf der Spitze haben. Dort gibt es große Seen, auf denen Inseln aus Zuckerwatte schwimmen. Und Urwälder, in denen die Bäume so dicht beieinander stehen, daß man kaum durchkommt, und die Pflanzen haben ganz weiche Blätter. Die Menschen dort sind entweder ganz klein, wie Pilze, oder so groß wie Bäume. Und die Tumanier sprechen nicht wie wir, sondern sie zirpen oder sie knarren. Und merkwürdige Tiere gibt es in Tumanien: Igel mit weichen Stacheln und Schlangen, die auf der Schwanzspitze stehen können. Andere Tiere sind an einigen Stellen rund und an anderen Stellen eckig, und sie werden ganz zahm, wenn man sie mit Keksen füttert. „Hokuros", flüstert Danny. So heißen diese Tiere, das ist ihm gerade eingefallen.

Das Land Tumanien ist Danny vor ein paar Tagen eingefallen, als die Eltern abends auch weg waren. Danny lag im Bett, konnte nicht einschlafen und hatte ein bißchen Angst. Er starrte zur Decke, und da

flogen Schatten und Lichtflecken hin und her. Irgendwo in der Wohnung knarrte es. Danny baute sich schnell eine Höhle aus seiner Bettdecke und kuschelte sich hinein. Die Höhle hatte nur ein kleines Loch. Durch das schauten Danny und sein Teddybär Max hinaus.
Nach einer Weile dachte Danny: „Die Licht- und Schattenflügel, die da hin- und herflattern, das sind doch die großen Vögel in Tumanien, die haben Flügel wie Schleier . . . Und was da so knarzt und knarrt, das sind die kleinen Tumanier. Die flüstern und hüpfen auf einem Berg von Zuckerwatte herum." Da hatte Danny keine Angst mehr. Eigentlich wollte er sich Tumanien genauer anschauen, aber dann schlief er ein.

Heute ist es anders. Danny ist ganz munter. Heute wird er durchs wilde Tumanien reisen. Die Eltern sind gerade aus der Wohnung gegangen. Endlich kann Danny mal so lange wach bleiben, wie er will! Teddy Max wird ihn auf der Reise begleiten. Er soll die Kekse tragen. Aber Tumanien ist weit, sehr weit weg! Nach Tumanien muß man mit dem Flugzeug fliegen. Danny steigt aus dem Bett, und bald darauf sitzt er mit Max im Flugzeug. Mit seiner kleinen Taschenlampe hat er leicht auf den Flugplatz gefunden. Der Flugzeugsitz ist weich. Vorne am Flugzeug surrt der Propeller. Der Propeller ist der Ventilator auf Vaters Schreibtisch im Wohnzimmer, und Danny sitzt im Drehstuhl davor. Jetzt richtet er den Lichtstrahl der Taschenlampe gegen den Propeller. An der Wand blitzt das Licht. Ist das vielleicht ein Gewitter in der Ferne?
Der Flug nach Tumanien dauert lange. Danny schaltet den Fernsehapparat ein. Zu Hause darf er so spät nicht mehr fernsehen. Aber er ist ja im Flugzeug. Auf dem Bildschirm sitzen vier Männer um einen Tisch und reden über irgend etwas. Abwechselnd erscheinen ihre Köpfe groß im Bild. Tumanier sind das keine. Trotzdem versteht Danny nicht, wovon sie reden. „So interessant ist das Fernsehen abends auch nicht, wenn die Kinder schon im Bett sind und nicht mehr fernsehen dürfen!" denkt Danny. Er schaltet den Fernsehapparat aus.
Jetzt hat das Flugzeug Tumanien erreicht. Es kreist über dem Flugplatz. Danny dreht sich schnell im Drehsessel. Das Flugzeug ist gelandet. Der Propeller steht still. Max hat während der ganzen Flugreise geschlafen. Danny nimmt zwei Kekse aus der Tasche, die am Arm von Max hängt. Einen Keks ißt er selbst. Den anderen legt er auf den Tisch. Falls ein Tumanier kommt und Hunger hat. Oder so ein merkwürdiges Tier, ein Hokuro! Danny knipst die Taschenlampe wieder an und schaut sich in Tumanien um. Ohne Taschenlampe kann man nichts sehen, denn es ist ja fast immer Nacht in Tumanien. Dort, wo im Wohnzimmer tagsüber das große Fenster ist, stehen jetzt in Tumanien große Berge, dunkelgrün wie Vorhänge. Nur ein schmaler Lichtschein dringt hindurch. Das muß der Mond hinter den Bergen von Tumanien sein!
In einer Ecke steht ein dunkles, kleines Ding. Es sieht beinahe aus wie einer von Vaters Pantoffeln. Es kann aber auch ein Tumanier sein, der so groß ist wie ein Pilz. Danny hört genau hin, aber er hört nichts zirpen oder knarren. „Dann schläft der Tumanier wohl!" denkt Danny. Max nickt mit dem Kopf. Danny leuchtet mit der Taschenlampe weiter in Tumanien herum.
Da drüben steht ein großer, brauner, glänzender Berg. Ganz oben blitzt im Lichtstrahl etwas auf. Wenn das kein Berg, sondern der Wohnzimmerschrank wäre, dann würde dort die Vase aus Glas stehen.

Da es aber ein Berg ist, kann das, was da blitzt, nur der Stern sein, den die tumanischen Berge auf ihrer Spitze haben!
Danny macht sich mit Max auf den Weg zu den dichten Urwäldern. Dazu müssen sie eine große Wüste durchqueren. Sie ist ganz glatt und kalt, wie der Fußboden im Flur. Plötzlich knarrt es. „Ein Tumanier!" denkt Danny. Er leuchtet mit der Taschenlampe im Kreis herum. Auch Max hat ganz große Augen, weil er den Tumanier sehen will. „Ein bißchen heller könnte es schon sein!" denken Danny und Max. Da sehen sie eine Schlange, die auf der Schwanzspitze steht. Sie hat einen großen buschigen Schwanz. Danny sagt zu Max: „Wenn sie immer so still steht wie jetzt, dann kann man mit ihr den Boden fegen wie mit einem Besen."
Jetzt sehen Danny und Max neben der Schlange auch den Tumanier. Er ist nicht so klein wie ein Pilz, es ist einer von den großen. Er ist so groß wie Mutters Mantel und hat auch dieselbe Farbe: blau. Danny sagt: „Guten Tag!" Da fällt ihm ein, daß es Nacht ist. Deshalb sagt er schnell: „Gute Nacht!" Natürlich antwortet der Tumanier nicht. Er kann ja nur knarren und zirpen.
Danny und Max wandern weiter. Über Hügel, durch Täler, in denen das Gras so weich ist wie ein Teppich. Über ihnen schweben manchmal weiße Wolken . . . Oder sind es die großen Vögel? Dann stehen sie vor dem Urwald.
Um hineingehen zu können, muß Danny die Tür zum Kleiderschrank im Schlafzimmer der Eltern ganz öffnen. Sie ist angelehnt. „Hast du Angst!" fragt er Max. Max überlegt einen Moment, dann schüttelt er den Kopf. Bevor Danny mit Max in den Urwald geht, ißt er noch einen Keks.
Der Urwald ist wirklich so dicht, daß man kaum durchkommt, und die Blätter sind ganz weich. An dem einen Urwaldbaum fühlen sie sich an wie ein Samtkleid, an einem anderen Baum wie ein flauschiger Bademantel. Die Taschenlampe kann nur ein kurzes Stück leuchten und macht nur einen kleinen Lichtkreis. Alles andere ist ganz dunkel. Hier scheint nicht einmal der tumanische Mond. Danny hört die Tumanier zirpen und knarren, wenn er sich durch den Urwald drängt, aber er sieht sie nicht. Wahrscheinlich sitzen sie ganz oben auf der Spitze der Bäume. Die Blätter sind bunt, rot, gelb, grün, und an einem Baum wachsen sogar weiße Blümchen. Es riecht nach Veilchen und nach frischer Wäsche.
Danny und Max müssen sich ein bißchen ausruhen, weil es anstrengend ist, durch einen so dichten Urwald zu gehen. Ein bißchen unheimlich ist es auch. Als Danny sich hinsetzt, stößt er mit dem Fuß an ein längliches Ding mit weichen Stacheln. Schnell zieht er den Fuß zurück. Das muß ein tumanischer Igel sein!
Gerade, als Danny und Max wieder aus dem Urwald treten wollen, passiert ein Unglück. Ein tumanischer Baum fällt um und bedeckt alle beide! Einen Augenblick ist es ganz dunkel. Danny erschrickt, sein Herz klopft ganz laut. Schnell wühlt er sich aus dem Blätterdickicht ins Freie. Max zieht er am Arm hinter sich her. Zum Glück sind die tumanischen Bäume weich. Danny hat keine Beule am Kopf. Aber Max ist auch erschrocken. Er hat die Kekse verloren.
Max schaut Danny mit seinen großen Augen an und fragt: „Sollen wir lieber wieder zurück in unsere Betthöhle? "
Aber Danny ist noch nicht müde. „Nein", sagt er, „wir müssen erst noch den tumanischen See anschauen!"
Bald darauf sitzt Danny mit Max vor einem großen See. Ein Wasserfall rauscht. Der tumanische Mond hängt groß am Himmel. Dannys

Haare flattern in einem warmen Wind. Und auf dem See schwimmen ganze Inseln aus Zuckerwatte. Wie ist das gekommen? Danny und Max haben vom Urwald aus wieder eine weite Reise gehabt, über das weiche Gras und die spiegelblanke Wüste, bis sie im Badezimmer waren. Dort hat Danny am Lichtschalter geknipst, und der tumanische Mond ist hell und rund geworden, so hell wie die Badezimmerlampe. Danny hat dann den Hebel bewegt, mit dem man das Abflußloch in der Badewanne verschließt. Dann hat er den Wasserhahn aufgedreht. Da rauschte der Wasserfall in den See. Max saß am Rand des Sees und schaute zu, wie das Wasser immer mehr wurde. Danny ist auf das kleine Bänkchen neben dem Waschbecken gestiegen und hat eine Dose von der Glasplatte unter dem Spiegel genommen.
Die Dose wollte Danny schon immer mal ausprobieren. Der Vater benutzt sie jeden Morgen. Er drückt auf einen Knopf, dann kommt aus der Dose eine weiße Kugel, ein runder Schaumball. Den reibt sich der Vater ins Gesicht, so daß er zwischen Nase und Kinn weiß wird wie ein Schneemann. Dann nimmt er sein Rasiermesser und schabt sich den Schaum wieder aus dem Gesicht, und mit dem Schaum die Bartstoppeln, die auf seiner Haut wachsen. Danny wollte sich auch rasieren, aber der Vater sagt: „Da mußt du warten, bis du erwachsen bist. Bei Kindern wächst noch kein Bart." Die Dose hat der Vater Danny nicht gegeben. Aber jetzt ist der Vater nicht da, und Danny ist in Tumanien. Da kann er die Dose ausprobieren.
Danny hat auf den Knopf oben an der Dose gedrückt, und es ist eine runde Schaumkugel herausgekommen. Sie wurde immer größer und größer, und dann fiel sie in den See. „Das sind die Inseln aus Zuckerwatte auf den tumanischen Seen!" sagte Danny zu Max. Er leckte einmal an dem Schaum. Aber der schmeckte nicht wie Zuckerwatte, sondern eher wie Seife. „Für die Tumanier schmeckt das sicher wie Zuckerwatte", dachte Danny. Er schaute zu, wie die Schaumkugeln im See schmolzen und ihn weiß färbten. Wenn eine Kugel geschmolzen war, hat er so lange auf den Dosenknopf gedrückt, bis eine neue Schauminsel in den See fiel. Der See wurde immer weißer.
Aber dann bekam Danny eine Gänsehaut, weil ihm kalt wurde. Da hat er vom Bänkchen neben dem Waschbecken den Apparat geholt, mit dem sich die Mutter immer die nassen Haare trocknet. Danny hat den Stecker in die Steckdose gesteckt und den Föhn eingeschaltet. Der begann zu fauchen und blies warme Luft aus seiner Öffnung. So kommt es, daß Dannys Haare im warmen Wind flattern. Tumanien ist ein schönes Land!
Trotzdem wird Danny allmählich müde. Max ist schon wieder eingeschlafen. Danny will noch einmal eine Schauminsel auf den See fallen lassen. Aber aus der Dose kommt kein Schaum mehr. Sie ist leer. Nur noch Luft zischt aus ihr heraus.
Da beschließt Danny, Tumanien zu verlassen und wieder nach Hause zu fliegen, in seine Betthöhle. Er nimmt Max in den Arm und setzt sich in das Flugzeug. Danny ist sooo müde . . .

Als Dannys Eltern nach Hause kommen, sitzt Danny im Drehstuhl und schläft. Sein Vater trägt ihn ins Bett. Am anderen Morgen kann sich der Vater nicht rasieren, weil in der Dose kein Rasierschaum mehr ist. Was hat der Vater zu Danny gesagt?

Viele Erzieher haben im Rahmen didaktischer Einheiten Geschichten erfunden und erzählt. Man kann Geschichten entwerfen, deren Ende offen ist, und die dann von Kindern weiterentwickelt werden. Geschichten lassen sich dramatisieren, wenn sie Phantasien freizusetzen vermögen. Tumanien kann auch im Kindergarten sein.

Zu den folgenden Farbtafeln:
Wohnformen und Wohnphantasien
Aus Bildkarten zur didaktischen Einheit „Wohnen". Grafik: Rink/Mühlbauer
Vgl. Kapitel 5.3.4 „Grafik", S. 185/186

♦ Eine Erzieherin: „Wir lesen eine didaktische Einheit durch und versuchen dann, uns eine Weile lang nicht mehr an den Text zu halten. Wir denken uns unsere eigenen Projekte aus. Im Nachhinein lesen wir sie vielleicht noch mal durch."

Das ist eine der möglichen Umgangsweisen mit didaktischen Einheiten, und sie ist aus unserer Sicht durchaus in Ordnung. Wir haben gesagt, daß didaktische Einheiten keine Rezepte, sondern Anregungen sein sollen. Also sind wir dafür, frei und nach eigenem Gutdünken mit ihnen umzugehen. Die Situationen, die in ihnen thematisiert werden, haben ja immer etwas Einmaliges und jeweils Konkretes, und dies schließt die Annahme aus, man könne solche Situationen in genau gleicher Ausprägung anderswo wiederentdecken. Man wird ähnliche Situationen vorfinden, wenn Kindergartenkinder im Dorf X oder in der Stadt Y zur Schule überwechseln, aber jeder Erzieher wird darauf gerichtete Unternehmungen auf seine lokalen und personellen Besonderheiten beziehen müssen. Umgang mit einer didaktischen Einheit bedeutet, sich übertragbare Vorerfahrungen zunutze zu machen, die Situation am Ort selbst in Augenschein zu nehmen, eigene Projekte zu planen und also die Einheit ein gutes Stück neu zu erfinden. Dabei kann sich herausstellen, daß Teile der Projektanregungen übertragbar sind, daß andere beschriebene Projekte nicht durchgeführt werden können, daß schließlich neue Projekte hinzukommen.

Da man nicht sagen kann, daß die im Rahmen des Curriculum „Soziales Lernen" entwickelten 28 didaktischen Einheiten auch nur annähernd alle möglichen aktuellen und wichtigen Lebenssituationen abdecken, da sie vielmehr als Beispiele für die pädagogische Erschließung vieler anderer Situationen stehen, sollten sie auch so genommen werden: Sie illustrieren ein allgemeineres Prinzip situationsbezogener pädagogischer Praxis. Und dies bedeutet, daß man andere Situationen aufgreifen und Projekte darauf beziehen kann. (Beispiele für andere Situationen enthält: Arbeitsgruppe Vorschulerziehung 1975, Kap. 2.3) Vom Umfang der vorliegenden Einheiten, von den in ihnen enthaltenen „Investitionen" sollte man sich nicht schrecken lassen: Niemand erwartet oder verlangt, andere Situationen mit diesem Aufwand zu analysieren und didaktisch zu entschlüsseln. Was auf die Thematisierung anderer Situationen übertragbar erscheint, ist, daß man Situationen nicht nur in ihren Oberflächenerscheinungen wahrnimmt, sondern im Gespräch mit Kindern und Eltern Problematisierungen einleitet, und daß man sich die didaktische und methodische Vielfalt zunutze macht, in der Vorhaben geplant oder verwirklicht werden können.

Gerade dann, wenn man Situationen wählt, die nicht in vorliegenden Einheiten behandelt werden, wird man als Erzieher darauf achten müssen, daß man den Wald trotz der vielen Bäume noch sieht, daß man in Situationen pädagogische Anlässe entdeckt.

♦ Eine Erzieherin: „Wenn wir von Lebenssituationen ausgehen, dann betrachten wir das, was sich in der Wirklichkeit abspielt, unter verschiedenen Aspekten. Und je nachdem habe ich dann die eine oder andere Lebenssituation. Denn je nachdem, welchen Zugang zu dieser Wirklichkeit ich wähle, ist das ein Problem der Familie oder des Wohnens oder auch ein Berufsproblem der Eltern."

Wenn man dieses Prinzip konsequent anwendet, entfallen strenge Trennungen in Kategorien wie „Freispiel" und „Beschäftigungen". Didaktische Einheiten sind dann auch nicht etwas Besonderes oder Zusätzliches, sondern Teile eines pädagogischen Alltags, der gewiß nicht nur aus solchen Einheiten besteht, sondern aus all dem, was Kindergartenarbeit auch sonst kennzeichnet. Je vertrauter man aber mit dem Prinzip situationsbezogenen pädagogischen Arbeitens ist, desto stärkere Verbindungen werden sich zwischen gewohnten Verrichtungen und Tätigkeiten und didaktischen Einheiten ergeben.

Auch noch etwas anderes – was auch den Erziehern in den Modellkindergärten oft widerfahren ist – wird man feststellen: daß es nämlich zwischen der Planung und dem tatsächlichen Verlauf von Projekten oft erhebliche Unterschiede geben kann, daß sie einem oft nicht so zu gelingen scheinen, wie man es sich erhofft hatte (manchmal verläuft ein Projekt in der Wirklichkeit wiederum viel ergiebiger und nuancenreicher, als man es sich zunächst vorstellen konnte). Diese Unterschiede sind sozusagen normal und in der Sache selbst begründet: Niemand kann (und sollte) in seinem Kopf pädagogische und soziale Wirklichkeit, die ja auch durch andere Menschen mitgestaltet wird, in ihren Einzelheiten und Wechselwirkungen eindeutig vorwegplanen und -bestimmen. Sicher kann man aus Projektverläufen, die man für problematisch hält, lernen. Aber man muß sich nicht deshalb schon Vorwürfe machen, weil eigene Projekte oft nicht so „klappen", wie „geglückte", über die man Berichte gelesen oder vernommen hat. Gut wäre es, wenn man Erfahrungen mit eigenen Projekten im Kindergarten dokumentieren und sie anderen (auch nachfolgenden) Erziehern zugänglich machen würde. Dies gilt auch für Materialien, die man zur Situationserschließung oder zum Spielen sich beschafft hat. Man muß dann, wenn eine didaktische Einheit wieder einmal aktuell wird, nicht von vorn beginnen, sondern kann auf Vorerfahrungen und Voruntersuchungen am Ort und auf vorhandene Materialien zurückgreifen.

Wie lange dauern didaktische Einheiten? Einige Tage, ein paar Wochen oder Monate, ein oder zwei Jahre – also unbestimmt. Einheiten können zwar einen durch Anlaß oder Planung bestimmten Anfang haben, sie müssen aber nicht zu einem bestimmten Zeitpunkt enden. Sie können – je nach den Interessen Mitwirkender – beginnen, dann eine Weile wieder aus dem Blick geraten, wieder aufgegriffen werden, auslaufen. Wir haben in den Modellkindergärten festgestellt, daß es manchmal so etwas wie intensive „Schübe" gab: Ein in einem Kindergarten durchgeführtes Projekt brachte ihn dazu, sich in der kommenden Zeit mit der Einheit intensiv zu befassen – dies wiederum regte andere Kindergärten an, sich der Einheit zuzuwenden. Oder: Kinder verwendeten über längere Zeit „Motive" aus einer Einheit (z. B. Verbands- oder Wohnspiele).

Dadurch, daß didaktische Einheiten auftauchen und wieder verschwinden, kann es auch zur Überlagerung von Teilen mehrerer Einheiten kommen: Eine Gruppe von Kindern pflegt Kontakt zu einer behinderten Frau, eine andere macht Collagen über Wochenenderlebnisse. Für Erzieher wird es sich dabei in der Regel nicht um eine Arbeit mit jeweils der gesamten Kindergruppe handeln. Man wird Teile einer Einheit meist mit kleineren Gruppen durchführen, die sich nach jeweiligen Bedürfnissen zusammenfinden. Diese Form der inneren Differenzierung bringt auch mit sich, daß jüngere oder ältere Kinder zu ihrem Recht kommen: entweder, indem Projekte und Spiele besonders auf ihre altersspezifischen Fähigkeiten zugeschnitten werden, oder, indem jüngere Kinder in den Projekten älterer mitwirken, dabei mitlernen und ihren Teil verstehen. Die altersgemischte Gruppe schafft besondere Möglichkeiten sozialen Lernens: Ältere Kinder können, wenn sie im Umgang mit jüngeren erfahren sind, ihnen im Spiel beistehen und sie fördern; das Spiel kann in glücklichen Fällen zu einem Akt der praktischen Solidarität und der oft vorsprachlichen Verständigung zwischen älteren und jüngeren Kindern werden. Viele Projekte erweisen sich als altersunspezifisch: Kochen kann auch für Dreijährige faszinierend sein, selbst wenn sie mit Maßen und Gewichten noch nicht so umgehen können wie Fünfjährige. Von den zunehmend sich entwickelnden Fähigkeiten hängt ja ab, wie einfach oder wie komplex man als Kind Situationen wahrzunehmen und zu begreifen in der Lage ist. Entsprechendes gilt für sozio-kulturell benachteiligte Kinder: Situationsbezogenes Arbeiten erlaubt die Entwicklung von Angeboten, die auf die besonderen Fähigkeiten und Bedürfnisse dieser Kinder Bezug nehmen.

Für alle Beteiligten ist die Durchführung didaktischer Einheiten scheinbar mit vielen Nebenarbeiten verbunden, die aber eigentlich zur Hauptsache gehören: die Planung und Organisation, die Gespräche, die Beschaffung von Materialien, die Ermittlung von Lernorten. Wo immer es möglich ist, sollte versucht werden, Kindern die Regie zu übergeben und sie in ihrer planerischen Mitwirkung zu unterstützen. Dadurch, daß zur Durchführung von Projekten eine von der Sache her bestimmte Selbstdisziplin der Beteiligten erforderlich ist, muß der Umgang mit didaktischen Einheiten weder zu dirigistischem Erzieherverhalten noch zu einem unbeschränkten Gewährenlassen führen: Über Projekte kann eine demokratische Willensbildung herbeigeführt werden. Sind dann Entschlüsse gefaßt worden, sollten sie nicht mit Willkür außer Kraft gesetzt werden. Dabei sollten Kinder dreierlei lernen: Sie sollten zunehmend fähig werden, an solchen Planungen und Willensbildungen mitzuwirken; sie sollten versuchen, die im Rahmen eines Projektes übernommenen Aufgaben zu erfüllen (und nicht andere Projektteilnehmer durch eigene Launen dauernd zu „versetzen"); sie sollten die Projektaktivitäten anderer Kinder, über die zuvor Übereinstimmung erzielt wurde, respektieren und nicht willkürlich behindern. Um dahin zu kommen, sind sicher viele pädagogische Einzelbemühungen erforderlich. Möglich sind aber auch Formen einer Gesamtdiskussion in der Gruppe, durch die Willensbildungen zustande kommen können.

Je mehr Kinder solche Fähigkeiten einer selbständigen Planung und Durchführung kleiner Vorhaben im Kindergarten erwerben, desto weniger wird ein Erzieher die Rolle einer konfliktregelnden und disziplinierenden Feuerwehr übernehmen müssen, denn dann brennt es nicht mehr an allen Ecken. Man wird dann zunehmend Kindergruppen finden, die für eine Weile allein ihren in Spielen oder Projekten realisierbaren Interessen nachgehen; und man kann sich verstärkt den Kindern zuwenden, die sachliche oder persönliche Hilfestellung brauchen.

7 Erprobung und Weiterentwicklung

Erprobungen des Curriculum „Soziales Lernen" hat es schon während seiner Entwicklung gegeben: Informationen über seine Wirkung – bei Kindern, Erziehern und Eltern – sind in einem stetigen Prozeß gesammelt worden. Diese Informationen sind in die Entwicklungsarbeiten wieder eingegangen; sie werden zum Teil in den didaktischen Einheiten dokumentiert.

Wenn man dann das Curriculum als hergestelltes und vervielfältigtes Produkt vorliegen hat und davon ausgeht, daß es für andere Kindergärten zur Anregung werden soll, stellen sich neue Fragen: Gelingt die Übermittlung von Vorerfahrungen aus Modellkindergärten mit Hilfe des Mediums Curriculum an andere Gruppen von Kindern und Erwachsenen außerhalb der Modellprogramme? Kann man in einem Curriculum die Lebendigkeit solcher Erfahrungen erhalten, teilen sie sich mit, ermutigen sie zu eigener Praxis? Und: kann das Curriculum tatsächlich dazu beitragen, Kinder für Situationen der Gegenwart oder näheren Zukunft auszurüsten? Wie verhalten sich Kinder unterschiedlicher sozialer Herkunft, die während ihrer Kindergartenzeit didaktische Einheiten mitvollzogen haben, in entsprechenden Situationen?

Solche Fragen verweisen auf die Notwendigkeit, das Curriculum auf breiterer Basis zu erproben, unter Bedingungen, wie sie im Kindergarten die Regel sind. In einem solchen Zusammenhang kann dann auch die Frage gestellt werden, wie das Curriculum „Soziales Lernen" sich zu Curricula verhält, die in anderen Modellversuchen entwickelt worden sind (vgl. Arbeitsgruppe Vorschulerziehung 1974b). Kein Curriculum, sei es nun lernbereichsorientiert oder situationsbezogen, kann für sich in Anspruch nehmen, im Sinne eines Gesamtcurriculum alle wünschenswerten Teilbereiche zu repräsentieren. Angesichts dieses Sachverhalts erscheint es sinnvoll, vorliegende Einzelprogramme (darunter das Curriculum „Soziales Lernen") über das Land hinaus, in dem sie entwickelt wurden, auch anderen zugänglich zu machen, sie in einer gemeinsamen Erprobung zu verbessern und nach Möglichkeit – bei Erhaltung ihres besonderen Charakters – aufeinander zu beziehen.[1]

(1) 1973 begannen Verhandlungen zwischen interessierten Bundesländern und dem Bund, ein überregionales Erprobungsprogramm einzurichten, das für die Jahre 1975 bis 1977/78 geplant ist. Mit ihm wird beabsichtigt, Curricula, die in bisherigen – von Bund und Ländern eingerichteten – Modellversuchen mit

Wie kann man ein situationsbezogenes Curriculum erproben? Sicher nicht zureichend durch die Anwendung von Testverfahren: Es liegen keine vor, die Prozesse situativen sozialen Lernens angemessen widerspiegeln würden. Der kommunikativen Entwicklung entspricht eher eine kommunikative Form der Erprobung. Erzieher, die mit didaktischen Einheiten im Rahmen der Erprobung umgehen, müßten die Chance erhalten, ihre dabei gewonnenen Erfahrungen auszutauschen und sie denjenigen mitzuteilen, die das Curriculum entwickelt haben.[2]

Jeder, der mit vorliegenden didaktischen Einheiten umgeht, wird sie in ihrer Anwendung ein Stück weiterentwickeln und verändern; insofern ist ein offenes Curriculum nie ein abgeschlossenes und fertiges Curriculum. Seine Erprobung kann auch zeigen, ob Ergänzungen angebracht sind: Denkbar wäre die Entwicklung abgewandelter didaktischer Einheiten, die sich an besondere Gruppen wenden – an behinderte Kinder, an Gastarbeiterkinder, Kinder aus Randgruppen; möglich erscheinen auch fachdidaktische Ergänzungen.

Schließlich liegt es nahe, situationsbezogenes Lernen auch in der Grundschule „fortzuschreiben" und dazu beizutra-

Kindergärten entwickelt wurden, auf überregionaler Ebene zu prüfen. Die Erprobung der Curricula soll Aufschluß darüber geben, inwieweit sie allgemein übertragbar sind oder aber durch Veränderungen für alle Kindergärten anwendbar gemacht werden können. Außerdem soll geprüft werden, ob sich qualitative Verbindungen zwischen bisher isoliert voneinander entwickelten Curricula (im Sinne der Entwicklung eines didaktischen Bezugsrahmens aller Einzelprogramme) herstellen lassen. Das Erprobungsprogramm soll bestehende ländereigene Reformeinrichtungen ergänzen, Ländern die Entwicklungen und Materialien anderer Länder zugänglich machen und ihnen Ergebnisse der Erprobung fortlaufend übermitteln. Das Erprobungsprogramm wird vom Bund und von zehn Bundesländern getragen (Baden-Württemberg nimmt in assoziierter Form teil, Bayern nicht). Es beteiligen sich etwa 240 Kindergärten mit 960 Erziehern und 15.000 Kindern sowie – im Rahmen der wissenschaftlichen Begleitung – 60 Wissenschaftler beziehungsweise Sozialpädagogen. Der Versuch wird auf der überregionalen Ebene politisch und administrativ von der Bund-Länder-Kommission für Bildungsplanung koordiniert. Die regionale administrative und wissenschaftliche Verantwortung liegt bei den teilnehmenden Ländern. Die konkrete Arbeit vollzieht sich in Erprobungskindergärten; in der Regel werden je zehn Kindergärten von einer regionalen Projektgruppe wissenschaftlich begleitet. Aufgaben im Rahmen der überregionalen wissenschaftlichen Begleitung werden vom Deutschen Jugendinstitut (Projektgruppe Erprobungsprogramm) wahrgenommen. Das Institut nimmt damit in einer doppelten Funktion am Erprobungsprogramm teil: Zum ersten durch die Übernahme von Aufgaben der überregionalen wissenschaftlichen Begleitung des Versuchs, zum zweiten dadurch, daß es – wie andere auch – ein Curriculum in das Erprobungsprogramm einbringt.

(2) Zu diesem Zweck sollen Verfahren entwickelt werden, die diesen Erfahrungsaustausch zulassen und befördern. Hinzu können Verfahren der Beobachtung von Kindern, der intensiven Befragung von Erziehern und Eltern kommen – mit dem Ziel, Aussagen darüber zu erhalten, ob und inwieweit Handlungschancen von Kindern in realen Situationen durch das Curriculum gefördert werden.

gen, daß der Übergang zwischen dem Elementar- und dem Primarbereich von den Inhalten her gesehen mit möglichst wenig Brüchen vollzogen werden kann. Verringert werden sollten damit Schwierigkeiten, wie sie sich gegenwärtig beim Übergang von Kindern aus Modellkindergärten in die Grundschule zeigen: Diese Kinder, so charakterisieren es Berichte von Lehrern, wirken oft sehr aufgeweckt und bewußt in der Verfolgung ihrer Lerninteressen. Zu Konfrontationen kommt es dann, wenn sie erleben müssen, daß ihre Interessen nur zum kleineren Teil aufgegriffen oder gar abgeblockt werden – weil beispielsweise die Organisation des Unterrichts selbständiges Arbeiten in kleinen Gruppen erschwert oder der Grundschulkanon diesen Interessen nicht zureichend entspricht. Hier wäre vorstellbar, daß in einer künftigen Grundschule situationsorientierte Projekte ein fächerbezogenes Lernen ergänzen, indem sie Inhalte von Lernbereichen aufgreifen und sie den Zielen solcher Projekte – in der Art didaktischer Schleifen – unterordnen.

Die Modellversuche mit Kindergärten verdanken ihre Entstehung der zurückliegenden Phase intensiver Diskussion um vorschulische Erziehung, dem in der Öffentlichkeit immer wieder vertretenen Wunsch nach qualitativem und quantitativem Ausbau des Elementarbereichs. Diese Phase ist nunmehr abgelöst worden durch eine neue, in der es mehr um die Überprüfung, Absicherung und Verbreitung der Ergebnisse von Reformvorhaben gehen soll. Diese zweite Phase geht allerdings einher mit allgemeinen Finanzierungskrisen und einem gebremsten Reformwillen in vielen Bildungsbereichen. In den bisherigen Modellversuchen des Bundes und der Länder sollten Bedingungen einer künftigen pädagogischen Arbeit im Elementarbereich ermittelt werden. Wir wollen hoffen, daß die personellen, organisatorischen und materiellen Voraussetzungen einer solchen Pädagogik auch tatsächlich und allgemein geschaffen werden und nicht mit dem Ende von Bildungsreformen wieder in Vergessenheit geraten.

Anhang

Beteiligte Personen

Im folgenden werden die Personen genannt, die an der Herstellung des Curriculum „Soziales Lernen" beteiligt waren.

Bei den Angaben ist zu berücksichtigen, daß sie nicht nach haupt-, neben- und freiberuflicher Mitwirkung differenzieren und daß – bezogen auf den Zeitraum von 1971 bis 1976 – ein Teil der hauptberuflich beteiligten Personen erst später hinzugekommen und ein anderer Teil früher ausgeschieden ist. Auch Mehrfachfunktionen einzelner Beteiligter werden nicht angeführt.

Arbeitsgruppe Vorschulerziehung
Richard Auernheimer, Heide Bambach, Christa Bauer, Ruth Gerstacker, Rita Haberkorn, Uli Hagemann, Achim Heimbucher, Klaus Peter Hemmer, Barbara Krösche, Marianne Krug, Jens Lipski, Matthias Obereisenbuchner, Susanne Pelzer, Wolfgang Rutzmoser, Renate Saumweber, Hedi Schrader, Harald Seehausen. Hartmut Walther, Jürgen Zimmer

Erzieherinnen
Beatrix von Almasy, Ilse Atzenbeck, Margret Bäuml, Hildegard Baierschmitt, Gudrun Banakonandeh, Gertrud Barth, Gerda Baumann, Ingeborg Bergdolt, Gudrun Bergweiler, Heidi Beisecker, Dagmar Böhringer, Jutta Börner, Inge Born, Ursula Borzel, Judith Brandt, Miebet Erben de Brauw, Hiltrud Brixius, Christel Burgard, Karin Busch, Elisabeth Cornel, Sr. M. Alberta Deimann, Gabriele Dietrich, Christine Disser, Annemarie Djanie, Elise Domes, Angelika Doppler, Doris Dornbusch, Ursula Ehmann, Dorothea Engel, Helga Eschborn, Gisela Fege, Andrea Fels, Annelie Fries, Gerda Gehrsitz, Sophie Germscheid, Ute Giesa, Irene Gietz, Elke Gilfert, Christa Glogowski, Angelika Grabe, Edith Griebel, Anna Grund, Margret Hägele, Hedwig Hauck, Gudrun Hauptmann, Hiltrud Hegemann, Gerda Heimberger, Käthe Henkel, Brigitte Herold, Mechthild Herr, Beate Heß, Maria Hewel, Rosemarie Himpel, Jutta Hinkel, Mechthild Höwing, Gisela Hoffmann, Christa Hubeny, Christine Hubeny, Eleonore Hübner, Hannelore Hummel, Hildegard Irmler, Ingrid Jantz, Renate Kaiser, Gabriele Kalb, Stilla Kampfmann, Karin Kaske, Gisela Keck, Ingrid Kehr, Elisabeth Keller, Dorothea Kerschgens, Doris Kesting, Marie-Theres Kill, Estelle Klein, Heidi Kley, Monika Knaf, Karla Köhlert, Traude Kohl, Anneliese Krämer, Irmtraud Kranke, Ingrid Krause, Barbara Kroneberg, Ulrike Kronenberger, Elfriede Kühne, Marion Kühne, Angelika Kühnel, Gabriele Kümmel, Marianne Kuhn, Heide-Rose Kuprasch, Roswitha Kurth, Elke Kurz, Regina Kurz, Christel Langer, Ingrid Langrehr, Ruth Leinert, Ulrike Lerke, Renate Leskien, Christiane von Levetzow, Helga Lippert, Agnes Lothschütz, Christa Lukassek, Renate Lutz, Elisabeth Marquard-Distler, Dagmar Matzel, Jutta Merck, Claudia Mohr, Susanne Montagné, Helga Müller, Petra Müller-Wittmann, Gerdi Munzinger, Gudrun Neszmely, Beate Neumann, Hildegard Neustein, Angela Neyer, Elisabeth Nilges, Karoline Nuß, Ursula Pawlik, Karin Pfarrer, Rita Pfeiffer, Monika Pilarek, Ingrid Pitzer, Agnes Portugall, Gabriele Rauch, Franziska Rehmert, Beate Reßler, Ingrid Richert, Waltraud Rittersberger, Ellen Röglin, Marlis Romahn, Christiane Rost, Johanna Rückert, Anita Sallwey, Bettina Schäfer, Helga Schäfer,

Lucia Schäfer, Erika Scheitzenhammer, Elisabeth Schießer, Gertrud Schießer, Jutta Schmäling, Sigrid Schmank, Brigitte Schmidt, Inge Schmidt, Irmgard Schneider, Waltraud Schnurrer, Roswitha Schöffter, Martina Schunack, Monika Schwab, Angelika Schwarz, Irmtraud Schweikhard, Silvia Sedlatschek, Gabriele Senthoff, Ruth Seyfarth, Ursula Simon, Christa Sindermann, Ingrid Sonnenburg, Ingrid Speicher, Irma Sperling, Ilse Steller, Susanne Stenglein, Christa Stroh, Ursula Sürken, Gabriele Then, Käthe Thür, Cornelia Tietgen, Brunhilde Trauner, Helga Trültzsch, Ingrid Uhlich, Carola Ußner, Elke Vogler, Christa Voigtmann, Elisabeth Wambach, Christa Weihrauch, Waltraud Weil, Christa Weller, Helga Wentzel, Annemarie Westermeier, Renate Wilhelm, Bärbel Wittig, Hannelore Wolf, Helga Wunschheim, Heidemarie Wurst, Inge Zapantzis, Elisabeth Ziener, Edelgard Zimmermann, Vera Zimmermann, Renate Zwerger, Gabriele Zwickelbauer

Situationsrechercheure
August Angstmann, Jürgen Barthelmes, Angela Breitschaft, Margit Fath, Ulrike Fellner, Elvira Gekeler, Franz J. Gerlach, Helmut Huber, Ilse Klipper, Hubert Kneipp, Gerhard Reutter, Angelika Speck

Spielaktionisten
Hans Mayrhofer, Wolfgang Zacharias

Fotografen
Jochen Fiebig, Regine Körner, Digne Meller-Marcowicz, Elisabeth Niggemeyer, Ursula Schulz-Dornburg, Abisag Tüllmann

Filmemacher
Axel Block, Werner Herzog, Carsten Krüger, Gaby Kubach, Edgar Reitz, Alexeij Sagerer, Juliane Schuhler, Haro Senft, Karl Heinz Siber, Hans Rolf Strobel, Heinrich Tichawsky, Peter Wehage

Tonredakteure
Raimund Barthelmes, Otmar Engel, Christl Suckow

Projektgruppe Institut für Film und Bild
Margita Behnke-Gürtler, Wolfgang Brudny, Reinhold Schnatmann

Grafiker
Waltraud Bücking, Edda Köchl, Rita Mühlbauer, Didi Petrikat, Wilfried Poll, Hanno Rink, Ingrid Schütz

Autoren
Antoinette Becker, Ludwig Harig, Walter Kempowski, Michael Krüger, Antje Kunstmann, Marlies Menge, Alf Poss, Martin Ripkens, Roman Ritter, Hans Stempel, Barbara Witow

Sekretariat
Susanne Burow, Petra Hilschmann, Susanne Link, Sabine Magold, Gisela Scholz

Composer
Uschi Beck, Brigitte Ebert, Ané-Eden, Ingrid Geithner, Renate Reuter, Hannelore Schäfer

Redaktion
Sabine Wilton, Alfred Konitzer

Layout
Günter Griebl

Herstellung
Eckart Geithner

Beteiligte Institutionen

Die folgenden Institutionen waren an der Entwicklung des Curriculum „Soziales Lernen" beteiligt:

Ministerium für Soziales, Gesundheit und Sport des Landes Rheinland-Pfalz (Mainz)
Sozialministerium des Landes Hessen (Wiesbaden)
Bundesministerium für Bildung und Wissenschaft (Bonn)

Landesausschuß für die Begleitung der pädagogisch-methodischen Versuche in Kindergärten des Landes Rheinland-Pfalz

Kindergarten der Evangelischen Saalkirchengemeinde (Ingelheim)
Kindergarten der Protestantischen Gesamtkirchengemeinde (Kaiserslautern)
Städtische Kindertagesstätte (Ludwigshafen-Mundenheim)
Kindergarten der Katholischen Kirchengemeinde Sankt Johannes Evangelist (Mainz-Münchfeld)
Kindergarten der Katholischen Pfarrgemeinde (Müden)
Kindergarten der Katholischen Kirchengemeinde Heilig Kreuz (Neuwied)

Städtische Kindertagesstätte Nr. 3 (Offenbach)
Städtische Kindertagesstätte Nr. 75 (Frankfurt)
Katholischer Kindergarten Sankt Bernhard (Frankfurt)
Kindergarten des Elternvereins Klarenthal (Wiesbaden)
Städtischer Kindergarten (Sprendlingen)

Deutsches Jugendinstitut (München)
Institut für Film und Bild in Wissenschaft und Unterricht (Grünwald)

Verlagsarbeitsgemeinschaft Kösel/Klett (München/Stuttgart)
Druckerei Bieringer (Dachau)

Erklärung einiger Fachbegriffe

Autonomie und Kompetenz: Autonomie bedeutet Selbstbestimmung, Selbständigkeit, Unabhängigkeit. Die Grundforderung nach einer Erziehung zur Autonomie bedeutet, Kinder und Heranwachsende darin zu fördern, ihren Anspruch auf Selbstbestimmung – der zugleich Anspruch aller Menschen ist und deshalb als ein sozialer verstanden werden muß – zu vertreten.
Kompetenz bedeutet hier Befähigung, Tauglichkeit. Gemeint sind Kenntnisse und Fertigkeiten, die man braucht, um sich in Situationen sachangemessen verhalten zu können. Die Ziele von Autonomie und Kompetenz werden als miteinander verschränkt angesehen.

Curriculum: Der seit dem 17. Jahrhundert im hier interessierenden Sinn bekannte und in der anglo-amerikanischen Lehrplantheorie gebräuchliche Begriff wurde von Saul B. Robinsohn mit seiner Schrift „Bildungsreform als Revision des Curriculum" (1967) in die pädagogische Diskussion der Bundesrepublik wiedereingebracht. Der Begriff bezeichnet einerseits den Bildungskanon (die Summe der Bildungsinhalte, die vermittelt werden sollen), zugleich aber auch die Organisation seiner Inhalte und die Methoden ihrer Vermittlung. Ein Curriculum enthält in der Regel Aussagen darüber, was Kinder lernen sollen, warum sie es lernen sollen, wann, wo und wie sie es am besten lernen.

Curriculum-Ansätze: Die Curricula, die in den von Bund und Ländern eingerichteten Modellversuchen (mit Kindergärten, Vorklassen und Eingangsstufen) entwickelt wurden, lassen sich in einer mehr oder weniger ausgeprägten Weise fünf curriculumtheoretischen Positionen zuordnen, oder aber sie bauen auf einer Verbindung mehrerer dieser Positionen auf (vgl. dazu Bund-Länder-Kommission für Bildungsplanung 1976, Kap. V, Abschnitt A).
Sozialisationstheoretischer Ansatz: In der Sozialisationstheorie sind Grundfähigkeiten beschrieben worden, die den Menschen in die Lage versetzen sollen, mit anderen Menschen so zu kommunizieren, daß er dabei seine eigene Identität (Wesenseinheit) finden und immer wieder neu herstellen kann. Zu solchen Grundfähigkeiten werden z. B. die Fähigkeiten zum Erwerb von Rollen, zur Distanz von Rollen und zur Einfühlung in die Erwartungen eines Partners verstanden. Die an dieser Theorie orientierten Curricula versuchen, die Rahmenbedingungen für den Erwerb solcher Grundfähigkeiten zu schaffen.
Entwicklungspsychologischer Ansatz: In entwicklungspsychologisch orientierten Curricula wird die Förderung von Persönlichkeitsmerkmalen beabsichtigt (vor allem der Intelligenz und des Leistungsverhaltens). Man versucht dies mit Hilfe von Aufgaben, von denen man annimmt, daß sie in besonderer Weise die Entwicklung solcher Merkmale unterstützen und beschleunigen.
Disziplinorientierter Ansatz: Der Ansatz geht von der Überlegung aus, daß im Zuge der Verwissenschaftlichung des Lebens wissenschaftliches Denken und Handeln zu den Bedingungen seiner Bewältigung gehören. Deshalb wird vorgeschlagen, auch Kindern schon wichtige Grundgedanken, Einsichten, Begriffe und Verfahren der Wissenschaftsdisziplinen in einer geeigneten didaktischen Umsetzung näherzubringen.
Lernbereichsorientierter Ansatz: Der Ansatz orientiert sich an der Fächerstruktur der Grundschule und an den darauf beziehbaren Reformen. Die vorschulischen Curricula sind nach entsprechenden Lern-

bereichen gegliedert, deren Inhalte Kindern in einfacher Form vermittelt werden sollen. Zu solchen Lernbereichen gehören beispielsweise die Musik- und Bewegungserziehung, die Sachbegegnung und die religiöse Erziehung.
Situationsorientierter Ansatz: Er ist Gegenstand der „Anregungen III".

Curriculum-Formen: Bei der Entwicklung und Anwendung von Curricula in den verschiedenen Modellversuchen sind zwei gegenläufige Tendenzen erkennbar geworden, die sich mit den Begriffen vom „geschlossenen" und „offenen" Curriculum fassen lassen (vgl. Bund-Länder-Kommission für Bildungsplanung 1975).
In geschlossenen Curricula werden möglichst genau beschriebene Lernziele vorgegeben, die durch eine weitgehend festgelegte Abfolge von Lernschritten und Erfolgskontrollen erreicht werden sollen. Lehrende und Lernende sind dabei im wesentlichen an die vorgegebene Organisation des Curriculum gebunden. Dem entwicklungspsychologischen und dem disziplinorientierten Ansatz entspricht mehr das geschlossene Curriculum.
Offene Curricula bestehen aus inhaltlichen und methodischen Angeboten, die aufgegriffen, auf die eigene pädagogische Praxis bezogen und dabei abgewandelt werden können. Dieser Form der Organisation eines Curriculum entsprechen mehr der sozialisationstheoretische und der situationsbezogene Ansatz (das Curriculum „Soziales Lernen" ist ein offenes Curriculum).

Diskurs: Erörterung, Verhandlung – hier verstanden als der Versuch zu aufeinander bezogenen Gesprächen und Handlungen zwischen Personen und Gruppen, die an der Entwicklung eines Curriculum in möglichst gleichwertiger Weise teilnehmen wollen.

Soziales und instrumentelles Lernen: Mit der Verschränkung beider Lernformen ist die pädagogische Absicht bezeichnet, Kinder und Heranwachsende darin zu fördern, ihre Kenntnisse und Fertigkeiten (ihre Sachkompetenzen) sozialen Zielsetzungen unterzuordnen. Damit sollen sie – im Rahmen sozialen Handelns – lernen, ihre Kenntnisse und Fertigkeiten instrumentell zu gebrauchen. Sie sollen lernen, sich der sozialen Zusammenhänge, Voraussetzungen und Wirkungen ihrer Tätigkeiten jeweils bewußt zu werden.

Literaturhinweise

Angeführt werden Veröffentlichungen mit Bezug zum Curriculum „Soziales Lernen" und seinem Konzept.

ARBEITSGRUPPE VORSCHULERZIEHUNG DES DEUTSCHEN JUGENDINSTITUTS MÜNCHEN: Ein vorschulisches Curriculum für Soziales Lernen. Beispiel seiner Entwicklung, in: Wissenschaft und Praxis in Kirche und Gesellschaft 1972, H. 4, S. 200–208

ARBEITSGRUPPE VORSCHULERZIEHUNG: Anregungen I: Zur pädagogischen Arbeit im Kindergarten, 5. Aufl. 1977; zit. nach 4. Aufl., München 1975

ARBEITSGRUPPE VORSCHULERZIEHUNG: Anregungen II: Zur Ausstattung des Kindergartens, 3. neubarb. Aufl. 1976; zit. nach 2. Aufl., München 1974(a)

ARBEITSGRUPPE VORSCHULERZIEHUNG: Vorschulische Erziehung in der Bundesrepublik. Eine Bestandsaufnahme zur Curriculumentwicklung, München 1974 (b)

ARBEITSGRUPPE VORSCHULERZIEHUNG: Vorklasse oder Kindergarten? Überlegungen zu einer bildungspolitischen Fragestellung, in: Zeitschrift für Pädagogik 1974 (c), H. 4, S. 595–613

ARBEITSGRUPPE VORSCHULERZIEHUNG: Zum Curriculum „Soziales Lernen", in: betrifft:erziehung 1976, H. 1, S. 47–50

ARBEITSGRUPPE VORSCHULERZIEHUNG / HEIMBUCHER, Achim / GEITHNER, Eckart: Curriculum „Soziales Lernen": Zur Organisation und äußeren Gestaltung didaktischer Einheiten, München 1975

AUERNHEIMER, Richard: Wie sollen Curriculumprodukte aussehen, und was sollen sie beinhalten? In: ISENEGGER, U. / SANTINI, B. (Hrsg.), Begriff und Funktion des Curriculums, Weinheim 1975, S. 85–111

AUERNHEIMER, Richard / KRÖSCHE, Barbara: Situationstheorie als Überwindung von Strukturorientierung: Zur Kontroverse curricularer Ansätze, in: ZIMMER, J. (Hrsg.), Curriculumentwicklung im Vorschulbereich, München 1973, Bd. 1, S. 92–153

BAMBACH, Heide / GERSTACKER, Ruth: Der Situationsansatz als didaktisches Prinzip: Die Entwicklung didaktischer Einheiten, in: ZIMMER, J. (Hrsg.), Curriculumentwicklung im Vorschulbereich, München 1973, Bd. 1, S. 154–206

BAMBACH, Heide / GERSTACKER, Ruth: „Ich bin fünf Jahre alt!" Bericht über eine didaktische Einheit aus der situationsorientierten Curriculumentwicklung, in: Die Grundschule 1974, H. 3, S. 119–127

BAMBACH, Heide / LIPSKI, Jens / OBEREISENBUCHNER, Matthias: Vorschulerziehung in der BRD, in: Neues Hochland 1972, H.3, S. 205–221

BRUDNY, Wolfgang: Audiovisuelle Medien im Kindergarten, in: Institut für Film und Bild (Hrsg.), AV Medien in der Vorschulerziehung, Grünwald 1974, S. 91–96

BUND-LÄNDER-KOMMISSION FÜR BILDUNGSPLANUNG: Fünfjährige in Kindergärten, Vorklassen und Eingangsstufen, Stuttgart 1976

CALLIESS, Elke: Besprechung von: ARBEITSGRUPPE VORSCHULERZIEHUNG, Anregungen I: Zur pädagogischen Arbeit im Kindergarten; Anregungen II: Zur Ausstattung des Kindergartens; ZIMMER, Jürgen, Curriculumentwicklung im Vorschulbereich, in: Zeitschrift für Pädagogik 1974, H. 4, S. 655–661

DEUTSCHER BILDUNGSRAT: Empfehlungen der Bildungskommission: Zur Einrichtung eines Modellprogramms für Curriculum-Entwicklung im Elementarbereich, Stuttgart 1973

ERLER, Luis: Pädagogische Arbeit im Elementarbereich, in: Welt des Kindes 1974, H. 1, S. 13–23

FLITNER, Andreas: Curricula für die Vorschule, in: betrifft:erziehung 1974, H. 12, S. 49–53

HABERKORN, Rita / HAGEMANN, Uli / WALTHER, Hartmut: Elternarbeit im Curriculum und Strategien der Gemeinwesenarbeit, in: ZIMMER, J. (Hrsg.), Curriculumentwicklung im Vorschulbereich, München 1973, Bd. 1, S. 319–356

HARIG, Ludwig: Alle machen alles, in: DREWS, Jörg (Hrsg.), Zum Kinderbuch, Frankfurt 1975, S. 179–183

HEIMBUCHER, Achim / ZIMMER, Jürgen: Situationsfilme im vorschulischen Curriculum, in: GEISLER, Wolfgang / KALB, Peter E. (Hrsg.), Fernsehvorschule, Weinheim 1975, S. 251–264

HEMMER, Klaus Peter: Bemerkungen zu Problemen einer Situationstheorie, in: ZIMMER, J. (Hrsg.), Curriculumentwicklung im Vorschulbereich, München 1973, Bd. 1, S. 61–75

HEMMER, Klaus Peter: Einkaufen im Supermarkt. Praxisorientierte Curriculumentwicklung, in: Welt des Kindes 1975 (a), H. 1, S. 15–27

HEMMER, Klaus Peter: Merkmale und Verfahren eines situationsorientierten Curriculum, in: BAUMGARTNER, Alex / GEULEN, Dieter (Hrsg.), Vorschulische Erziehung, Weinheim 1975 (b), Bd. 2, S. 74–95

HEMMER, Klaus Peter: Problemfelder für Erzieher, Erzieherfortbildung und Curriculumentwicklung, in: Welt des Kindes 1975 (c), H. 1, S. 4–14

HEMMER, Klaus Peter / ZIMMER, Jürgen: Der Bezug zu Lebenssituationen in der didaktischen Diskussion, in: FREY, Karl (Hrsg.), Curriculum-Handbuch, München 1975, Bd. II, S. 188–201

HUNDERTMARCK, Gisela: Besprechung von: ARBEITSGRUPPE VORSCHULERZIEHUNG, Anregungen I: Zur pädagogischen Arbeit im Kindergarten; Anregungen II: Zur Ausstattung des Kindergartens; Vorklasse oder Kindergarten; ZIMMER, Jürgen, Curriculumentwicklung im Vorschulbereich, in: Welt des Kindes 1975, H. 1, S. 44–46

KAUFMANN, Hans-Bernhard: Fragen zur Curriculumkonzeption der „Arbeitsgruppe Vorschulerziehung", in: Welt des Kindes 1974, H.1, S. 24–35

LIEGLE, Wolfgang / PORTTNER, Ingrid: Vorschulische Erziehung in der Bundesrepublik: Ansätze – Modelle – Initiativen, in: ZIMMER, J. (Hrsg.), Curriculumentwicklung im Vorschulbereich, München 1973, Bd. 2, S. 135–180

LIPSKI, Jens: Sprachförderung im sozialen Kontext, in: BAUMGARTNER, Alex / GEULEN, Dieter (Hrsg.), Vorschulische Erziehung, Weinheim 1975, Bd. 2, S. 96–121

LIPSKI, Jens: Vorschulische Sprachförderung – verschulte Spracherziehung? In: ZIMMER, J. (Hrsg.), Curriculumentwicklung im Vorschulbereich, München 1973, Bd. 1, S. 207–250

OBEREISENBUCHNER, Matthias / PELZER, Susanne: Überlegungen zu Voraussetzungen und Möglichkeiten der Evaluation offener Curricula, in: ZIMMER, J. (Hrsg.): Curriculumentwicklung im Vorschulbereich, München 1973, Bd. 2, S. 8–44

RAAB, Erich / RADEMACKER, Hermann: Curricula im Erprobungsprogramm, in: betrifft:erziehung 1976, H. 1, S. 38–39

RAAB, Erich / RADEMACKER, Hermann / ZIMMER, Jürgen: Das Erprobungsprogramm im Elementarbereich, in: betrifft:erziehung 1976, H. 1, S. 34–37

RUTZMOSER, Wolfgang: Tendenzen und Ziele vorschulischer Erziehung in der BRD, Bonn 1974
SCHRADER, Hedi: Professionalisierung der Erzieher im Rahmen vorschulischer Curriculumentwicklung, in: ZIMMER, J. (Hrsg.), Curriculumentwicklung im Vorschulbereich, München 1973, Bd. 1, S. 285–318
SITTE, Karin: Anregungen, ja! In: betrifft:erziehung 1974, H. 1, S. 72–73
TUMBRÄGEL, Margret: Zur Auswertung und Weiterführung der Modellversuche auf Bundesebene, in: COMENIUS INSTITUT (Hrsg.), Bildungsplanung und Erziehungsauftrag im Elementarbereich. Der Beitrag der evangelischen Kirche, Münster 1974, S. 68–74
ZIMMER, Jürgen (Hrsg.): Curriculumentwicklung im Vorschulbereich, 2 Bde., München 1973 (a)
ZIMMER, Jürgen: Ein Bezugsrahmen vorschulischer Curriculumentwicklung, in: ZIMMER, J. (Hrsg.), Curriculumentwicklung im Vorschulbereich, München 1973 (b), Bd. 1, S. 9–60
ZIMMER, Jürgen, Generationsübergreifendes Lernen, in: Neue Sammlung 1975 (a), H. 4, S. 372–385
ZIMMER, Jürgen: Merkmale vorschulischer Curriculumentwicklung, in: WALTHER, H. (Hrsg.), Sozialisationsforschung, Stuttgart 1973 (c), Bd. 2, S. 79–87
ZIMMER, Jürgen: Pädagogisch-inhaltliche Möglichkeiten des Kindergartens, in: ARBEITSGEMEINSCHAFT FÜR JUGENDHILFE (Hrsg.), Wohin mit den Fünfjährigen – Kindergarten oder Grundschule? Bonn 1975 (b), S. 13–15
ZIMMER, Jürgen: Pre-school Curriculum Development. A Framework, München 1975 (c)
ZIMMER, Jürgen: Pre-school Curriculum Development: A German Reference Frame: in: CENTRE FOR EDUCATIONAL RESEARCH AND INNOVATION, ORGANISATION FOR ECONOMIC CO-OPERATION AND DEVELOPMENT (OECD) (Hrsg.), Developments in Early Childhood Education, Paris 1975 (d), S. 54–58
ZIMMER, Jürgen: Situationsbezogene Curriculumentwicklung in der Eingangsstufe, in: Die Deutsche Schule 1973 (d), H. 10, S. 684–691